受教育部人文社会科学研究项目（22YJC790008）

陕西省科技厅软科学研究计划一般项目（2022KRM116）

陕西省社会科学基金项目（2020D025）资助

中国对"一带一路"沿线经济体
直接投资的母国产业结构升级效应

A Study on the Effect of Outward Foreign Direct Investment
in Belt-and-Road Countries on China's Industrial Structure Upgrade

曾倩◎著

人民出版社

策划编辑：郑海燕
责任编辑：李甜甜
封面设计：牛成成
责任校对：周晓东

图书在版编目(CIP)数据

中国对"一带一路"沿线经济体直接投资的母国产业结构升级效应/曾倩 著. —
    北京：人民出版社,2024.1
ISBN 978－7－01－026087－7

Ⅰ.①中…　Ⅱ.①曾…　Ⅲ.①对外投资-直接投资-产业结构升级-研究-
    中国　Ⅳ.①F832.6②F121.3

中国国家版本馆 CIP 数据核字(2023)第 214385 号

中国对"一带一路"沿线经济体直接投资的母国产业结构升级效应
ZHONGGUO DUI YIDAIYILU YANXIAN JINGJITI ZHIJIE TOUZI DE
MUGUO CHANYE JIEGOU SHENGJI XIAOYING

曾 倩 著

人民出版社 出版发行
(100706　北京市东城区隆福寺街 99 号)

中煤(北京)印务有限公司印刷　新华书店经销

2024 年 1 月第 1 版　2024 年 1 月北京第 1 次印刷
开本:710 毫米×1000 毫米 1/16　印张:17.25
字数:200 千字

ISBN 978－7－01－026087－7　定价:88.00 元

邮购地址 100706　北京市东城区隆福寺街 99 号
人民东方图书销售中心　电话 (010)65250042　65289539

序

    2013 年，习近平主席提出共建"一带一路"倡议，受到了国际社会的广泛关注。这是中国进一步参与国际分工合作、优化全球经济治理体系、促进全球共同发展繁荣、推动构建人类命运共同体的重大方案，彰显了我国由韬光养晦到有所作为的大国姿态与担当。中国人正在通过自己的方式与世界全面融合，在"均衡、普惠、共赢"的原则下与"一带一路"沿线经济体携手合作，为全球经济发展增添正能量。

    作为经济学专业的高校教师，我常年奋战在教学和科研一线，也深感自己有责任参与其中，并尝试用自身所学从现象中发掘本质、从线索中探寻秘密，深入研究国家宏伟举措的经济效应与内在规律。

    本书采用归纳与演绎推理、规范与实证分析和统计与比较分析方法，沿着"提出问题—构建理论框架—研判现状—分析问题—解决问题"的基本思路展开论证。首先，构建发展中国家对外直接投资促进母国产业结构升级效应的理论框架，捋清理论逻辑脉络并从中勾勒出技术进步和产业转移两种传导路径；其次，描述我国对"一带一路"沿线经济体直接投资现状与产业结构演变情况,进行初步经验观察和尝试性检验,继而基于技术进步和产业转移两种路径,分别检验我国对沿线发达经济体逆梯度直接投资和对发展中经济体顺梯度直接投资的母国产业结构升级效应;最后,回归实践,提出政策建议。

本书力图在以下三处进行理论创新:第一,以中国作为投资母国的典型样本,对扩展发展中经济体对外直接投资尤其是向"一带一路"东道国投资的母国经济效应理论研究作出贡献;第二,将对外直接投资按照东道国经济发展阶段差异分为逆梯度和顺梯度两种模式,从技术进步和产业转移两种路径刻画对外直接投资的母国产业结构升级效应机理,为理论研究补充比较静态分析框架;第三,采用中介效应和调节效应模型对上述两种传导路径进行实证检验,丰富相关实证分析方法体系。

通过对外直接投资促进我国的产业结构升级是"一带一路"建设的重大问题,本书尝试采取多种研究方法,从技术进步和产业国际转移的视角系统梳理和深入论证其中的理论逻辑和实证检验,但仍然存在疏漏与不足之处,有待开展进一步探索:

第一,关于我国对"一带一路"沿线经济体直接投资产业结构升级效应的理论框架有待进一步充实。首先,笔者从技术进步和产业转移两种路径描述对外直接投资促进产业升级的机制,虽然已经试图抓取该问题的核心逻辑并构建理论框架,但没有涉及产业关联、产业竞争等正向传导作用,也忽略了对外直接投资对产业升级的失业效应、重合产业国际竞争效应和国际收支平衡效应等负面影响(汪琦,2004)[①],需要未来进一步充实和完善;其次,本书

---

① 汪琦:《对外直接投资对投资国的产业结构调整效应及其传导机制》,《国际贸易问题》2004年第5期。

根据技术进步和产业转移的对象,将"一带一路"沿线经济体分为发达经济体和发展中经济体两组分别研究,也就是基于一国经济发展阶段差异的视角构建分析框架,未将对外直接投资主体(国有企业和民营企业)、投资模式(绿地投资、跨国并购和战略联盟)和投资方向(水平型投资和垂直型投资)等纳入研究体系。在后续研究中,可根据不同研究角度拆分对外直接投资的类型,深入剖析由于我国向"一带一路"沿线经济体直接投资的异质性对产业结构升级的不同影响,充实理论机理架构,进一步构建论证严密和逻辑自洽的研究框架。

第二,本书从宏观和微观两个层面解释了对外直接投资促进母国产业结构升级的理论机理和作用机制,但囿于研究方法的可行性和数据的可得性,在实证分析部分仅基于宏观数据进行检验。虽然本书所得结论仍然不失其参考价值,但我国向"一带一路"沿线经济体投资的主体是微观层面的跨国企业,且已有研究证实产业结构升级的微观内涵是企业生产效率与竞争力的提高。因此,需要用微观数据来诠释宏观经济问题,通过数据库匹配和实地调研的方法,从企业生产效率和竞争力的切入口开展更深入更具体的实证检验程序,为本书的研究夯实微观基础。

第三,关于我国向"一带一路"沿线经济体直接投资的母国产业结构升级效应研究势必落地于投资的区位选择和产业选择问题,本书在路径选择和政策建议部分基于直观判断提出了部分建议,但尚未进行实证考量。首先,"一带一路"倡议覆盖范围广阔,各区域要素禀赋、经济规模、产业基础、政治环境和历史文化迥异,因此,未来研究有必要对沿线地区进行地理区块划分,以投资的母国产业结构升级效应为目标,以经济、政治、成本和技术等为关键解释变量,针对不同动因的直接投资制定区位选择方案;其次,对外直接投资的产业选择涉及作为主体的母国产业选择和作为客体的东道国产业选择两个问题,如何依据我国的经济发展阶段选择恰当的对外转移产业,以及如何根据母国和东道国投资条件选择最优的投资产业提高投资效率,降低投资风险,推动母国产业结构升级,便成为一个重要的研究课题。因此,针对"一带一路"沿线经济体直接投资的区位选择和产业选择进行实证分析,得出更加细致科学的结论,将成为后续研究的重要领域。

　　本书参考了学界前辈同人的大量成果,在此致以特别谢意!在诸位同人的鼎力帮助下,笔者有幸完成了在本专业方向上的首次探索,形成了这部著作。若存在不尽合理之处,请各位读者批评指正!

2023 年 6 月 2 日于长安

目　　录

导　　论

一、研究背景及意义

（一）研究背景

对外直接投资（Outward Foreign Direct Investment，OFDI）自 20 世纪 40 年代方兴日盛，逐渐成为现代资本国际化的重要方式。中国的对外直接投资发轫于改革开放之后，自 21 世纪初国家实施"走出去"战略起日新月盛，投资结构持续多元，投资方式不断创新，市场合作循序渐进，稳步跻身世界对外直接投资大国行列。即便在全球经济态势跌宕多变的 2021 年，中国对外直接投资流量依然保持 16.3% 的增长率，位列全球第二（见图 0-1）。

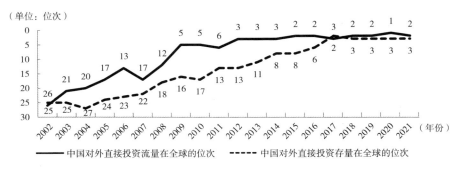

图 0-1　2002—2021 年中国对外直接投资流量和存量在全球的位次

资料来源：中华人民共和国商务部、国家统计局、国家外汇管理局：《2021 年度中国对外直接投资统计公报》，中国商务出版社 2022 年版。

在开放条件下,一国产业结构的变迁势必受到世界经济格局演变以及全球价值链分工层次的影响。在中国经济新常态时期,经济增长与产业结构瓶颈凸显,一方面,我国经济发展长期依赖于原材料优势和人口红利,在国际价值链分工中也始终被俘获在低端环节。如今,传统生产要素优势消耗殆尽,粗放型经济增长方式面临严峻挑战;另一方面,技术水平滞后致使国内新兴产业裹足不前,而水泥、钢铁和纺织业等传统产业严重过剩。唯有"调结构、转方式、换动力",有效利用对外直接投资促进技术创新、向外转移过剩产能和边际产业,才能摆脱全球价值链中的"低端锁定"地位,进而攀升至高端生产环节,实现产业结构跃迁。

"一带一路"倡议是经济新常态下我国积极回应全球经济格局调整和推动国内经济结构转型的行动指南,彰显了"以开放促改革,以改革促发展,以发展促转型"顶层设计的中国智慧以及构建人类命运共同体的迫切愿望。一方面,在全球经济复苏乏力和区域保护主义抬头的国际环境中,为我国企业积极"走出去"寻求技术逆向溢出和开展产能合作疏通了外部渠道;另一方面,为推动国内深化改革、获取经济持久增长动力和谋求产业结构转型升级提供了有效路径。对"一带一路"沿线经济体开展直接投资是我国深度参与全球经济分工和实现价值链低端突围,进而打破经济增长瓶颈和产业结构升级阻滞的重要策略。

经典的国际直接投资理论认为,投资母国与东道国经济发展程度的高低差异将会使一国对外直接投资的母国产业结构效应和传导路径出现不同。发达国家对落后国家的顺梯度直接投资会通过边际产业转移效应促进母国产业结构升级(Akamatsu,

1962①；Vernon，1966②；Lewis，1977③；Kojima，1978④；Vernon，1979⑤），而落后国家向发达国家的逆梯度直接投资将通过获取逆向技术溢出实现母国产业结构升级（Wells，1977⑥；Lall，1983⑦；Kogut和Chang，1991⑧；Neven和Siotis，1996⑨；Fosfuri和Motta，1999⑩；Wesson，1999⑪）。追溯我国的对外直接投资实践，国内学者普遍认为中国的顺梯度对外直接投资以效率、市场和资源寻求为主要动因（卢根鑫，1994⑫；隋月红，2010⑬；项义军、周宜昕，2018⑭），而逆梯度对外直接投资则以技术寻求为核心动因（欧阳峣，2006⑮；魏浩，

①　Akamatsu K.，"A Historical Pattern of Economic Growth in Developing Countries"，*Journal of Developing Economies*，Vol.1，No.1，1962.

②　Vernon R.，"International Investment and International Trade in the Product Cycle"，*The Quarterly Journal of Economics*，Vol.80，No.2，1966.

③　Lewis W. A.，*Reflections on the Structure of Nigerian Manufacturing Industry*，Ibadan University Press，1977.

④　Kojima K.，*Direct Foreign Investment：A Japanese Model Business Operations*，New York：Praeger，1978.

⑤　Vernon R.，"The Product Cycle Hypothesis in a New International Environment"，*Oxford Bulletin of Economics and Statistics*，Vol.41，No.4，1979，pp.255-267.

⑥　Wells Louis T.，*The Internationalization of Firms from Developing Countries in Multinationals from Small Countries*，Cambridge：MIT Press，1977.

⑦　Lall，*The New Multinationals：The Spread of Third World Enterprises*，London：Joho Wiley & Sons，1983.

⑧　Kogut B.，Chang S.J.，"Technological Capabilities and Japanese Direct Investment in the United States"，*Review of Economics and Statistics*，No.73，1991，pp.401-413.

⑨　Neven D.，Siotis G.，"Technology Sourcing and FDI in the EC：An Empirical Evaluation"，*International Journal of Industrial Organization*，Vol.14，No.5，1996，pp.543-560.

⑩　Fosfuri A.，Motta M.，"Multinationals without Advantages"，*The Scandinavian Journal of Economics*，Vol.101，No.4，1999，pp.617-630.

⑪　Wesson Tom，"A Model of Asset-seeking Foreign Direct Investment Driven by Demend Conditions"，*Canadian Journal of Administrative Sciences*，Vol.16，No.1，1999，pp.1-10.

⑫　卢根鑫：《国际产业转移论》，上海人民出版社1994年版。

⑬　隋月红：《"二元"对外直接投资与贸易结构：机理与来自我国的证据》，《国际商务（对外经济贸易大学学报）》2010年第6期。

⑭　项义军、周宜昕：《新时代推进我国国际产能合作建设：新模式、新机制和新路径》，《商业研究》2018年第10期。

⑮　欧阳峣：《基于"大国综合优势"的中国对外直接投资战略》，《财贸经济》2006年第5期。

2008①；赵伟、江东，2010②；刘海云、聂飞，2015③；陈昊、吴雯，2016④）。"一带一路"一端是发达的欧洲经济圈，另一端是活跃的东亚经济圈，贯穿亚欧非大陆，中间腹地国家和地区数量众多，要素禀赋条件各异，经济发展程度也有霄壤之别。我国对沿线经济体的直接投资主要流向两类东道国，一是新加坡、德国等技术领先的发达国家或地区，以高端制造业和金融服务业为主；二是印度尼西亚、泰国、越南等劳动力丰裕的发展中经济体，以及赞比亚、尼日利亚等自然资源丰富的欠发达经济体，对前者的投资集中在低端制造业和商务服务业，对后者则重点投资采矿业。依据国内外研究成果和我国对外直接投资的区位与产业选择实践，本书以我国对"一带一路"沿线发达经济体和发展中经济体两种类型的直接投资为样本，从技术进步和产业转移两个视角考察对外直接投资的母国产业结构升级效应。

（二）研究意义

1. 理论价值

首先，丰富了以发展中国家对外直接投资为主体的理论研究框架。从理论研究脉络来看，基于此论题的经典理论大多立足于发达国家的经济基础和国际分工利益之上，在解释发展中国家对外直接投资的产业结构效应时捉襟见肘。由于经济发展水平相对

---

① 魏浩：《中国对外直接投资战略及相关问题》，《国际经济合作》2008 年第 6 期。
② 赵伟、江东：《ODI 与中国产业升级：机理分析与尝试性实证》，《浙江大学学报（人文社会科学版）》2010 年第 40 卷第 3 期。
③ 刘海云、聂飞：《中国 OFDI 动机及其对外产业转移效应——基于贸易结构视角的实证研究》，《国际贸易问题》2015 年第 10 期。
④ 陈昊、吴雯：《中国 OFDI 国别差异与母国技术进步》，《科学学研究》2016 年第 1 期。

滞后,发展中国家早期参与全球分工的主要方式是"引进来"而不是"走出去"。因此,其理论分析聚焦于外商直接投资的东道国经济影响,而对外直接投资的母国产业结构调整效应研究大多散落于经典理论体系之外,更遑论深入探究效应传导的具体路径。由于要素禀赋、经济阶段和开放政策与他国不同,中国的对外直接投资实践与产业结构变迁具有自身特殊性,理论研究需要构建适宜其经济属性和国情的规范分析框架,进行持续深入的实证考察。本书在系统梳理该主题的国内外文献基础上,归纳总结先行国家对外直接投资促进母国产业结构升级的内在规律,针对不同发展阶段的东道国,将对外直接投资分为顺梯度和逆梯度两种模式,从技术进步和产业转移两种传导路径阐述其运行机理,并实施尝试性检验,拓宽了以发展中经济体为研究对象的规范分析框架和实证分析范畴。

其次,扩充了"一带一路"地理畛域对外直接投资的研究成果。"一带一路"是我国以开放促改革、谋发展、求转型的重要倡议,自提出以来深受国内学者青睐。但是,现有文献大多偏重于我国对其直接投资的现状、动因、模式、影响因素等研究视角,而关于我国向"一带一路"沿线经济体直接投资的母国经济效应尤其是产业结构调整效应研究不足。本书将研究视域锁定在沿线经济体,建立对外直接投资促进母国产业结构升级的多重逻辑解释框架,拓展和深化了"一带一路"对外开放的理论内涵。

2. 现实意义

新常态下,我国经济增长方式转变和产业结构转型升级迫在眉睫,通过向"一带一路"沿线经济体直接投资是促进我国产业结构升级的有效方式,关于此问题的理论研究也适逢其时。自 2002

年国家实施"走出去"战略后,我国对外直接投资规模持续攀升、领域不断拓展、结构日益优化。但是,随着国际分工体系加速演变,全球价值链开始呈现出高端产业链在发达国家内部循环和低端产业链在发展中国家内部循环的双闭合格局。2013年,"一带一路"倡议应运而生,我国既可以通过向沿线发达经济体逆梯度投资获取技术反哺效应,寻求产业的高端化跃迁,又能够通过向沿线发展中经济体投资转移富余产能和边际产业,推动我国产业结构转型升级。本书以我国向"一带一路"发达经济体和发展中经济体直接投资为对象展开研究,重点剖析技术进步和产业转移两种路径下对外直接投资的母国产业结构升级效应,对丰富我国产业结构调整方式以及企业"走出去"的区位选择和产业选择具有重要现实价值。

二、研究对象与方法

(一)研究对象

1. "一带一路"

(1) "一带一路"的内涵与地理畛域

2013年9月和10月,国家主席习近平提出共同建设"丝绸之路经济带"和"21世纪海上丝绸之路"的重大倡议。2017年10月,习近平总书记在党的十九大报告中指出,推动形成全面开放新格局。"一带一路"倡议统筹利用国内国际两个市场两种资源,既有利于我国平衡地区差距、扩大开放水平,又有助于沿线经济体包容互鉴、开放合作,是我国加强区域经济合作、助推世界经济互利共赢的重要策略。2017年5月,推进"一带一路"建设工作领导小组办公室发布《共建"一带一路"：理念、实践与中国的贡献》，从理念到蓝图、从方案到实践、从经济到人文、从官方到民间、从现实到未来这五大视域刻画了"一带一路"建设的时代背景、合作框架、合作领域、合作机制以及愿景展望。2017 年 5 月和 2019 年 4 月，中国两次举办"一带一路"国际合作高峰论坛，沿线经济体应者云集，共同总结建设进展和重要成果，凝聚合作共识与态势，深化伙伴关系，共商合作举措，实现互利共赢。

　　"一带一路"的第一个部分是陆路的"丝绸之路经济带"，在其提出初期，关于空间延伸范畴有三种主流界定方法（王志远，2015）[①]。首先，按照路线走向界定范畴。"丝绸之路经济带"沿三大路线推进：一是从中国西北、东北经中亚、俄罗斯至欧洲、波罗的海；二是从中国西北经中亚、西亚至波斯湾、地中海；三是从中国西南经中南半岛至印度洋。其次，按照国家构成界定范畴。赵华胜（2014）[②]依据习近平主席提出"丝绸之路经济带"时所言的"覆盖 30 亿人口规模"，大致估算沿线经济体的基本框架，即"中国 13 亿人、中亚 0.6 亿人、印度 12 亿人、巴基斯坦 2 亿人、伊朗和阿富汗 1.05 亿人、俄罗斯 1.4 亿人、白俄罗斯 0.1 亿人，总和约 30 亿人"，但他也认为"丝绸之路经济带"包括且并不仅限于这些国家和地区。最后，依据网络分布界定范围。"丝绸之路经济带"是欧亚大陆各经济体互利共赢的合作平台，中国是出发点，俄罗斯和中亚地区是纽带，欧洲地区是落脚点，北部非洲地区是延长线（邢广程，2014）[③]。

　　可以看出，按照路线走向的界定方法方向清晰，但沿线经济体

---

① 王志远：《"丝绸之路经济带"的国际背景、空间延伸与战略内涵》，《东北亚论坛》2015 年第 5 期。

② 赵华胜：《中美在"新丝绸之路"上有一定合作可能和空间》，《东方早报》2014 年 5 月 6 日。

③ 邢广程：《"丝路经济带"与欧亚大陆地缘格局》，《光明日报》2014 年 6 月 29 日。

定位模糊;按照国家构成的方法相对准确,但涵盖范围太小;依照
网络分布的方法囊括的空间范畴较大,包含欧、亚、非洲三大区域。
本书在此基础上,依据王颂吉等(2018)①的方法,将"丝绸之路经
济带"地理畛域的国家和地区整理为表 0-1,覆盖蒙俄、中亚、西
亚、南亚、中南半岛、东欧、中欧、西欧、北欧、南欧和北非这 11 个地
区,合计 86 个国家。

表 0-1 "丝绸之路经济带"沿线国家和地区分布

地区	国家
蒙俄	俄罗斯、蒙古国
中亚	哈萨克斯坦、乌兹别克斯坦、吉尔吉斯斯坦、土库曼斯坦、塔吉克斯坦
西亚	阿富汗、伊拉克、伊朗、黎巴嫩、叙利亚、以色列、巴勒斯坦、约旦、沙特阿拉伯、也门、阿曼、卡塔尔、阿联酋、科威特、巴林、土耳其、格鲁吉亚、塞浦路斯、阿塞拜疆、亚美尼亚
南亚	孟加拉国、巴基斯坦、印度、不丹、尼泊尔
中南半岛	马来西亚、泰国、越南、老挝、缅甸、柬埔寨
东欧	拉脱维亚、爱沙尼亚、白俄罗斯、立陶宛、乌克兰
中欧	德国、瑞士、列支敦士登、捷克、波兰、斯洛伐克、奥地利、匈牙利
西欧	英国、法国、爱尔兰、比利时、荷兰、卢森堡、摩纳哥
北欧	挪威、丹麦、瑞典、芬兰
南欧	西班牙、葡萄牙、意大利、安道尔、圣马力诺、梵蒂冈、马耳他、克罗地亚、斯洛文尼亚、波斯尼亚和黑塞哥维那、黑山、塞尔维亚、阿尔巴尼亚、马其顿、希腊、科索沃、保加利亚、罗马尼亚、摩尔多瓦
北非	埃及、突尼斯、阿尔及利亚、利比亚、摩洛哥

资料来源:王颂吉、李昂、刘俊:《丝绸之路经济带支点城市:空间分布、地区差异与建设路径》,《中国软科学》2018 年第 11 期。

---

① 王颂吉、李昂、刘俊:《丝绸之路经济带支点城市:空间分布、地区差异与建设路径》,《中国软科学》2018 年第 11 期。

"丝绸之路经济带"作为一项重大跨国战略构想,意义重大、目标宏伟、内涵丰富,既有历史的交流概念,又有现实的合作价值,在空间范畴上具备区域性和全球性,在合作内容上兼具经济性与综合性。"一带"惠及沿线经济体,加强合作共赢,改善我国西部发展条件,加快向西开放步伐,保障能源需求安全,对我国产业结构有重要的调整作用。

"一带一路"的第二个部分是水域的"21世纪海上丝绸之路",亦是由古代海上丝绸之路的概念演化而来,是历史上东西方之间以丝绸为主要货物并延续至今的商品贸易海上通道以及与其相伴的经贸和人文关系(赵春晨,2002[①];陆芸,2013[②];朱翠萍,2015[③])。2017年5月,推进"一带一路"建设工作领导小组办公室发布的《共建"一带一路":理念、实践与中国的贡献》从顶层构建了"21世纪海上丝绸之路"的两大路线走向:一是从中国沿海港口过南海,经马六甲海峡到印度洋,延伸至欧洲;二是从中国沿海港口过南海,向南太平洋延伸。2017年6月,国家发展改革委和国家海洋局联合发布《"一带一路"建设海上合作设想》,提出要重点建设三条蓝色经济通道:一是以中国沿海经济带为支撑,连接中国—中南半岛经济走廊,经南海向西进入印度洋,衔接中巴、孟中印缅经济走廊,共建中国—印度洋—非洲—地中海通道;二是经南海向南进入太平洋,建设中国—大洋洲—南太平洋通道;三是经北冰洋连接欧洲的通道。中国政府将致力于推动"21世纪海上丝绸

①　赵春晨:《关于"海上丝绸之路"概念及其历史下限的思考》,《学术研究》2002年第7期。

②　陆芸:《近30年来中国海上丝绸之路研究述评》,《丝绸之路》2013年第12期。

③　朱翠萍:《"21世纪海上丝绸之路"的内涵与风险》,《印度洋经济体研究》2015年第4期。

之路"沿线经济体开展多领域和全方位的海上经济合作,本着开放包容和互学互鉴的丝路精神,共建互利共赢的蓝色伙伴关系,打造经济可持续发展的蓝色引擎。

鉴于古代海上丝绸之路的路线走向和"一带一路"倡议的重点建设方向,在"21 世纪海上丝绸之路"的建设中,开发和维护中国—东北亚、中国—东南亚、中国—南亚—波斯湾、中国—红海湾—印度洋西岸、中国—东南亚—大洋洲这五条重点国际航线十分重要(张广威、刘曙光,2017[①];梁颖、卢潇潇,2017[②]),我们将涉及的地区和 39 个典型国家列入表 0-2。关于"一带一路"的建设重点和空间布局,我国结合古丝路走向和全球经济新格局的合作要求,勾勒出"六廊六路多国多港"的主体合作框架。其中,"六廊"是新亚欧大陆桥、中蒙俄、中国—中亚—西亚、中国—中南半岛、中巴和孟中印缅这六大国际经济合作走廊。"六路"是基础设施建设的重点内容,具体是指铁路、公路、航空、航运、管道和空间综合信息网络。"多国"是指一批先期合作国家,我国在与沿线经济体平等互利合作的基础上,也要与示范性国家先行合作,吸引更多国家参与"一带一路"建设。"多港"是指若干保障海上运输大通道安全畅通的合作港口,通过共建重要港口和节点城市,振兴和繁荣海上丝绸之路。"21 世纪海上丝绸之路"倡议号召沿线经济体共享蓝色空间,发展蓝色经济,实现海上互联互通,共同保护和治理海洋生态环境。

---

① 张广威、刘曙光:《21 世纪海上丝绸之路:战略内涵、共建机制与推进路径》,《太平洋学报》2017 年第 25 卷第 8 期。

② 梁颖、卢潇潇:《加快"21 世纪海上丝绸之路"重要节点建设的建议》,《亚太经济》2017 年第 4 期。

表 0-2　"21 世纪海上丝绸之路"建设的重点地区和典型国家

地区	国家
东北亚	日本、韩国、朝鲜、俄罗斯
东南亚	马来西亚、印度尼西亚、新加坡、文莱、泰国、菲律宾、越南、柬埔寨、缅甸、老挝
南亚与波斯湾	印度、巴基斯坦、孟加拉国、斯里兰卡、马尔代夫、伊拉克、伊朗、科威特、沙特阿拉伯、阿拉伯联合酋长国、阿曼、卡塔尔、巴林
红海湾与印度洋	埃及、苏丹、厄立特里亚、吉布提、索马里、肯尼亚、坦桑尼亚、莫桑比克、南非
大洋洲	澳大利亚、新西兰、斐济

资料来源:笔者根据"中国一带一路"官方网站资料整理。

查阅官方公开资料发现,目前尚无明确界定"一带一路"精准空间范畴和明确国家名单的文件,这也从侧面反映出"一带一路"的持续开放性。笔者从"中国一带一路"官方网站资料整理知悉,截至 2023 年 1 月 6 日,中国已与 151 个国家和 32 个国际组织签署 200 余份合作文件。在本书的实证分析部分,由于国别基础数据搜集和口径统一难度较高,我们从中挑选了 76 个时间序列与横截面数据信息较为完整的国家或地区作为"一带一路"沿线经济体样本。

(2)"一带一路"倡议的历史背景

全球经济格局是世界各国在经济增长、国际贸易、国际金融等经济领域内相互影响而形成的内在结构和基本态势,其核心是国家之间的经济力量对比关系和支配世界的权力分配状况。它既相对稳定,又不时演化。它与经济发展程度相联系,受科学技术水平的影响,以个别国家为轴心,各国经济政治不平衡是其历史演进的固有规律。全球经济格局是动态演变的过程,各种经济力量的对比和变化此消彼长,新的中心、新的动力和新的增长极不断出现,这一趋势在美国次贷危机后更加明显。2008年国际金融危机后,世界经济遭受重创,全球化与区域经济一体化浪潮遭遇挫折,国际秩序与治理体系加速演变,全球经济格局发生深刻调整,主要表现在:第一,竞争与合作的主体由美欧日转向中美。20世纪60年代伊始,西欧国家和日本经过战后恢复和发展,经济增长速度逐步比肩美国,三大经济中心在全球范围内展开竞争与合作,渐成鼎足之势,是世界经济格局多极化的重要表现。20世纪末,美欧日经济增长速度放缓,而中国实力迅速发展,全球经济竞争与合作的主体逐渐由美欧日转向中美两国。2008年国际金融危机重创了以美国为首的老牌发达国家,而以中国为代表的新兴市场国家成为世界经济增长的引擎,双方差距再次缩小,竞合局面重新锚定。竞争与合作的并行,反映出固有超级大国与新兴发展中国家在经济上"一致与冲突共存,兼容与反斥同在"。这两个全球最大的经济体产业结构既互补又竞争,既依赖又互斥。竞争与合作既是全球经济发展的必然结果,也将对世界经济的走向产生重大影响。第二,竞争与合作的空间由大西洋转向太平洋。当今全球经济格局有两个地缘中心:一是大西洋地区,以东岸的英国、法国、爱尔兰、比利时、卢森堡、荷兰、挪威、摩纳哥等欧洲国家和西岸的加拿大、美国、墨西哥、古巴、巴西、阿根廷、委内瑞拉等国为主,因工业革命强盛,靠海权立国繁荣;二是太平洋地区,以西半球的美国、加拿大、墨西哥等国和东半球的中国、俄罗斯、日本、朝鲜、韩国、东盟各国为主,以亚洲经济复兴而闻名,因美国的贸易和产业转移而兴起。目前,以中国为代表的亚洲新兴经济体迅速发展,美国和俄罗斯战略转移、拉美四国和澳大利亚迎来太平洋时代,全球主要经济力量群集东方,标志着世界经济竞争与合作的空间由大西洋转向太平洋。第三,竞争与合作的层阶由国家间转向区域间。第二次世界大战后,从美苏争霸到欧美日三足鼎立,再到多极兴起,国家尤其是大国是国际经济体系的支柱,是世界经济竞争与合作的主体。20世纪80年代开始,一体化进程的加快使欧洲经济重现活力,美国开始筹建以北美自由贸易区为代表的多边贸易体系,欧美大国通过各自的区域合作展开新一轮竞争。但是,区域经济合作会提高区域外国家的相对贸易壁垒,削弱其竞争力。小国为了避免被边缘化,也纷纷投身于全球区域经济合作的浪潮,东南亚、拉丁美洲、非洲各国开始抱团取暖,奋力融入区域经济一体化进程,世界经济竞争与合作的层级由国家间转向区域间。在全球经济新格局中,区域与次区域的经济合作规模持续增加,地理范围加速拓展,合作层次愈加深化,成员条件不断突破,合作形式迅速创新,区域经济合作进一步扩大和深化。未来,各国经济实力的对比将很大程度取决于其融入区域经济合作的广度和深度。第四,竞争与合作的目的由经济收益转向综合收益。传统的区域经济一体化理论认为,全球各经济体竞争与合作的主要目的是获取经济收益,包括规模经济收益、贸易收益和投资收益等。但随着全球经济一体化新浪潮的兴起,区域合作的广度和深度不断拓展,各经济体竞争与合作的目的已经不囿于单一的经济收益,而是转向复杂的综合收益,其中非经济收益包括政治收益、信号传递收益、谈判筹码收益、保险安排收益、机制协调收益和其他收益。除此之外,加强国防安全、保障能源供给、消除恐怖主义、遏制毒品贩卖、进行保护环境、减少极端贫困、促进教育公平等其他收益也成为各经济体竞争与合作的动因和目的。

（3）"一带一路"倡议提出的现实意义

当前中国经济已进入高质量发展阶段,有能力为世界经济发展作出更大贡献。党的十九大报告中指出,我国必须统筹国内国际两个大局,始终做世界和平的建设者、全球发展的贡献者和国际秩序的维护者。面对全球经济格局的变化,我国对内加快建设开放型经济体并协调区域发展,对外积极参与全球经济治理和区域经济合作,推动构建人类命运共同体。

首先,提升大国实力,缩小国内区域发展差距,构建东西并重和海陆兼顾的开放格局。改革开放以来,中国沿海的东部地区先富起来,内陆和沿边的中西部地区发展水平仍然较低。区域发展失衡也影响了对外通道的选择,导致中国对海上通道的依赖大大超过陆路通道。如今应抓住全球产业转移和布局的契机,大力推动中西部地区经济发展,形成东西双向开放和海陆内外联动的新格局。建设"一带一路"是我国协调区域经济发展、构建全方位开放格局的重要倡议。区域发展与对外通道互为表里,经济重心向东倾斜必然导致我国对外开放中对海路通道的依赖,中亚和南亚的陆上通道急需拓展,经济和边疆安全亟待保障。推动共建"一带一路",一方面有助于缩小我国东西差距,内外联动实现整体协同发展;另一方面有助于我国打通西到中亚、南到东盟的陆路通道,以陆上空间博得海上时间,实现海陆平衡的全方位开放格局。

其次,树立大国心态,扩大对外开放,注重提高综合收益。一是要拓展开放的领域。在保证国家经济安全稳定的前提下,进一步放宽制造业、采矿业等领域的市场准入,推进文化、教育、医疗、电信、金融等服务业领域的有序开放,以开放促改革,为进一步融入世界经济做制度准备;二是要增强开放的主动性,不但要高水平引进来,更要大规模走出去。注重与伙伴国的政策沟通和协调,发挥我国的要素禀赋和产业结构优势,加大基础设施、贸易投资、货币金融、科技人文的交流与合作,通过产能协作,参与全球价值链分工体系;三是要注重开放的综合收益。除了传统的经济收益,也应重视政治、社会、文化、安全等非传统收益。建设"一带一路"是我国扩大对外开放、寻获综合收益的有效载体。在经贸利得上,促进要素自由流动和有效配置,倡导沿线经济体发挥比较优势,通力合作实现互利共赢;在地缘政治上,与中国毗邻的中亚是多国角力的重要地域,沿线部分经济体政治动荡和领土争端不断,"一带一路"建设可遏制"三股势力"的侵扰,维护周边地区和平稳定,谋求多边共赢大局;在能源安全上,目前我国油气供求失衡、进口地源集中、运输线路单一,"一带一路"建设可开发中亚尤其是里海地区,促进石油供应多元化,并通过中亚陆上连接中东,减少对马六甲海峡海上运输的依赖,缓解能源安全的严峻局势;在文化融合上,用历史促进现实,以文化沟通发轫,以旅游合作引领,以教育交流先导,增进不同文化间的包容互鉴。

再次,彰显大国姿态,培育新的增长极,助推世界经济共赢。2008 年国际金融危机和 2009 年欧债危机爆发后,世界经济增长缓慢萎靡,迫切需要新的经济增长动力。中国在贸易、投资、消费、金融、技术等领域位列前茅,经济实力跃居世界第二,理应展现大国姿态,携手各国以奉行"均衡、普惠、共赢"的原则推动合作,挖掘全球增长新动力,为世界经济发展注入更多正能量。共建"一带一路"是我国培育新的增长极、助推世界经济合作共赢的宏伟措施。"一带一路"倡议不但为中国提供了新的开放发展方向,打造了新的增长点,而且通过"五通"惠泽世界经济发展。由于涵盖了广大具有强烈发展意愿和增长潜能的发展中国家,"一带一路"建设推动沿线经济体开展双边、多边的务实合作,实现协同发展。"一带一路"倡议秉承"共商共建共享"原则,从"五通"建设入手,有利于助推全球经济摆脱低迷状态。

最后,担负大国责任,推动国际区域经济合作,优化全球经济治理体系。坚持"以我为主、循序渐进、全面参与、突出重点"的战略方针,根植本土,立足亚洲,纵越洲际,放眼全球,逐步构建高标准、广覆盖的自由贸易网络体系。尤其是在美国实施亚太再平衡战略之后,中国更应变被动为主动,积极搭建与之制衡的国际经济合作新平台。另外,随着全球经济格局的变化和中国地位的提升,中国由韬光养晦到有所作为,兼备发展中国家和经济大国的双重身份,积极推动权益平衡的国际事务决策机制,提升新兴经济体的话语权,为构建规范有序、利益共享的全球经济新秩序作出贡献。共建"一带一路"是我国加强区域经济合作、优化全球经济治理体系的重大举措。目前,世界经济合作的层阶已由国家转向区域合作,只有广泛而深入地参与区域经济合作才能实现互利共赢。我国开展区域经济合作的程度相对于涵盖范围广阔和一体化程度高的欧盟、北美自由贸易区、东盟等区域经济组织仍然较低。"一带一路"不仅覆盖地理范围广、经济总量大,而且是一种非排他性的开放合作倡议,有助于我国建立稳定的周边战略依托,构筑友好、合作、互信、互利的地缘利益共同体。更加重要的是,它提供了开放包容的合作平台,有助于推动我国和"一带一路"沿线经济体共同参与全球经济治理体系的完善,提高发展中国家在制定国际经贸规则中的话语权。

2. 对外直接投资

国际货币基金组织(International Monetary Fund,IMF)、联合国贸易和发展会议(United Nations Conference on Trade and Development, UNCTAD)将对外直接投资定义为一国投资主体通过有效控制国外企业以获取持续利益的一种投资行为。经济合作与发展组织(Organization for Economic Co-operation and Development,OECD)认为,对外直接投资是一个国家或地区的居民或实体企业为了建立长期利益关系而对东道国企业或分支结构进行实际控制的投资。

鉴于本书的研究主题是中国对"一带一路"沿线经济体直接投资的母国产业结构升级效应,必须从中国实际国情出发,使用国内统计的对外直接投资数据考察其母国产业升级的影响。因此,本书根据商务部、国家统计局、国家外汇管理局于 2016 年修订的《对外直接投资统计制度》中关于对外直接投资的基准定义和统计标准,将对外直接投资界定为"我国国内投资者以现金、实物、无形资产等方式在国外及港澳台地区设立、购买国(境)外企业,拥有该企业 10% 或以上的股权,并以控制企业的经营管理权为核心的经济活动"。后文关于对外直接投资的统计范围包括境内投资者通过直接投资方式在境外拥有或控制 10% 或以上投票权或其他等价利益的各类公司型和非公司型的境外直接投资企业。境外企业设立的主要方式是境外子公司、联营公司和分支机构三种。

对外直接投资的实质是投资主体通过海外投资行为获取被投资企业生产经营管理活动的控制权,从而获取更多利润的经济行为,其本质是资本、技术、管理等生产要素在母国和东道国之间的流动。对外直接投资具有三大特征:第一,实体性。跨国公司在海外建立子公司或是并购东道国企业进行实体化的经营运作,并对海外资本进行有效控制,与具体的生产经营活动联系密切。第二,灵活性。对外直接投资的投资方式多样,例如资金、技术、管理、信贷、股权和债券等方式,便于对接国外资本。第三,长期性。相对国内投资中资本的流动周期,跨国公司对外直接投资通常具有一定的全球战略布局意图,因此投资和回收周期较长。

对外直接投资的分类方法多样,按照动因可分为技术寻求型、市场寻求型、效率寻求型和资源寻求型四种,依据投资方式可分为绿地投资、跨国并购和战略联盟三类,依照投资方向可分为水平型投资和垂直型投资两种,按照投资对象可分为顺梯度和逆梯度两类。就本书的研究主题而言,无法直接套用发达国家跨国公司对外直接投资理论和模式来解释中国对"一带一路"沿线经济体投资行为的母国产业结构效应,只有将投资对象区分开来,才能清晰考察这个问题。因此,在后文进行样本和数据的选择与整理过程中,将"一带一路"沿线经济体分为发达经济体和发展中经济体两组,分别探讨我国对沿线发达经济体的逆梯度投资和对沿线发展中经济体的顺梯度投资两种情况,厘清技术进步和产业转移在对外直接投资的母国产业结构效应中的作用。

3. 产业结构升级

(1)产业结构升级的内涵

"结构"通常是指一个事物整体的各组成部分以及各部分之间的搭配、安排和相互关系。产业结构是指国民经济中各产业的构成以及各产业之间的联系和比例关系。1672年，英国古典经济学和统计学创始人威廉（William）在《政治算术》中提出，"制造业比农业的收益多，商业又比制造业多，不同产业间收入的差异促使生产力向更高收益的产业部门转移"。1931年，德国经济学家霍夫曼在《工业化阶段和类型》中提出著名的霍夫曼经验定理，论述了一国经济发展和工业化过程中工业结构演变的规律，即制造业中的资本资料工业比重将持续上升并超过消费资料工业比重。1935年，英国经济学家费希尔（Fisher，1935）[1]在《安全与进步的冲突》一书中根据社会生产活动的历史发展顺序和对劳动对象的加工次序，率先提出三次产业的划分方法，即从自然界获取产品的部门是第一产业，将初级产品再加工的部门是第二产业，为生产和消费提供服务的部门是第三产业，逐渐成为国际通用的产业结构分类方法。1954年，英国经济学家刘易斯（Lewis，1954）[2]在《劳动无限供给条件下的经济发展》一文中揭示了发展中国家传统自给自足的农业经济体系和城市现代工业体系并存的"二元经济结构"，并指出，农业剩余劳动力的非农化转移将对其产生逐步削减作用。1957年，英国经济学家克拉克（Clark，1957）[3]出版《经济进步的条件》一书，以配第的研究成果为基础，整理归纳40多个国家和地区三次产业的劳动投入产出数据资料，从统计角度证实人均收入的变化引致劳动力先从第一产业向第二产业流动，再向第三产业转移的趋势，进而成为产业结构演进的规律，世人称其为"配第—克

① Fisher A.G.B.，*The Clash of Progress and Security*，London：Macmillan，1935.

② Lewis W. A.，"Economic Development with Unlimited Supply of Labor"，*The Manchester School*，Vol.22，No.2，1954，pp.139-191.

③ Colin Clark，*The Conditions of Economic Progress*，London：Macmillan，1957.

拉克定律"。1971年,美国经济学家库兹涅茨(Kuznets,1971)①在其著作《各国的经济增长与总产值和生产结构》中提出农业、工业和服务业三次产业划分标准,在此基础上论述国民收入和劳动力在产业间分布变化的特点,进一步证明了"配第—克拉克定律"的正确性,得出"随着经济的增长,农业产值和劳动力比重逐渐下降,工业比重先升后降,服务业比重先缓慢上升后迅速上升"的规律。综合梳理国内外学者的研究成果,可从宏观和微观两个层面归纳产业结构升级的内涵:

在宏观层面上,产业结构升级包括结构变迁和效率变迁两种含义(陈昊,2018)②。在对生产要素或产品特征进行产业划分的基础上,结构变迁是研究各产业结构比重变化的规律,是三次产业比重随着经济增长出现第一、第二、第三产业顺次上升的规律(付凌晖,2010)③,主要是指产业间结构升级。而效率变迁考察的是各产业间或产业内生产效率和技术水平变化的规律,也就是产业从低生产效率到高生产效率、由低技术水平向高技术水平的结构形态演变趋势,是产业间结构升级和产业内结构升级两种方式混合交叉的作用(杜传忠、郭树龙,2011)④。

在微观层面上,产业结构升级包括全球价值链中的产品内升级和要素转移路径下的企业核心竞争力升级两部分。在全球价值链视角下,企业从贴牌生产到自主品牌生产,再到自主设计生产,

---

① Kuznets S., *Economic Growth of Nations: Total Output and Production Structure*, Belknap Press of Harvard University, 1971.

② 陈昊:《中国 OFDI 与母国产业升级》,浙江大学 2018 年博士学位论文。

③ 付凌晖:《我国产业结构高级化与经济增长关系的实证研究》,《统计研究》2010 年第8期。

④ 杜传忠、郭树龙:《中国产业结构升级的影响因素分析——兼论后金融危机时代中国产业结构升级的思路》,《广东社会科学》2011 年第 4 期。

实现从低利润的劳动密集型向高利润的资本与技术密集型产品过渡（Gereffi 和 Tam，1998）[①]。随着价值链的分解和产品内分工的出现，产业结构升级逐渐表现为从低附加值环节向高附加值环节攀升的过程。生产要素的转移则意味着企业在技术创新的激励下，生产效率大大提高，要素向高报酬部门转移，企业实现从初级产品生产向高技术产品生产的转变。

本书研究的产业结构升级主要是指我国的产业间结构升级，包括产业结构的高级化、合理化、均衡化和生态化四个维度（见表0-3）。第一，产业结构高级化是指产业间优势地位由低水平向高水平更迭的动态发展过程，技术创新是其核心动力。其特征包括：产业优势从第一、第二、第三产业顺次递进，沿着劳动密集型、资本密集型、技术密集型产业方向演进，从低加工度、低附加值向高加工度、高附加值产业推进。第二，产业结构合理化是指各产业之间协调能力和关联水平的提高，可通过政府的产业政策和市场价格机制调整。例如，需求与供给是否契合、三次产业的发展是否协调、产业结构效应是否得到有效发挥等，能够反映资源利用和配置效率。第三，产业结构均衡化是指各个产业之间相互协调和谐的状态，是产业间最合理的比例关系，体现了经济主体和变量最合意的状态，是产业结构从非均衡到均衡、从低层次均衡向高层次均衡的跃迁演变过程。第四，产业结构生态化是指产业结构由传统资源消耗向高技术新兴产业过渡的过程，通过不同生态绩效水平产业的交替发展，实现资源和产出的持续多级利用，提高产业间生态

[①]　Gereffi G., Tam T., "Industrial Upgrading through Organizational Chains: Dynamics of Rent, Learning, and Mobility in the Global Economy", 93rd Annual Meeting of the American Sociological Association, San Francisco, CA, August 1998, pp.21-25.

关联程度和协调能力。

表0-3　产业结构升级的内涵

维度	具体内容
高级化	产业间优势从低水平向高水平顺次递进的动态过程
合理化	产业之间的协调能力和关联水平的提高
均衡化	产业之间互相协调的状态,是生产技术和经济资源既定的条件下,国民收入达到潜在最大值时的产业结构
生态化	由传统型产业结构向生态型产业结构递进演化的过程,在保持经济高增长的同时节约资源、修复和改善生态环境

（2）产业结构升级的影响因素

产业结构升级是产业结构由低级形态向高级形态转变的动态过程和趋势,是多重诱因共同作用的结果。因此,本书在第五、第六、第七章进行对外直接投资促进母国产业结构升级的实证检验时,除了将本书重点研究的对外直接投资变量作为核心解释变量外,也将影响一国产业结构升级的其他关键变量纳入回归模型。简单来说,技术进步是其直接动力,贸易开放是其外部市场导向和要求,政府战略导向是其制度保障（姜泽华、白艳,2006）[①]。

其一,技术进步是产业结构升级的直接动力。关于工场手工业向机器大工业转型的产业结构变革原因,马克思如此解释,"工场手工业本身的狭隘的技术基础发展到一定程度,就和它自身创造出来的生产需要发生矛盾"（马克思、恩格斯,1972）[②]创新是解决落后的技术基础和新兴社会需求之间矛盾的钥匙,是推动产业结构升级的杠杆。在时间上,技术进步不断开拓新的生产技术,改

[①] 姜泽华、白艳:《产业结构升级的内涵与影响因素分析》,《当代经济研究》2006年第10期。

[②] 《马克思恩格斯全集》第23卷,人民出版社1972年版,第407页。

造传统产业技术,并在原有产业中分化和创造新产业;在空间上,使用创新技术的产业通过前后向关系和旁侧效应,纵深拉动上、下游产业发展,同时通过产业集聚和扩散效应横向带动落后地区经济增长与产业转型(邹一南,2017)①。总之,技术进步推动产业结构在时间上继起、在空间上传导,完成其转型升级的动态演变过程。

其二,贸易开放是产业结构升级的外部市场导向和要求。国际贸易是产业结构升级的重要驱动力(Leontief,1936)②,一国的生产总值不仅取决于国内消费需求和投资需求,也与贸易部门的净出口需求关系紧密。其中,进口贸易中生产与消费用品的规模和层次在一定程度上调整和转变着产业结构,出口贸易的扩张更是会加速国内产业结构的跃迁(Chenery 等,1975)③。通常,进口贸易将开拓国内市场需求,诱发厂商生产,促进产业成长,借助于本国生产的要素禀赋和规模经济优势形成出口比较优势,拓展至国外市场,带动资本和技术输出,致使本国低附加值产业收缩,生产要素不断流向高附加值行业,实现产业结构升级。可见,各国的要素禀赋差异造成其在国际贸易中的分工与比较优势差异,这种差异是国际贸易的直接动因,也推动着进出口参与和影响一国的产业结构变动。

其三,政府战略导向是产业结构升级的制度保障。资源配置

---

① 邹一南:《马克思产业结构思想对供给侧结构性改革的启示》,《科学社会主义》2017 年第 5 期。

② Leontief W. W.,"Quantitative Input and Output Relations in the Economic Systems of the United States",*The Review of Economic Statistics*,1936,pp.105-125.

③ Chenery H. B., Syrquin M., Elkington H.,*Patterns of Ddevelopment*,1950-1970,London:Oxford University Press,1975.

方式有市场和计划配置两种,政府是计划资源配置的主角,产业结构跃迁的方向在一定程度上反映了政策的战略导向。波特(Porter,1985)[①]的竞争优势理论认为,一个国家或地区的产业结构升级应该发挥其竞争优势,而竞争优势则是市场需求、相关产业与支持产业、企业战略、企业结构和同业生产、机遇、政府支持、区位因素等综合作用的结果,其中肯定了政策的战略导向和政策调整对产业培育竞争优势的重要作用。因此,政府出于战略考虑,通过经济、行政、法律等手段对战略扶持产业资源和要求给予倾斜,鼓励关键技术创新,支持相关产业发展,按照计划引导经济发展的方向,产业结构升级也遵循预期的路径进行。若国家战略方向符合产业结构演变的客观规律,则政府资源投入的触发效应和乘数效应将促进产业结构稳步、均衡升级,否则就会导致产业结构的失衡状态(冯梅,2014)[②]。

(二)研究方法

1.归纳与演绎推理方法

归纳和演绎是经济学研究事物特征和规律时不可或缺的辩证分析法。一方面,通过系统梳理现有文献,抽象出基本逻辑规律作为本书的推理论据和基础,再考察我国对"一带一路"沿线经济体的直接投资实践与产业结构变迁过程,将推论和现实特征进行比对和验证;另一方面,结合我国对"一带一路"投资和自身的产业结构特征,采用演绎方法进一步补充和拓展,用标准数理建模的方

---

① Porter M. E., *Competitive Advantage: Creating and Sustaining Superior Performance*, New York: Free Press, 1985.

② 冯梅:《比较优势动态演化视角下的产业升级研究:内涵、动力和路径》,《经济问题探索》2014年第5期。

法进行严密的演绎推理,推导出研究命题或理论假说。

2.规范与实证分析方法

规范分析和实证分析是经济学研究的重要方法。规范分析解决"应该是什么"的问题,是立足于研究者主观价值判断的分析方法。本书采用规范分析界定研究对象的概念与内涵,推导理论逻辑和研究假说,提出政策建议。实证分析解决"是什么"的问题,是客观分析经济现象、行为或经济活动的方法。本书第四、第五、第六、第七章为了佐证前文提出的研究命题和理论假说,搜集"一带一路"沿线经济体以及我国省际的面板数据,采用多种计量软件和实证分析方法检验理论假说与机理的可信性,得出符合现实的科学结论,应用于政策指导和实践。

3.统计与比较分析方法

统计分析与比较分析是本书使用的基础研究方法。统计分析是通过研究对象的规模、范围、程度、速度等数量关系分析,揭示事物之间的关系、规律和趋势。比较分析是通过比较事物的异同点,进而区别、了解和把握事物的分析方法。本书在分析中国对"一带一路"沿线经济体直接投资的现状、产业结构的变迁、技术进步与产业转移特征等相关内容时,使用直观数据进行统计分析,经过经验观察后进行横向或纵向比较,总结内在规律,细究存在问题,归纳深层原因,为后文的理论推理和计量检验夯实基础。

三、研究思路与框架

(一)研究思路

本书围绕中国对"一带一路"沿线经济体直接投资的母国产

业结构升级这一核心问题,沿着"提出问题—构建分析框架—描述现状—分析问题—解决问题"的基本思路,整体按照"总—分—总"的结构展开论证。首先,本书依据发展中国家对外直接投资的东道国经济阶段差异,从技术进步和产业转移两种路径构建对外直接投资影响母国产业结构的理论框架。其次,将中国对外直接投资的东道国锁定在"一带一路"沿线,就其母国产业结构升级综合效应进行存在性检验,并进一步验证技术进步视点下我国对沿线发达经济体逆梯度投资效应和产业转移视角下我国对沿线发展中经济体顺梯度投资效应。最后,提出中国向"一带一路"沿线经济体直接投资促进母国产业结构升级的政策建议。

界定"一带一路"的核心内涵和地理畛域范畴,通过描绘全球经济格局的动态演变过程和当今深刻调整后的特征,勾勒出"一带一路"倡议的历史背景和现实意义,明确对外直接投资和产业结构升级这两个重点研究对象的概念边界。在此基础上,针对东道国经济发展阶段的异质性,构建对外直接投资影响母国产业结构的理论框架。首先,通过回顾经典投资理论和梳理既有文献,提出本书可能突破的方向;其次,基于投资对象国的经济水平差异,探究对外直接投资促进母国产业结构升级的逻辑机理,提出逆梯度直接投资和顺梯度直接投资影响母国产业结构的不同传导机制,即"逆梯度直接投资—逆向技术溢出—母国技术进步—母国产业结构升级"和"顺梯度直接投资—边际产业和过剩产业对外转移—生产要素流动—母国产业结构升级"的两条链式路径;最后,对"一带一路"倡议实施前后对外直接投资促进母国产业结构升级效应进行比较静态分析。

科学评价中国对"一带一路"沿线经济体直接投资实践与产

业结构升级状态。对外直接投资方面,在理性描述其总量规模、空间格局和行业分布的基础上,通过构建多维度、多指标的评价体系,深入考察"一带一路"沿线经济体的投资便利化水平,并将修正后的贸易引力模型引入投资领域,解释影响我国向"一带一路"沿线经济体直接投资的关键因素,最后对投资的潜力进行预测和模拟。另外,从产业结构的高级化、合理化、均衡化和生态化四个维度对我国产业结构升级的现实情况进行评价、比较和反思,通过统计分析方法对本书研究论题进行初步的经验判断。

对我国向"一带一路"沿线经济体直接投资是否存在产业结构升级的综合效应进行尝试性检验。本书基于修正后的钱纳里标准结构模型,采用我国除西藏、港澳台外的30个省(自治区、直辖市)的面板数据,实证检验了中国对"一带一路"沿线经济体宏观整体的对外直接投资推动自身产业结构升级的积极效应,并通过替代核心解释变量的方法进行稳健性检验。

基于我国向"一带一路"沿线发达经济体直接投资的分样本数据,实证检验"逆梯度直接投资—逆向技术溢出—母国技术进步—母国产业结构升级"链式传导路径。主要为三个核心问题给出肯定的答案:一是中国向"一带一路"沿线发达经济体的逆梯度直接投资是否具有母国产业结构升级效应?二是如果正向促进效应存在,是否通过技术进步中介效应传导实现?三是作为直接投资的母国,我国对逆向技术溢出的吸收消化能力是否对技术进步具有调节作用?因此,通过向"一带一路"发达经济体开展技术寻求型直接投资实现我国产业结构升级具有现实必然逻辑。

基于我国向"一带一路"沿线发展中经济体直接投资的分样本数据,实证分析"顺梯度直接投资—边际产业和过剩产业对外转移—生产要素流动—母国产业结构升级"理论逻辑链条的现实性。本书采用劳动力和资本要素的产业间流动来衡量对外直接投资引致的产业对外转移变量,证实了产业转移在我国对"一带一路"沿线发展中经济体促进母国产业结构升级效应中的中介作用。

从技术进步和产业转移两个视点,基于宏观和微观两个层面,对我国向"一带一路"沿线经济体直接投资推动自身产业结构转型升级提出政策建议。将理论落地现实,使本书研究具有现实意义。

(二)研究框架

本书围绕我国对"一带一路"沿线经济体直接投资的母国产业结构升级效应展开研究,力图从以下三个方面进行拓展:

第一,拓宽了发展中国家对外直接投资尤其是向"一带一路"沿线东道国投资的母国经济效应研究视角。鉴于大多数国际直接投资理论源自发达国家利益诉求点,对发展中国家的对外直接投资效应解释力不足,而国内学者早期研究又聚焦于外商直接投资的东道国效应而非对外直接投资的母国经济效应,本书以中国为发展中国家的典型样本,着重分析其对外直接投资的母国产业结构反馈效应,对于扩充发展中国家直接投资理论研究具有一定贡献。另外,"一带一路"倡议是我国对外积极开放、对内加速调整的重大战略,本书将对外直接投资的产业结构效应研究重心置于其沿线经济体,分析"一带一路"倡议在对外开放和对内转型间的桥梁作用及其具体传导路径,在一定程度上拓宽了"一带一路"的研究视角。

第二,从对外直接投资的不同动因出发,以东道国经济发展水平差异为依据,从逆梯度投资中的技术进步和顺梯度投资中的产业转移两种路径,拓展了对外直接投资影响母国产业结构的理论分析框架。传统国际直接投资理论和文献往往立足于投资动因、区位选择、产业选择等方面,解释对外直接投资的母国产业结构效应。本书从东道国经济发展阶段差异出发构筑理论框架,尝试性地提出一国对发达经济体逆梯度投资和对发展中经济体顺梯度投资影响自身产业结构的不同路径。一是以技术进步为中介变量,效应机制沿着"对外直接投资—逆向技术溢出—母国技术进步—母国产业结构升级"的逻辑进行;二是以产业转移为中介因素,作用机理按照"对外直接投资—边际产业和过剩产业对外转移—旧产业释放沉淀生产要素和新兴产业获得壮大动力—母国产业结构升级"的链条传导。本书将东道国差异与两种传导路径对接结合,为对外直接投资的母国产业结构效应研究提供一个比较分析的框架,为构建此问题的理论解释框架拓宽了思路。

第三,通过中介效应和调节效应模型,分别检验技术进步与产业转移两种路径在我国向"一带一路"沿线经济体直接投资的母国产业升级效应中的作用,丰富了相关实证分析方法体系内容。既有研究成果中的实证分析通常只关注对外直接投资影响母国产业结构的总效应,即存在性检验,鲜有文献就不同传导路径的部分效应进行再检验。本书在全样本的存在性检验基础上,进一步实施两种具体传导路径检验,即"总效应+技术进步路径效应+产业转移路径效应"的实证分析方法。总效应检验使用"一带一路"沿线经济体全样本,而传导路径效应检验则需要从全样本中划分剥离出发达经济体和发展中经济体两个分样本,对不同东道国、不同传导路径的对外直接投资产生的母国产业结构升级效应进行实证分析。为了深入诠释和证实两种传导路径的效应,进一步采用中介效应和调节效应模型实施检验,扩充了现有相关文献的实证分析方法体系内容。

本书的研究框架如图 0-2 所示。

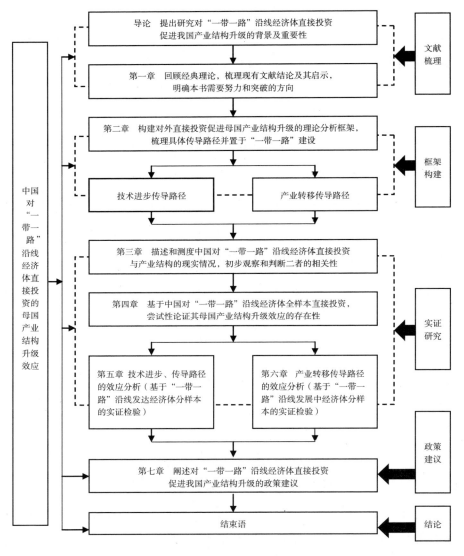

图 0-2　本书的研究框架

第一章　对外直接投资的产业结构效应

20世纪60年代伊始,发达国家对外直接投资蓬勃发展,从而引发学界关注,诞生了大量经典理论成果。80年代,发展中国家跨国公司"走出去"浪潮兴起,立足发达国家视角的传统国际直接投资理论对其解释力不足,而专门针对发展中国家对外投资的经济效应问题逐渐成为学术界的研究热点。依据发展中国家的逆梯度和顺梯度两种投资方式,本章尝试从技术进步和产业转移两种路径梳理对外直接投资影响产业结构问题的国内外学术史与研究动态,为下一步搭建理论分析框架奠定基础,为实证检验提供借鉴。

第一节　对外直接投资影响产业结构的
技术进步路径

一、理论回顾

小规模技术理论是发展中国家跨国公司投资研究的早期代表成果,由美国学者威尔斯(Wells,1977)在其论文《发展中国家企业的国际化》中提出,而后在其著作《第三世界跨国企业》中得到全面论述。该理论认为,低收入、小市场需求有限,大规模生产技术难以从中获得规模经济收益,而发展中国家的大量对外直接投资目的恰好在于为东道国同一种族团体的小市场需求服务,其竞争优势就是小规模生产技术和低成本生产优势。在泰国、马来西亚、新加坡、印度等国家,这种以民族关系为纽带的投资十分常见。小规模技术理论以发展中国家为研究样本,将其自身竞争优势与对外直接投资对象相结合,认为发展中国家可通过引进"降级技术"生产发达国家市场的成熟产品,其技术创新来源于继承和使用已有技术,其国际生产分工定位始终处于产品生命周期的末端和边缘区域,本质上是一种被动的技术寻求型直接投资理论。

英国经济学家拉奥(Lall,1983)①通过研究印度公司的跨境直接投资动因和国际竞争优势,在1983年出版的《新跨国公司:第三世界企业的发展》一书中详尽论述了具体解释发展中国家对外直接投资行为的技术地方化理论。技术地方化是指一些技术水平相对落后的发展中国家通过对外直接投资获取、消化、改进、发展和创新国外先进技术,使之更契合本国的经济发展阶段和具体国情,进而对技术进步水平和经济结构产生深刻影响。拉奥认为,发展中国家通过进行海外直接投资活跃本国研发、创新活动,推动先进技术的吸收、改进和本土化,进而对投资国整体技术水平和经济结构产生深刻影响。

技术地方化理论客观、准确地刻画出发展中国家对外直接投资竞争优势的四种来源:一是发展中国家的要素禀赋条件和质量与发达国家不尽相同,技术进步阶段和特征也截然不同,因此,部

---

① Lall, *The New Multinationals: The Spread of Third World Enterprises*, London: Joho Wiley & Sons, 1983.

分在发达国家陈旧过时的技术在发展中国家仍然具有市场需求；二是发展中国家不是简单复制和照搬直接投资过程中获取的技术，而是通过对技术的本土化改进从而使之更符合本国和周边国家的市场需求和经济结构；三是发展中国家跨国企业的比较优势不仅来源于生产成本最小化与当地供给条件吻合、产品销售与当地需求市场契合，而且来源于其小规模、标准化和劳动密集型技术创新的更高经济效益；四是发展中国家企业能够开发出差别于品牌产品的消费品，当东道国市场规模较大、消费者的购买力和品位层次差异较大时，发展中国家的产品具备自有特征和竞争优势。拉奥强调，企业跨境投资过程中吸收逆向技术溢出受到当地市场需求和生产供给条件的影响，发展中国家对发达国家先进技术的获取和吸收具有再生功能，即不是被动地模仿与复制，而是主动地消化、改进和创新。本书试图为技术地方化理论提供中国的经验证据，我国通过向"一带一路"沿线发达经济体的直接投资获取逆向技术外溢，经过引进先进技术要素和创新资源，以及模仿、复制、改进和本土化创新的过程，对提高母国的技术进步水平和激发产品创新能力起到积极的促进作用。

技术创新与产业升级理论是英国经济学家托兰惕诺（Tolentino）、坎特威尔（Cantwell）在20世纪90年代初期对发展中国家对外直接投资动因、产业和区位选择、产业升级效应问题长期探索的研究成果。他们率先把发展中国家对外直接投资的技术创新与产业升级相联系，系统阐述了跨国公司提升技术创新能力的路径。第一，相对于发达国家注重研发和自主创新的技术进步路径，发展中国家的技术进步更倚重于对领先技术的学习和积累。因此，对外直接投资是发展中国家获取技术、知识和经验的重要渠道。在技术寻求型直接投资的产业选择方面,由于发展中国家跨国公司技术与规模水平有限,应当优先选择工序简单、技术稳定、控制上下游难度较低的自然资源密集型产业,并带动国内相关产业进步,取得一定经验后再转向劳动和技术密集型产业,最后进入高技术行业。在区域选择方面,首先进入地缘邻近、文化差异较小的区域,其次再向外围区域拓展,整体遵循从周边国家到发展中国家,再到发达国家的渐进式地理轨迹。第二,发展中国家跨国公司技术创新是促进母国产业转型和升级的驱动力,并与其对外直接投资的规模容量、产业方向和区域分布息息相关。通过对先进技术的学习、吸收、改进和积累,增强自身技术竞争优势。对外直接投资、技术创新和产业结构三者相互促进和制约,是动态循环的作用体系。技术创新产业升级理论的基本逻辑思路如图1-1所示。

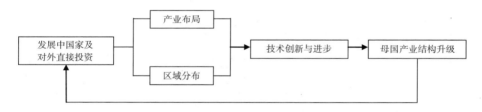

图1-1 技术创新产业升级理论的基本逻辑思路

早期的国际直接投资理论主要在不完全市场的假设基础上围绕跨国企业的垄断优势展开研究。首先,跨国企业对外直接投资的决定因素是技术、规模经济、融资优势、管理组织能力等垄断优势;其次,技术和知识市场的不完全性是跨国企业利用并维持垄断优势并对外投资的重要原因(Hymer,1976)[①]。之后的内部化理论

---

① Hymer S., *The International Operations of National Firms: A Study of Direct Investment*, Cambridge: MIT Press, 1976.

（Buckley 和 Casson，1976）[①]、国际生产折中理论（Dunning，1981）[②]也同样认为获得合理化生产、规模经济和范围经济是利用这种优势进行对外直接投资的主要推动力量。

因此，早期理论主要聚焦于发达国家向发展中国家的直接投资行为，其关注点在于对外直接投资的外溢效应而不是反向溢出效应。母公司以及投资母国是溢出方，子公司以及东道国是溢出受益方，这种外溢效应的逻辑链条是"母公司对外直接投资—海外子公司—东道国企业"，而对外直接投资的逆向技术反哺促进母公司和母国的技术进步效应被忽略。直至 20 世纪末以来，诸多新兴经济体崛起及其对外直接投资的兴起，投资的逆向技术溢出效应才逐渐受到学术界重视。

（一）规范分析

20 世纪 90 年代，学者们开始关注对外直接投资对于母国技术进步的促进效应，并进行相应的理论解释与推理分析。冼国明、杨锐（1998）[③]通过构建学习型模型研究发展中国家的海外投资行为，充分说明动态技术积累和竞争策略在发展中国家投资活动中的重要性。国外学者通过构建古诺模型，从论述技术模仿、扩散、人员培训、产业关联路径研究对外直接投资实现技术反向溢出的机理（Fosfuri 和 Motta，1999），并在异质产品古诺模型的基础上，从

---

①　Buckley P.J.，Casson M.C.，*The Future of the Multinational Enterprise*，London：Macmillan，1976，pp.167-172.

②　Dunning J.H.，*International Production and Multinational Enterprise*，London：George Allen and Unwin，1981，pp.109-142.

③　冼国明、杨锐：《技术累积、竞争策略与发展中国家对外直接投资》，《经济研究》1998 年第 11 期。

微观视角阐述企业通过对外直接投资提升母国技术创新率的现实性(Wesson,1999)。马亚明、张岩贵(2003)①立足于受地理空间限制的技术单向和双向扩散角度,论述其对发展中国家对外直接投资的决策影响,他们认为技术扩散将导致技术优势不再是对外投资的必要条件,它将促使发展中国家向经济和技术先进的发达国家投资,以寻求最大限度利用东道国技术、追求技术扩散效应。赵伟等(2006)②从中观和宏观两个层面捕捉对外直接投资的母国技术进步效应,并归纳出四种传导路径,即研发费用分摊机制、研发成果反馈机制、逆向技术转移机制以及外围研发剥离机制。郭飞、黄雅金(2012)③构建了对外直接投资逆向技术溢出作用的技术互动、技术传递和技术吸收三角循环传导模型,并以有效兼顾自主创新的华为有限公司对外投资为例,分析其实现技术互动和技术吸收的对接机制。揭水晶等(2013)④将我国跨国企业对外直接投资地区的经济发展水平差异纳入研究框架,考察我国对发达国家、新兴工业经济体和发展中国家的直接投资是否存在"技术寻求型对外直接投资—微观企业技术提升—母国技术进步"链式路径,并构建"技术互动—技术传递—技术吸收"循环模型。符磊、强永昌(2014)⑤通过建立包括产品市场和人力资本市场的三阶段博弈模型,论述对外直接

① 马亚明、张岩贵:《技术优势与对外直接投资:一个关于技术扩散的分析框架》,《南开经济研究》2003年第4期。
② 赵伟、古广东、何元庆:《外向FDI与中国技术进步:机理分析与尝试性实证》,《管理世界》2006年第7期。
③ 郭飞、黄雅金:《全球价值链视角下OFDI逆向技术溢出效应的传导机制研究——以华为技术有限公司为例》,《管理学刊》2012年第3期。
④ 揭水晶、吉生保、温晓慧:《OFDI逆向技术溢出与我国技术进步——研究动态及展望》,《国际贸易问题》2013年第8期。
⑤ 符磊、强永昌:《OFDI逆向技术溢出产生的内生机制:理论与启示》,《投资研究》2014年第5期。

投资逆向技术溢出的内生机理,强调其存在的前提条件是具备技术创新知识基础及激励合理充分的自由博弈竞争性市场。

(二)实证研究

日本学者进行了开创性实证研究,通过分析日本跨国公司对美国研发支出密集型产业的直接投资,发现其核心目标在于获取和吸收美国的技术创新(Kogut 和 Chang,1991)。之后的文献成果大多从存在性和差异性这两个方面实证检验对外直接投资的逆向技术溢出问题。

在佐证对外直接投资逆向技术溢出的存在性方面,国内外学者以不同投资母国和东道国为研究样本,从宏观国家层面(Neven 和 Siotis,1996;Lichtenberg 和 Pottelsberghe,2001[1];Branstetter,2006[2];Herzer,2010[3];Chen 等,2012[4];叶建平等,2014[5];符磊,2015[6];卢汉林、冯倩倩,2016[7];柴庆春、张楠楠,2016[8])、中观产业层面(Almeida,1996[9];

---

①　Lichtenberg F., Van Pottelsberghe, "Does Foreign Direct Investment Transfer Technology Across Borders?", *The Reviews of Economics and Statistics*, Vol.83, No.3, 2001, pp.490−497.

②　Branstetter L., "Is Foreign Direct Investment a Channel of Knowledge Spillovers? Evidence from Japan's FDI in the United States", *Journal of International Economics*, Vol.68, No.2, 2006, pp.325−344.

③　Herzer D., "Outward FDI and Economic Growth", *Journal of Economic Studies*, Vol.37, No.5, 2010, pp.476−494.

④　Chen V.Z., Li J., Shapiro D.M., "International Reverse Spillover Effects on Parent Firms: Evidences from Emerging−market MNEs in Developed Markets", *European Management Journal*, Vol.30, No.3, 2012, pp.204−218.

⑤　叶建平、申俊喜、胡潇:《中国 OFDI 逆向技术溢出的区域异质性与动态门限效应》,《世界经济研究》2014 年第 10 期。

⑥　符磊:《中国 OFDI 逆向技术溢出效应显著吗——考虑环境变量的再检验》,《山西财经大学学报》2015 年第 37 卷第 12 期。

⑦　卢汉林、冯倩倩:《我国 OFDI 逆向技术溢出效应的研究——基于省际面板数据的门槛回归分析》,《科技管理研究》2016 年第 4 期。

⑧　柴庆春、张楠楠:《中国对外直接投资逆向技术溢出效应——基于行业差异的检验分析》,《中央财经大学学报》2016 年第 8 期。

⑨　Almeida P., "Knowledge Sourcing by Foreign Multinationals: Patent Citation Analysis in the US Semiconductor Industry", *Strategic Management Journal*, Vol.17, No.S2, 1996, pp.155−165.

Griffith等,2003①;Pradhan和Singh,2009②;Driffield和Chiang,2009③;欧阳艳艳、喻美辞,2011④;罗丽英、郑兴,2015⑤;申俊喜、鞠颖,2016⑥)和微观企业层面(陈菲琼、徐金发,2000⑦;陈菲琼等,2003;Vahter和Masso,2005⑧;Branstetter,2006;陈菲琼、丁宁,2009⑨;田巍、余淼杰,2012⑩;蒋冠宏、蒋殿春,2014⑪;毛其淋、许家云,2014⑫;叶娇、赵云鹏,2016⑬)检验逆向技术溢出效应的显著性,得出三种相悖的结论:第一,存在显著作用(Lichtenberg和Van,2001⑭;赵伟等,

---

① Griffith T.L.,Sawyer J.E.,Neale M.A.,"Virtualness and Knowledge in Teams:Managing the Love Triangle of Organizations,Individuals,and Information Technology",*MIS Quarterly*,2003,pp.265-287.

② Pradhan J.P., Singh N., "Outward FDI and Knowledge Flows:A Study of the Indian Automotive Sector",*Institutions and Economies*, Vol.1,No.1,2009,pp.156-187.

③ Driffield N.,Chiang P.C.,"The Effects of Offshoring to China:Reallocation,Employment and Productivity in Taiwan",*International Journal of the Economics of Business*, Vol.16,No.1,2009,pp.19-38.

④ 欧阳艳艳、喻美辞:《中国对外直接投资逆向技术溢出的行业差异分析》,《经济问题探索》2011年第4期。

⑤ 罗丽英、郑兴:《人力资本与不同要素密集度行业的OFDI逆向技术溢出门槛效应——基于19个行业2004—2013年面板数据》,《现代财经(天津财经大学学报)》2015年第12期。

⑥ 申俊喜、鞠颖:《中国电子信息产业OFDI逆向技术溢出效应研究——基于分位数回归方法》,《国际商务(对外经济贸易大学学报)》2016年第1期。

⑦ 陈菲琼、徐金发:《中国企业与跨国公司知识联盟是提高企业竞争力的有效途径》,《数量经济技术经济研究》2000年第12期。

⑧ Vahter P.,Masso J.,*Home Versus Host Country Effects of FDI*,William Davidson Institute,Working Papers Series,2005.

⑨ 陈菲琼、丁宁:《全球网络下区域技术锁定突破模式研究——OFDI逆向溢出视角》,《科学学研究》2009年第27卷第11期。

⑩ 田巍、余淼杰:《企业生产率和企业"走出去"对外直接投资:基于企业层面数据的实证研究》,《经济学(季刊)》2012年第11卷第2期。

⑪ 蒋冠宏、蒋殿春:《中国工业企业对外直接投资与企业生产率进步》,《世界经济》2014年第9期。

⑫ 毛其淋、许家云:《中国企业对外直接投资是否促进了企业创新》,《世界经济》2014年第8期。

⑬ 叶娇、赵云鹏:《对外直接投资与逆向技术溢出——基于企业微观特征的分析》,《国际贸易问题》2016年第1期。

⑭ Lichtenberg F., Van Pottelsberghe, "Does Foreign Direct Investment Transfer Technology Across Borders?",*The Reviews of Economics and Statistics*,Vol.83,No.3,2001,pp.490-497.

2006;Pradhan 和 Singh,2009[1];陈强等,2016[2]),通过人才积累效应(符磊、强永昌,2014)[3]、示范效应(揭水晶等,2013)和产业关联效应(付海燕,2014)[4],对外直接投资的逆向技术溢出作用将反哺和提高母国的全要素生产率。第二,没有积极显著作用(Dunning,1994[5];Bitzer 和 Kerekes,2008[6])。其原因在于:首先,对外直接投资具有挤出效应(Braunerhjelmp 等,2005)[7],跨国企业将资本向外支出必将挤出国内研发资本投入,总体而言对母国技术进步产生消极影响;其次,逆向技术外溢是否产生与投资动因相关(王恕立、向姣姣,2014)[8],除了技术寻求型直接投资之外,其他的市场寻求和自然资源寻求动因的直接投资对母国技术进步均无甚影响。第三,不确定是否有显著作用。对外直接投资对母国技术创新的效应会因母国的技术吸收消化能力(Chen 等,2012;王欣、姚洪兴,2016[9])、金

① Pradhan J. P., Singh N.,"Outward FDI and Knowledge Flows:A Study of the Indian Automotive Sector",*Institutions and Economies*,Vol.1,No.1,2009,pp.156-187.

② 陈强、刘海峰、汪冬华、徐驰:《中国对外直接投资能否产生逆向技术溢出效应?》,《中国软科学》2016 年第 7 期。

③ 符磊、强永昌:《OFDI 逆向技术溢出产生的内生机制:理论与启示》,《投资研究》2014 年第 5 期。

④ 付海燕:《对外直接投资逆向技术溢出效应研究——基于发展中国家和地区的实证检验》,《世界经济研究》2014 年第 9 期。

⑤ Dunning J. H.,"Multinational Enterprises and the Globalization of Innovatory Capacity",*Research Policy*,Vol.23,No.1,1994,pp.67-88.

⑥ Bitzer J.,Kerekes M.,"Does Foreign Direct Investment Transfer Technology Across Borders? New Evidence",*Economics Letters*,Vol.99,No.3,2008,pp.355-358.

⑦ Braunerhjelmp,Oxelheim L.,Thulin P.,"The Relationship between Domestic and Outward Foreign Direct Investment:The Role of Industry-specific Effects",*International Business Review*,Vol.14,No.6,2005,pp.667-694.

⑧ 王恕立、向姣姣:《对外直接投资逆向技术溢出与全要素生产率:基于不同投资动机的经验分析》,《国际贸易问题》2014 年第 9 期。

⑨ 王欣、姚洪兴:《长三角 OFDI 对区域技术创新的非线性动态影响效应——基于吸收能力的 PSTR 模型检验》,《世界经济研究》2016 年第 11 期。

融发展水平(殷朝华等,2017①;罗军,2017②)、经济开放度、技术差距、人力资本、制度环境等因素的差异呈现非线性动态影响。例如,当母国技术吸收能力低于门槛值时,对外直接投资的逆向技术溢出效应不显著,高于门槛值时则显著。

在检验对外直接投资逆向技术溢出的差异性方面,国内外学者的研究成果主要证明了地区差异和行业差异的存在。一般情况下,向经济发展成熟、技术先进的发达国家直接投资的逆向技术溢出效应较强(丁一兵、付林,2016③;蒋冠宏,2017④)。而且,母国内部区域差异也存在影响,李梅和柳士昌(2012)⑤、叶建平等(2014)⑥、衣长军等(2015)⑦通过比较我国东部、中部、西部地区的对外直接投资发现,经济水平较高和技术创新资源较丰裕的东部地区对外投资的技术反馈效果明显,而西部地区则不显著。另外,赫泽尔(Herzer,2011)⑧以发展中国家为研究样本,证实了对外直接投资的反向技术吸收作用存在明显的行业差异。这一结论在

---

① 殷朝华、郑强、谷继建:《对外直接投资促进了中国自主创新吗——基于金融发展视角的实证研究》,《宏观经济研究》2017 年第 8 期。

② 罗军:《民营企业融资约束、对外直接投资与技术创新》,《中央财经大学学报》2017 年第 1 期。

③ 丁一兵、付林:《东道国特征与中国对外直接投资的逆向技术溢出——基于投资动机视角的分析》,《南京师大学报(社会科学版)》2016 年第 5 期。

④ 蒋冠宏:《我国企业跨国并购与行业内逆向技术溢出》,《世界经济研究》2017 年第 1 期。

⑤ 李梅、柳士昌:《对外直接投资逆向技术溢出的地区差异和门槛效应——基于中国省际面板数据的门槛回归分析》,《管理世界》2012 年第 1 期。

⑥ 叶建平、申俊喜、胡潇:《中国 OFDI 逆向技术溢出的区域异质性与动态门限效应》,《世界经济研究》2014 年第 10 期。

⑦ 衣长军、李赛、张吉鹏:《制度环境、吸收能力与新兴经济体 OFDI 逆向技术溢出效应——基于中国省际面板数据的门槛检验》,《财经研究》2015 年第 11 期。

⑧ Herzer D.,"The Long-run Relationship between Outward FDI and Total Factor Productivity: Evidence for Developing Countries", *German Development Economics Conference*, 2011.

中国同样成立（欧阳艳艳、喻美辞，2011；郭飞、李冉，2012①；李杏、钟亮，2016②）。

二、既往研究述评

纵观现有文献，国内外学者们为对外直接投资逆向技术溢出的母国产业结构效应研究付诸大量心血，成果斐然。多数分析结果表明资本外向跨境流动能促进母国技术进步，进而提升母国产业结构层次，其中有部分学者对其作用机理和调节因素进行了论证和阐述。但是，本书根据不同研究方法和对象梳理"对外直接投资—逆向技术溢出—母国技术进步—母国产业结构升级"链式路径的相关理论模型、机理论述和实证检验文献，认为现有研究在以下三方面有待进一步拓展：

第一，实证研究成果丰硕，系统理论支撑不足。关于对外直接投资逆向技术溢出的产业结构调整效应相关理论研究远远滞后于实证研究，在理论支撑不足的情况下进行实证检验，存在模型构建偏差、变量选择缺乏科学客观依据、变量的衡量指标选取不合理等缺陷；而且，理论研究大多关注传导路径的"对外直接投资—逆向技术溢出—母国技术进步"环节，忽视了后续延伸的链条末端"母国技术进步—母国产业结构升级"机理分析。

第二，大多研究未区分对外直接投资的对象，因此鲜少依据东道国经济发展阶段和技术水平差异研究逆向技术溢出的异质性。

---

① 郭飞、李冉：《中国对外直接投资的逆向技术溢出效应——基于分行业面板数据的实证研究》，《海派经济学》2012 年第 3 期。

② 李杏、钟亮：《对外直接投资的逆向技术溢出效应研究——基于中国行业异质性的门槛回归分析》，《山西财经大学学报》2016 年第 11 期。

隋月红(2010)将我国对外直接投资分为对发展中国家的顺梯度投资和对发达国家的逆梯度投资。欧阳峣(2006)认为我国高新产业和大型企业可以向发达国家投资以获取技术反哺作用,传统产业和中小型产业应投向发展中国家,利用当地资源、劳动力禀赋优势和小规模技术优势进行海外寻租。魏浩(2008)[1]也认为我国应向美国、日本和西欧发达国家进行技术寻求投资,而边际产业转移和基础资源寻求型直接投资应面向发展中国家。陈昊、吴雯(2016)在区分发达国家、转型经济体和发展中国家样本的基础上,证明我国对外直接投资逆向技术溢出效应来源于发达国家东道国而不是发展中国家东道国。以上学者立足于国别差异视角的研究细化了对外直接投资技术反哺作用的研究对象,但其实证检验未从技术反向溢出延伸至母国产业结构升级作用,研究范围也未细分至"一带一路"沿线经济体。

第三,立足于"一带一路"视域探讨投资逆向技术溢出影响产业结构的研究成果匮乏。随着"一带一路"倡议的提出和建设,国内学者就其对外直接投资专题进行了大量研究,主要关注其推进的战略意义(何维达、辛宇非,2015)[2]、区位选择(钟飞腾,2015[3];郑蕾等,2015[4])、产业选择(廖萌,2015[5];孙章,2015[6])、投资动因

① 魏浩:《中国对外直接投资战略及相关问题》,《国际经济合作》2008年第6期。

② 何维达、辛宇非:《"马歇尔计划"的成功经验对"一带一路"建设的启示》,《学术论坛》2015年第8期。

③ 钟飞腾:《"一带一路"产能合作的国际政治经济学分析》,《山东社会科学》2015年第8期。

④ 郑蕾、唐志鹏、刘毅:《中国投资引致碳排放与经济增长的空间特征及脱钩测度》,《资源科学》2015年第12期。

⑤ 廖萌:《"一带一路"建设背景下我国企业"走出去"的机遇与挑战》,《经济纵横》2015年第9期。

⑥ 孙章:《"一带一路"建设与中国铁路"走出去"》,《城市轨道交通研究》2015年第3期。

（郭锦辉，2015①；邱奇，2015②；史正富，2015③）、影响因素（倪沙等，2016）④、产业结构效应（房裕，2015⑤；杨英、刘彩霞，2015⑥）等视角。总体而言，关于对外直接投资的母国经济效应研究成果偏少，从逆向技术溢出角度研究母国产业结构效应的文献更少，偶有学者就此主题展开研究（姚战琪，2017）⑦，也未以技术进步为节点分别论述"对外直接投资逆向技术溢出—母国技术进步"和"技术进步—母国产业结构"两步骤的效应差异。

综上，本书将尝试从对外直接投资到母国技术进步，再从母国技术进步到母国产业结构升级两个阶段和步骤，构建对外直接投资与产业结构升级的理论模型，在理论分析的基础上进行实证检验。不但把地理畛域锁定在"一带一路"沿线经济体，而且将技术寻求型投资的东道国聚焦于发达经济体，考察技术传导路径下我国对"一带一路"沿线发达经济体直接投资的产业结构升级效应。

---

①　郭锦辉：《"一带一路"引领中国产业走出去》，《中国经济时报》2015 年 4 月 1 日。

②　邱奇：《"一带一路"战略助推我国产业资本输出》，《理论视野》2015 年第 8 期。

③　史正富：《论一带一路投资机制创新》，《开放导报》2015 年第 8 期。

④　倪沙、王永兴、景维民：《中国对"一带一路"沿线国家直接投资的引力分析》，《现代财经（天津财经大学学报）》2016 年第 5 期。

⑤　房裕：《中国对外直接投资对国内产业升级的影响及对策建议》，《甘肃社会科学》2015 年第 3 期。

⑥　杨英、刘彩霞：《"一带一路"背景下对外直接投资与中国产业升级的关系》，《华南师范大学学报（社会科学版）》2015 年第 5 期。

⑦　姚战琪：《"一带一路"沿线国家 OFDI 的逆向技术溢出对我国产业结构优化的影响》，《经济纵横》2017 年第 5 期。

第二节　对外直接投资影响产业结构的
产业转移路径

一、理论回顾

关于产业国际转移的研究,国外学术界起步较早,对外直接投资母国与东道国的比较优势差异是初期研究的重点。国内学者关于产业转移的研究始于改革开放后,聚焦于我国东部地区通过吸引外商直接投资承接产业转移的效应分析。20 世纪 90 年代,随着中国企业"走出去"浪潮兴起,学者们也开始关注对外直接投资引起的产业转移现象,为我国后期产业规划和发展实践方向提供了理论指导。国内外学者以国际贸易和投资理论为基础,不断探索产业转移的特征和内在规律,其研究成果覆盖了国际产业转移的动因、影响因素、模式和经济效应四个方面。

(一)国际产业转移的动因

首先,国际产业转移的动因在于跨国公司的垄断优势。美国经济学家海默(Hymer,1976)提出垄断优势理论,经过学者金德尔伯格(Kindleberger,1969)[1]进一步补充和发展,形成了完整的理论体系,为后续对外直接投资理论研究勾勒出基本框架和脉络。海默认为国际直接投资有两个决定因素:一是市场的不完全性。由于规模经济、技术垄断、差异化产品、商标和贸易壁垒存在,现实世界中,市场的不完全性是常态。而在偏离了完全竞争的市场结构

---

① Kindleberger C.P.,"American Business Abroad",*The International Executive*,Vol.11,No.2,1969,pp.11−12.

下,企业能够依托其垄断优势进行对外直接投资,排除东道国同行业企业的竞争,获取垄断利润。二是自身的垄断优势。市场的不完全性只为企业对外直接投资提供了外部客观条件,企业最终是否投资取决于自身的垄断优势,例如规模经济、资金优势、知识技术优势、组织管理能力或市场营销优势。

其次,国际产业转移的动因来自跨国公司的交易成本内部化能力。英国学者巴克莱和卡森(Buckley 和 Casson,1976)在《跨国公司的未来》一书中提出内部化理论。他们在科斯的产权理论基础上,结合外部市场的不完全性与公司内部资源配置系统诠释跨国公司对外直接投资的动因。跨国公司的研发和培训活动与中间产品(原材料和零部件以及专利、管理和营销技术知识等中间产品)密切相关。中间产品市场尤其是知识产品市场的不完全性,致使公司无法有效利用外部市场来组织和协调其经营活动,这是内部化的关键前提。为了规避交易的不确定性和上升成本,企业通过对外直接投资活动开辟市场,将原本通过外部市场进行的交易转移到企业内部,跨国公司应运而生。此理论强调企业通过自身组织体系以较低成本内部转移垄断优势的能力,并用这种能力解释跨国公司对外直接投资的动因。

之后,英国学者邓宁(Dunning,1977)[1]将其归类为所有权优势,并广采众家之长,发展成国际生产折中理论,阐述企业选择对外直接投资的条件是同时拥有所有权优势、内部化优势和区位优势。若只具备前两者则选择出口,若只有所有权优势则选择技术授权方式进入海外市场扩张,如表1-1所示。

---

[1]　Dunning J.H.,"United Kingdom Transnational Manufacturing and Resource based Industries and Trade Flows in Developing Countries",*Geneva*,*UNCTAD*,1977.

表1-1　邓宁的国际生产折中理论

进入海外市场模式	所有权优势	内部化优势	区位优势
对外直接投资	✓	✓	✓
出口贸易	✓	✓	
技术授权	✓		

资料来源：Dunning J.H.，"United Kingdom Transnational Manufacturing and Resource based Industries and Trade Flows in Developing Countries"，*Geneva*，*UNCTAD*，1977.

　　最后，国际产业转移的动因在于劳动力成本的国际差异。美国学者刘易斯（Lewis，1977）基于赫克歇尔—俄林的要素禀赋理论，在其著作《国际经济秩序的演变》中系统诠释了劳动密集型产业转移理论。他将二元经济结构思想延伸到国际产业转移研究领域，用劳动力价格的区际差异解释第二次世界大战后发达国家将劳动密集型产业转移至发展中国家并通过进口满足自身需求的原因。一方面，由于主要发达国家的工业化进程加快和人口增长率下滑，致使国内劳动密集型产品生产的比较优势缺失，供给缺口扩大；另一方面，发展中国家劳动力丰裕，逐渐成为承接发达国家劳动密集型产业转移的主体。

　　在以蒙代尔（Mundell，1957）[1]为代表的传统贸易理论和要素禀赋理论（Heckschert，1919[2]；Ohlin，1933）基础上，刘易斯（Lewis，1977）通过研究劳动密集型产业的区际转移现实得出结论：发达国家人口增长率的下降和非熟练劳动力的匮乏将导致其劳动力成本攀升，进而逐渐丧失比较优势，致使劳动密集型产业向发展中

　　[1]　Mundell R. A.，"International Trade and Factor Mobility"，*American Economic Review*，Vol.47，No.3，1957，pp.321-335.
　　[2]　Heckschert Eli F.，"The Effect of Foreign Trade on the Distribution of Income"，*Eknomisk Tids-krift*，Vol.21，No.2，1919，pp.497-512.

家转移。小岛清(Kojima,1978)采用比较成本方法,认为产业输出国应当从国内已经丧失比较优势的边际产业依次进行,通过边际产业的空间转移彰显其比较优势,规避比较劣势。费农(Vernon,1966)则认为不同产品的生命周期特征存在异质性,生产要素在不同阶段的作用各有差异,因此,产品具有生产和投资周期,生产经营活动必将转向生产要素丰裕、成本低廉的国家。邓宁(Dunning,1977)的国际投资发展周期理论则认为一国从承接产业流入到产业向外流出的原因是经济发展水平的提高、产业竞争力或产业结构的调整。

纵观以上文献,无论是劳动力成本优势,还是由于生命周期不同阶段引致的产品优势,或是一国经济发展和产业升级带来的综合优势,上述理论的假设条件是完全竞争市场和规模报酬不变,其根本逻辑在于将产业国际转移归因于转出国与承接国比较优势的动态变化和较量。马库森(Markusen,1984)[①]甚至认为,若两个国家要素禀赋相似,市场规模相近,那么母国对东道国的直接投资将会挤出出口贸易,也就是产生了完全的出口替代效应,弱化了产业转移作用。自从国内学者卢根鑫(1994)开创性地从劳动力价值异质性与重合产业类似性的视角分析国际产业转移的原因,之后学术界基于跨国公司在国际市场上的要素禀赋与技术进步(张庸萍等,2011)[②]、竞争优势(张燕生,2008[③];李显君等,2010[④])、国际

---

①　Markusen J.R.,"Multinationals Multi-plant Economies,and the Gains from Trade",*Journal of International Economics*,Vol.16,No.3,1984,pp.205-226.

②　张庸萍、刘建江、刘兵权、莫崇立:《国际产业转移与危机冲击的关系研究》,《经济地理》2011年第31卷第2期。

③　张燕生:《我国应在参与全球化中培育新竞争优势》,《宏观经济管理》2008年第1期

④　李显君、庞丽、徐可:《价值转移、路径创新与竞争优势——基于中国汽车企业的实证分析》,《中国软科学》2010年第1期。

分工深化与价值链细分(张少军、刘志彪,2009[1];傅强、魏琪,2013[2])、政府政策引导等视角研究国际产业转移与产能合作的经济动因。

(二)国际产业转移的影响因素

国际产业转移是跨国企业扩大规模进而在海外市场寻租时必然发生的现象,国外学者通过研究发展中国家产业转移现象,发现重要的影响因素是集聚经济和市场规模(Wheeler 和 Mody,1992)[3],并从国际贸易视角出发,认为运输成本、关税和投资壁垒等交易成本会对产业转移效率产生一定影响(Helpman,1984)[4]。关满博(1997)[5]认为影响日本进行国际产业转移的主要因素是其产业结构调整的需要和国际分工的深化。之后的学者也进行了大量研究,他们认为影响产业国际转移的因素包括:一是政府行为,即市场经济体制、政府政策、法律法规等(刘婷,2012[6];梁文,2016[7]);二是经济比较优势以及总体水平,例如人力资本(张其春、郗永勤,2006[8];白彦、吴言林,2010[9]);三是地理和环境规制

① 张少军、刘志彪:《全球价值链模式的产业转移——动力、影响与对中国产业升级和区域协调发展的启示》,《中国工业经济》2009 年第 11 期。

② 傅强、魏琪:《全球价值链视角下新一轮国际产业转移的动因、特征与启示》,《经济问题探索》2013 年第 10 卷。

③ Wheeler D.,Mody A.,"International Investment Location Decision:The Case of U.S.Firms",*Journal of International Economics*,No.33,1992,pp.57-76.

④ Helpman E.,"A Simple Theory of International Trade with Multinational Corporations",*Journal of Political Economy*,Vol.92,1984,pp.51-71.

⑤ 关满博:《超越空洞化——技术和地域的再构筑》,日本经济新闻出版社 1997 年版。

⑥ 刘婷:《地方政府行为对产业转移的影响分析》,湖南大学 2012 年博士学位论文。

⑦ 梁文:《地方政府竞争对区际产业转移空间失配性的影响研究》,湖南科技大学 2016 年博士学位论文。

⑧ 张其春、郗永勤:《区域人力资本与产业结构调整的互动关系》,《现代经济探讨》2006 年第 8 期。

⑨ 白彦、吴言林:《人力资本的双重外部效应对产业转移的影响分析——为什么大规模产业转移没有出现》,《江淮论坛》2010 年第 6 期。

（周浩、郑越,2015[①];张平、张鹏鹏,2016[②];曲凤杰,2017[③])。

(三)国际产业转移的模式

第一,按照"雁行模式"转移。日本学者赤松要(Akamatsu, 1962)通过研究日本对外直接投资发展模式提出雁行形态理论,成为国际分工、产业转移和产业结构升级的重要理论来源。他认为,落后国家的经济发展一般会经历"进口—国内生产—出口"三个阶段并循环更替,从图形上看就像三只飞翔的大雁,于是将其形象概括为"雁行模式"。这种雁行变化态势一般先出现在消费品行业,而后是生产资料产业,最后是整个制造业。此理论常被用来解释后发工业国家或新兴经济体通过承接发达国家产业转移实现工业化之后,再向欠发达国家转移产业的过程。

第二,从边际产业开始向国际产业转移。1978 年,日本学者小岛清(Kojima,1978)通过整理和吸收国际产业分工思想和比较优势原理,进一步拓展了赤松要的雁行模式理论,提出边际产业扩张理论,揭示了一国对外直接投资的动因以及国际产业转移与产业结构升级之间的内在联系。20 世纪 50—60 年代,日本跨国公司的生产规模、技术实力和竞争效率均逊于美国,要在国际市场竞争中扳回一城,日本公司需另辟蹊径采取符合自身优势的对外投

---

① 周浩、郑越:《环境规制对产业转移的影响——来自新建制造业企业选址的证据》,《南方经济》2015 年第 4 期。

② 张平、张鹏鹏:《环境规制对产业区际转移的影响——基于污染密集型产业的研究》,《财经论丛》2016 年第 5 期。

③ 曲凤杰:《从群马模式中突围,构筑新雁群模式——通过国际产能合作建立中国主导的区域产业分工体系》,《国际贸易》2017 年第 2 期。

资模式,将边际产业也就是已经处于或即将处于比较劣势的夕阳产业对外转移。因此,一国对外直接投资应当先从比较劣势产业开始,再逐步转移到经济和产业发展水平低于本国但又具备承接潜在优势的国家和地区。一方面,边际产业的对外转移释放了投资国长期闲置的生产要素,重新整合和配置资源,促进母国产业结构升级;另一方面,边际产业的技术水平在东道国尚具有比较优势,与当地丰裕的劳动力要素融合后逐步形成新产业,推动东道国产业结构升级。

第三,按照产品生命周期规律进行转移。在赤松要的研究基础上,美国学者弗农(Vernon,1966、1979)结合垄断优势理论、产品生命周期和比较优势的动态演变特征探讨对外直接投资的区位分布转移现象,从侧面论证了"雁行模式"的存在,即发达国家产业发展"国内供给—出口—进口"的规律,是从创新阶段向标准化阶段过渡的客观过程。他将产品生命周期分为研发创新期、成熟期和生产标准化时期三个阶段,建立在各阶段之上的产业也呈现出生产、发展、成熟和衰落的生命周期特征。在产品生产初期,以美国为代表的发达国家在技术资源方面具有垄断优势,研发并生产资本和技术密集型产品,主要面向国内市场并拓展至饱和阶段。随着利润逐渐减少,开始推出新产品并进口原来的出口产品。与此相应,该产品的生产区位也由美国转移至日本、西欧等国家和地区。这些承接国虽然研发资源不如美国丰裕,但技术水平处于世界中上游地位。当承接国市场饱和之后,再转移到包括中国在内的发展中国家,虽然其与日本、西欧等国家和地区相比,技术和人力资本水平较为落后,但劳动力要素丰裕,综合生产成本低,可承接生产并出口劳动密集型产品。生命周期论者还从区域生命周期

（Thompson，1966）[1]和工厂生命周期（Dumais 等，1997）的视角研究了产业转移的影响因素。

综上可知，西方学者早期关于国际产业转移的经典理论大多肯定了其根本原因是转移国家尤其是发达经济体在国际竞争中追逐利润最大化目标，他们的研究建立在生产要素价值论之上，与赫克歇尔—俄林的要素禀赋理论异曲同工，从劳动力等生产要素价格的国际差异解释国际产业转移的动因和模式（徐春华、吴易风，2015）[2]。

以美国大型跨国公司基于市场导向的优势产业转移模式和日本中小型跨国企业以成本为导向的边际产业转移方式为开端，国内外学者开拓、研究和总结了国际产业转移的诸多模式，观点各异。在实现路径上，一般来说包括对外直接投资、出口贸易和技术转让契约三种转移方式。戴宏伟（2007）[3]认为，产业转移可分为衰退性与扩张性产业转移、资本流动与技术转移、要素流动与企业迁移等模式。从价值链角度看，分为资本输出带动产业转移、构建跨国产业链并向高端发展、产业园区建设模式（刘佳骏，2016）[4]。张梅（2016）[5]认为我国的产业转移模式具有多样性，在区域上既包括发达国家也包括发展中国家，产业涉及基础设施、装备制造、金融等多个行业。项义军、周宜昕（2018）认为，在全球经济格局

① Thompson J.H.，"Some Theoretical Consideration for Manufacturing Geography"，*Economic Geography*，1966，pp.127-145.

② 徐春华、吴易风：《国际产业转移理论：马克思经济学与西方经济学的比较》，《经济学动态》2015 年第 6 期。

③ 戴宏伟：《中国制造业参与国际产业转移面临的新问题及对策分析》，《中央财经大学学报》2007 年第 7 期。

④ 刘佳骏：《"21 世纪海上丝绸之路"沿线产能合作路径探析》，《国际经济合作》2016 年第8 期。

⑤ 张梅：《对外产能合作：进展与挑战》，《国际问题研究》2016 年第 1 期。

加速演变和国内经济转型的双重压力下,我国的产业转移应以"一带一路"为背景,以产能集群式转移为主导,以境外产业园区为平台,以企业战略联盟为动力。

(四)国际产业转移的经济效应

波特(Porter,1985)认为国际产业转移能够深化全球分工,实现专业性和规模化生产,形成和细分全球产业链,在世界范围内有效配置资源。马丁和马尔钦(Martin 和 Marcin,2010)[1]认为外商直接投资能够有效提高承接产业转移国家的生产率。我国学者将其主要的经济效应总结为就业效应(魏后凯,2003)[2]、价值链效应(魏巍等,2016[3];杨子帆,2016[4];黄先海、余骁,2017[5])和贸易效应(赵张耀、汪斌,2005)[6]等。张云(2011)[7]通过梳理国际4次产业转移浪潮特征发现,以比较优势原理为基础的产业转移能够让转出国和转入国达成双赢局面。

关于对外直接投资、产业转移与母国产业结构变迁关系的研究始于国外学者的探索,现有文献可归纳为两类:第一,间接关系研究成果。邓宁(Dunning,1977)和费农(Vernon,1966)认为美国

① Martin Bijsterbosch, Marcin Kolasa, "FDI and Productivity Convergence in Central and Eastern Europe: An Industry-level Investigation", *Review of World Economics*, Vol.145, No.2, 2010, pp.689-712.

② 魏后凯:《产业转移的发展趋势及其对竞争力的影响》,《福建论坛(经济社会版)》2003年第4期。

③ 魏巍、吴明、吴鹏:《不同发展水平国家在全球价值链中位置差异分析——基于国际产业转移视角》,《产业经济研究》2016年第1期。

④ 杨子帆:《全球价值链模式下我国产业对外转移的影响分析》,《统计与决策》2016年第14期。

⑤ 黄先海、余骁:《以"一带一路"建设重塑全球价值链》,《经济学家》2017年第3期。

⑥ 赵张耀、汪斌:《网络型国际产业转移模式研究》,《中国工业经济》2005年第10期。

⑦ 张云:《基于全球价值链的国际产业转移研究》,武汉理工大学2011年博士学位论文。

等发达国家向发展中国家投资导致劳动密集型制造业对外转移，能够倒逼母国资本和技术密集型产业发展，进而间接证明其产业结构升级效应。之后，刘易斯（Lewis，1977）基于发展经济学视角、赤松要（Akamatsu，1962）指出雁行模式中日本的头雁地位、小岛清（Kojima，1978）主张对外转移边际产业以腾出资源发展新兴产业、"日本因对外直接投资引起生产要素快速转移，从而引致日本经济结构的迅速转型"（Ozawa，1979）[①]等观点，以及针对发展中国家的研究结论（Cantwell 和 Tolentino，1990）[②]，都间接表达了一国通过对外直接投资和产业转移促进本国产业结构升级的思想。第二，直接关系研究成果。希利（Hiley，1999）[③]通过分析日本对东盟国家直接投资数据并计算其化工、电子和纺织产业的显性比较优势指数后发现，日本通过对外直接投资将纺织品等边际产业移向境外，推动国内要素流向新兴产业，促进了高附加值产业的发展。实证分析结果揭示，处在工业化进程中的赶超型国家对外直接投资明显促进了本国产业结构升级（Malcolm 和 Chia，2000）[④]，并通过部分新兴工业化国家的案例分析说明对外直接投资使其从原材料出口国转型为高技术产品出口国（Robert 和 Lipsey，2002）[⑤]，因此对外直接投资和产业转移能够推动生产要素从旧产业流向新产业，促进本国产业结构升级。其他学者的研究结论也印证了这种

[①]　Ozawa T.，"International Investment and Industrial Structure：New Theoretical Implications from the Japanese Experience"，*Oxford Economics Paper*，Vol.31，No.1，1979，pp.72-92.

[②]　Cantwell J.，Tolentino P. E. E.，"Technological Accumulation and Third World Multinationals"，*International Investment and Business Studies*，1990，pp.1-58.

[③]　Hiley M.，"The Dynamics of Changing Comparative Advantage in the Asia-Pacific Region"，*Journal of the Asia Pacific Economy*，Vol.4，No.3，1999.

[④]　Malcolm Bowling，Chia Tien Cheang，"Shilling Comparative Advantage in Asia：New Tests of the'Flying Geese'Model"，*Journal of Asian Economics*，No.11，2000.

[⑤]　Robert E.，Lipsey，"Home and Host Country Effects of FDI"，*NBER Working Papers*，2002.

正向作用的存在性（Markusen 和 Markus，2001[①]；Markusen，2009）。但也有部分学者认为，对外直接投资和产业转移非但不会推进母国产业结构升级，反而会造成相关产业衰落，引致产业空心化问题（关下稔，1990）[②]。

20 世纪 80 年代之前，国际产业转移主要表现为发达国家向发展中国家单向转移原材料和初级产品加工产业。因此，我国学者初期研究的重点是外商直接投资而不是对外直接投资，是承接产业转移的东道国产业结构效应而不是对外产业转移的母国经济结构作用。相关文献主要分为两个视点：首先是规范分析。研究重点是外商直接投资及其引致的产业向内转移对我国经济结构调整（林峰，2003）[③]、产业结构变动（姚君，2005）[④]和具体行业（谢军，2008）[⑤]的影响效应。其次是实证分析。一部分文献是从全国层面证实外商直接投资对我国工业经济增长（江小涓，2002）[⑥]和产业结构（郭克莎，2000[⑦]；李雪，2005[⑧]）的影响，另一部分研究则立足于上海市（田素华，2004）[⑨]、浙江省（蒋晨达，2009）[⑩]、中部地

---

① Markusen J.R.，Markus K.E.，"General Equilibrium Approaches to the Multinational Firm：A Review of Theory and Evidence"，*NBER Working Papers*，2001.

② ［日］关下稔：《跨国公司经济学——现代资本主义的世界模型序论》，李公绰译，《世界经济译丛》1990 年第 5 期。

③ 林峰：《论入世后引进外资促进我国经济结构调整及对策》，《数量经济技术经济研究》2003 年第 2 期。

④ 姚君：《外商直接投资对产业结构升级的作用机制研究》，《经济与管理》2005 年第 11 期。

⑤ 谢军：《中国国际电机制造中心比较优势分析》，《求索》2008 年第 2 期。

⑥ 江小涓：《中国的外资经济对增长、结构升级和竞争力的贡献》，《中国社会科学》2002 年第 6 期。

⑦ 郭克莎：《外商直接投资对我国产业结构的影响研究》，《管理世界》2000 年第 2 期。

⑧ 李雪：《外商直接投资的产业结构效应》，《经济与管理研究》2005 年第 1 期。

⑨ 田素华：《外资对东道国的产业结构调整效应分析——对上海市案例的实证研究》，《上海经济研究》2004 年第 2 期。

⑩ 蒋晨达：《FDI 对浙江产业结构影响的实证分析》，《中国科技产业》2009 年第 4 期。

区 6 个省份(史星际、崔佳佳,2011)①等局部区域层面进行实证检验,大多认为外商直接投资和产业转移对我国经济增长有重大贡献,并促进了我国产业结构转型和升级。

20 世纪 90 年代之后,全球新兴经济体也开始成为对外产业转移的主体,转移对象不但包括初级工业和制造业,而且涉及高附加值工业和服务业。2001 年,我国把"走出去"战略写入《中华人民共和国国民经济和社会发展第十个五年计划纲要》,党的十六大将其上升为国家战略,我国的经济开放政策正式从"引进来"单一方向转变为"引进来"和"走出去"双轮驱动。于是,国内学者也在国际产业转移研究的基本理论框架下,开启了对外直接投资与产业转移调整产业结构效应的研究先河。纵观汪琦(2004)②、冯春晓(2009)③、潘颖和刘辉煌(2010)④、李逢春(2012)⑤、贾妮莎等(2014)⑥、卜伟和易倩(2015)⑦、李东坤和邓敏(2016)⑧等学者的研究结果,可直观或间接反映出我国对外直接投资和产业转移影响母国产业结构的内在规律,即我国以服

---

① 史星际、崔佳佳:《外商直接投资对中部六省产业结构调整的影响》,《山西大学学报(哲学社会科学版)》2011 年第 1 期。

② 汪琦:《对外直接投资对投资国的产业结构调整效应及其传导机制》,《国际贸易问题》2004 年第 5 期。

③ 冯春晓:《我国对外直接投资与产业结构优化的实证研究——以制造业为例》,《国际贸易问题》2009 年第 8 期。

④ 潘颖、刘辉煌:《中国对外直接投资与产业结构升级关系的实证研究》,《统计与决策》2010 年第 2 期。

⑤ 李逢春:《对外直接投资的母国产业升级效应——来自中国省际面板的实证研究》,《国际贸易问题》2012 年第 6 期。

⑥ 贾妮莎、韩永辉、邹建华:《中国双向 FDI 的产业结构升级效应:理论机制与实证检验》,《国际贸易问题》2014 年第 11 期。

⑦ 卜伟、易倩:《OFDI 对我国产业升级的影响研究》,《宏观经济研究》2015 年第 10 期。

⑧ 李东坤、邓敏:《中国省际 OFDI、空间溢出与产业结构升级——基于空间面板杜宾模型的实证分析》,《国际贸易问题》2016 年第 1 期。

装、玩具、鞋类等劳动密集型产业为典型的效率寻求型对外直接投资,不但能够通过边际产业对外转移释放沉淀生产要素并支持新兴产业发展,而且可以延缓衰退产业的经济寿命,为母国产业结构升级提供资本支持。而钢铁、装备制造等存在富余产能的产业通过市场寻求型对外直接投资移向境外,可以推动母国制造业提升技术层次和加工程度,向全球价值链高附加值环节跃进。

2013 年"一带一路"倡议提出之后,国内学者就中国对沿线经济体产业转移和产能合作问题进行了大量探索,但研究视角主要集中在其基本动因(苏杭,2015①;熊艾伦等,2015②;赵宏图,2019③)、战略思路(白永秀等,2015④;孙海泳,2016⑤)、机制与模式(熊勇清、李鑫,2016)⑥、实施路径(黄健柏、刘京星,2017⑦;陈慧,2017⑧)、区位与产业选择(钟飞腾,2015;刘瑞、高峰,2016⑨;张理娟等,2016⑩;

① 苏杭:《"一带一路"战略下我国制造业海外转移问题研究》,《国际贸易》2015 年第 3 期。

② 熊艾伦、蒲勇健、张勇:《"一带一路"与过剩产能转移》,《求索》2015 年第 12 期。

③ 赵宏图:《从国际产业转移视角看"一带一路"倡议的经济性与国际性》,《现代国际关系》2019 年第 3 期。

④ 白永秀、王泽润、王颂吉:《丝绸之路经济带工业产能合作研究》,《经济纵横》2015 年第 11 期。

⑤ 孙海泳:《中外产能合作:指导理念与支持路径》,《国际问题研究》2016 年第 3 期。

⑥ 熊勇清、李鑫:《"国际产能合作":制造业海外市场战略转换方向?——"战略价值"与"微观绩效"的评估分析》,《科学学与科学技术管理》2016 年第 11 期。

⑦ 黄健柏、刘京星:《"一带一路"战略背景下金属产业国际产能合作研究》,《中国人口·资源与环境》2017 年第 7 期。

⑧ 陈慧:《"一带一路"背景下中国—东盟产能合作重点及推进策略》,《经济纵横》2017 年第 4 期。

⑨ 刘瑞、高峰:《"一带一路"战略的区位路径选择与化解传统产业产能过剩》,《社会科学研究》2016 年第 1 期。

⑩ 张理娟、张晓、姜涵、刘畅:《中国与"一带一路"沿线国家的产业转移研究》,《世界经济研究》2016 年第 6 期。

张晓涛等，2019①）、规模测算（曾小明等，2019）②、与全球价值链定位的关系（孟祺，2016③；黄先海、余骁，2017；刘敏等，2018④；李敦瑞，2018⑤）和政策设计（夏先良，2015⑥；金瑞庭，2016⑦）等方面，关于我国通过对沿线经济体直接投资转移产业的母国经济效应研究甚少。

二、既往研究述评

国内外关于国际直接投资、产业转移影响产业结构的理论和实证研究已较为丰富。作为一个正处在经济转型阶段的国家，通过对外直接投资转移边际和富余产能是促进母国产业结构升级的有效路径，也是未来我国参与全球价值链高附加值环节分工，进而在国际市场激烈竞争中取胜的关键。

首先，研究外商直接投资对于国际产业转移承接国产业结构效应的文献居多，而关于对外直接投资向外转移产业影响母国产业结构的研究成果偏少。尤其在国内，由于我国的发展中国家属性和经济发展的阶段变化，"走出去"战略起步晚于"引进来"战略，因此大部分学者将研究重点放在外商直接投资的东道国效应

① 张晓涛、刘亿、杨翠：《我国劳动密集型产业向"一带一路"沿线国家转移的区位选择——基于产业承接能力与要素约束视角》，《吉林大学社会科学学报》2019年第1期。

② 曾小明、刘友金、尹延钊：《中国向"一带一路"国家产业转移的规模测算及影响机制研究》，《湖南科技大学学报（社会科学版）》2019年第2期。

③ 孟祺：《基于"一带一路"的制造业全球价值链构建》，《财经科学》2016年第2期。

④ 刘敏、赵璟、薛伟贤：《"一带一路"产能合作与发展中国家全球价值链地位提升》，《国际经贸探索》2018年第8期。

⑤ 李敦瑞：《国内外产业转移对我国产业迈向全球价值链中高端的影响及对策》，《经济纵横》2018年第1期。

⑥ 夏先良：《构筑"一带一路"国际产能合作体制机制与政策体系》，《国际贸易》2015年第11期。

⑦ 金瑞庭：《推进国际产能合作的政策思考》，《宏观经济管理》2016年第9期。

上,忽视了对外直接投资反馈母国的经济效应。

其次,研究"对外直接投资—母国产业结构升级"或"对外产业转移—母国产业结构升级"的成果丰硕,但演绎和诠释"对外直接投资—对外产业转移—生产要素流动—母国产业结构升级"的文献甚少。陈岩、翟瑞瑞(2015)①就对外投资、过剩产能转移和产业结构升级问题展开研究,在梳理归纳国内外文献的基础上,采用灰色关联模型实证检验我国 15 个行业对外直接投资的产业结构调整作用,证明了我国对外直接投资能够在一定程度上转移国内过剩产能,增加产业内贸易量,学习境外高新技术,推动我国产业结构转型升级。但是,产业转移尤其是生产要素的产业间流动这一关键变量仍未被纳入实证分析框架。

最后,将此研究主题拓展至"一带一路"沿线区域的研究成果尤其是定量分析成果匮乏。"一带一路"倡议的提出、实施和建设,意味着我国对沿线经济体直接投资将逐步成为中国对外直接投资总量的重要增长极,也是我国对外转移边际产业和丰裕产能进而促进自身产业结构升级的重要思路。因此,深入拓展此领域理论与实证探索是后续相关研究的重要切入点。

本书在前人研究基础上,试图分析产业转移在我国对"一带一路"沿线发展中经济体顺梯度直接投资促进母国产业结构升级过程中的中介作用,也就是细分为"对外直接投资—产业转移"和"产业转移—母国产业结构升级"两个链式步骤。在理论与机制分析的基础上,采用劳动力和资本生产要素的产业间流动来衡量产业转移变量,进行实证检验。

---

① 陈岩、翟瑞瑞:《对外投资、转移产能过剩与结构升级》,《广东社会科学》2015 年第 1 期。

第二章　对外直接投资促进母国产业结构升级的理论框架

我们在上一章梳理了国内外诸多学者关于对外直接投资与产业结构相关性的经典理论与文献成果,充分彰显了逻辑演绎的美感。本章将在借鉴前人浩瀚成就的基础上,从微观企业对外直接投资的动因与模式选择出发,推导和归纳发展中经济体对外直接投资促进母国产业结构升级的一般机制与逻辑框架,进一步厘清其具体的传导路径,并将此问题置于"一带一路"的现实背景下,对"一带一路"倡议实施前后对外直接投资促进母国产业结构升级效应进行比较静态分析。

第一节　对外直接投资促进母国产业结构升级的理论逻辑

为了概括和梳理对外直接投资推动母国产业结构升级的一般机制框架,本节以跨国企业的直接投资动因为起点,阐述各种动因下对外直接投资产生的直接经济效应,并归纳其所属的投资模式类别,最后梳理出母国产业结构升级效应的具体传导路径。论证思路为"对外直接投资的动因—直接经济效应—所属投资模式(顺梯度和逆梯度)—具体传导路径—间接经济效应(母国产业结构升级)"。

一般认为,跨国企业对外直接投资的动因可归为技术寻求型、市场寻求型、效率寻求型和资源寻求型四类,不同动因的对外直接投资影响母国产业经济的效应也各不相同(见表2-1)。第一,技术寻求型对外直接投资。跨国企业生产经营活动的全球化使其在最大程度上节约成本和扩大产出,技术进步对提高生产效率的作用更是不可磨灭。在获取关键生产要素和无形资产的强烈需求下,跨国企业通过并购、建立境外研发机构、设立境外研发平台等方式,突破技术壁垒,借助东道国科研人才优势,获取新材料、新工艺和新专利,引进新技术和新产品,分摊研发费用,实现研发业务的全球化运作。技术寻求型对外直接投资主要以技术领先的发达国家为投资东道国,与此特征相对应,投资母国通过汲取逆向技术溢出红利提升自身技术水平,进而促使本国向以知识技术密集型产业为主体的产业结构转型升级。第二,市场寻求型对外直接投资。随着工业化进程不断推进,企业生产能力突飞猛进,形成规模经济效应。在国内市场趋于饱和而国外市场竞争激烈的情况下,跨国企业为了维持业已形成的垄断优势,纷纷通过对外直接投资方式绕过贸易壁垒,节约运输成本,释放过剩产能,缩短供应链,优化资源配置。跨国企业出于对东道国市场规模及其成长性的乐观估计,在东道国建立生产运营、产品销售与售后服务的子公司,或者通过本土化设计与管理,开发适宜东道国市场的产品,获取下游销售渠道进而拓展海外市场。因此,国内过剩产能向海外转移,传统的沉淀生产要素被释放后转入国内附加值更高、技术更先进的新兴产业,促使母国由以依赖原材料的低加工度行业为主体的产业结构逐步向资本和技术密集型高加工度行业占大比重的产业结构转型升级。第三,效率寻求型对外直接投资。全球化与工业化进程催生了大批具有国际战略视野的跨国企业,依托其垄断优势在全球范围内整合要素资源,旨在获取更高的生产效率和企业竞争力。随着国内生产要素成本的飙升和比较劣势产业的涌现,跨国企业将本国低效的生产环节或产业向海外转移,尤其是高污染产业和劳动密集型装配环节等,以在世界范围内再次划分分工的方式,重新组织生产资料,达到规模经济、范围经济和协同效益。企业的效率寻求型对外直接投资通常是为提高生产效率而实施,一般具有连续性特征,主要通过在东道国建立子公司进行跨境水平型投资或垂直型投资[①]。边际产业的对外转移释放出的生产要素逐步流向国内比较优势产业,使母国新兴产业生产效率大幅提高,推进母国产业结构优化升级。第四,资源寻求型对外直接投资。在产业重型化阶段,经济增长和产业发展对自然资源环境的需求旺盛。为了突破资源约束瓶颈、保证关键原材料的有效供应,跨国企业到矿物、农产品、廉价的非熟练劳动力等资源丰裕的东道国建立附属企业,在世界范围内构筑稳定的资源供给源泉,为母国重化工业发展尤其是战略性行业兴盛提供物料支持与资源保障。另外,重化工业也刺激了母国对矿产、石油等自然资源的需求,进一步推动跨境企业资源寻求动因的对外直接投资活动,二者形成

---

① 水平型投资是指投资者将生产资本输出至东道国,根据当地生产比较优势进行产品的设计、生产和销售等全部经营活动。投资的产业与其在母国经营的产业相同,投资的主要动因在于规避贸易壁垒,降低交易成本。垂直型投资是指投资者为实现生产过程不同阶段的专业化而将资本直接输出到东道国的投资行为,一般投资的产业与其在母国经营的产业不同,但处于所在行业价值链上游或下游。

正向反馈、螺旋上升的发展态势,推动母国产业重型化。

表 2-1　对外直接投资的动因与模式选择

投资动因	技术寻求	跨国公司以寻求研发要素资源和先进技术为目标,通过合作研发或人员交流沟通等环节获得技术外溢效应,掌握东道国的研发思想和前沿技术,主要投资对象分布在发达国家或地区的高新技术和制造行业
	市场寻求	跨国公司以规避贸易壁垒、占据和扩大海外产品市场和分化跨国经营风险为目的的投资行为,主要投资对象是发展中国家,以制造业和服务业为主
	效率寻求	跨国公司通过开拓海外市场建立全球生产体系,提高生产要素组合效率,实现资源最优配置。投资对象通常是劳动力成本低、生产工序和制造手法熟练的国家,分布区域较为分散,投资行业主要分布在制造业等劳动密集型产业
	资源寻求	跨国公司旨在获得天然气、石油和水资源等战略性资源供应母国,主要投资对象为油气资源储量丰裕的国家或地区,例如非洲地区等,投资行业主要分布在水、电资源供给和采矿业等

　　值得注意的是,发达国家的对外直接投资起步早、发展成熟,因此关于对外直接投资的内涵界定、分类方法、统计标准和理论研究均以发达国家的对外直接投资理论为主流。国内亦有学者从技术寻求、效率寻求、资源寻求和市场寻求这四种对外直接投资的动因出发,采用质性研究、实证分析和案例讨论等方法探讨中国的对外直接投资与母国产业经济的关系问题(孙建中等,2002[①];邢建国,2003[②];赵伟,2004[③];顾雪松等,2016[④]),但分歧和争论仍然广泛存在。吴先明、黄春桃(2016)[⑤]认为,除了样本选择的差异性外,造

[①]　孙建中、马淑琴、周新生:《中国对外直接投资的产业选择》,中国财政经济出版社 2002 年版。

[②]　邢建国:《对外直接投资战略选择》,经济科学出版社 2003 年版。

[③]　赵伟:《中国企业"走出去"——政府政策取向与典型案例分析》,经济科学出版社 2004 年版。

[④]　顾雪松、韩立岩、周伊敏:《产业结构差异与对外直接投资的出口效应——"中国—东道国"视角的理论与实证》,《经济研究》2016 年第 4 期。

[⑤]　吴先明、黄春桃:《中国企业对外直接投资的动因:逆向投资与顺向投资的比较研究》,《中国工业经济》2016 年第 1 期。

成这一结果的关键原因在于大多数国内学者的研究纯粹以发达国家理论为基础,没有区分中国对外直接投资的对象是发达国家还是发展中国家,投资类型属于顺梯度投资还是逆梯度投资。

顺梯度投资和逆梯度投资是按照投资对象区分的两种对外直接投资模式,顺梯度投资是指跨国公司将资本从相对发达的母国投向相对落后的东道国,而逆梯度投资的方向恰恰相反,是跨国公司将资本从相对落后的母国投向相对发达的东道国。一般情况下,发达国家跨国公司通常具有垄断优势,其对外直接投资通常以资产利用为特征,以效率、资源、市场寻求为动因,顺梯度的投资居多。而发展中国家的经济发展阶段和技术进步水平介于发达国家和欠发达国家之间,在国际分工体系中处于"中游位置",其对外直接投资的特征一般是资产利用和资产寻求互相交织,可以选择的模式有两种:一是以技术寻求为主要动因的逆梯度对外直接投资,东道国多为发达国家,是"难"的投资方式;二是以市场、效率、资源寻求动因为主的顺梯度投资,重点投向其他发展中国家和欠发达国家,是"易"的投资方式。

20 世纪 90 年代起,国内学者就实施这两种对外直接投资方式的时空关系开展了深入研究。冼国明、杨锐(1998)利用邓宁的附加策略变量动态国际生产折中理论(Ownership Internalization Location,OIL)模型阐释了"先难后易"的时间演进路径;何志毅(2002)[1]、宋永高(2003)推演证明了"先易后难"路线的正确性。王凤彬、杨阳(2010)[2]则认为,"先难后易"或"先易后难"模式在本质上陷入了排他性选择陷阱,提出了"差异化的同时并进"模式,这亦是本书认可的观

---

[1] 何志毅:《中国企业国际化途径选择——海尔与 TCL 海外投资战略的比较》,《世界经济研究》2002 年第 6 期。

[2] 王凤彬、杨阳:《我国企业 FDI 路径选择与"差异化的同时并进"模式》,《中国工业经济》2010 年第 2 期。

点。原因有二:第一,本书研究的投资母国是中国。我国与大多数发展中国家的"周边国家—发展中国家—发达国家"传统投资顺序不同,从20世纪90年代跨国企业开始"走出去",在对发展中国家和欠发达国家顺梯度投资的同时,就零星地开始向发达国家进行逆梯度投资,随着国力和企业竞争力的增强,我国的逆梯度投资总量日益增加。因此,在我国对外直接投资模式中,顺梯度方式与逆梯度方式并存。第二,本书的研究起点是中国向"一带一路"沿线经济体的直接投资,既包括对沿线发达经济体的逆梯度投资,以获取逆向技术外溢和促进母国技术进步为主要目的,也包括对沿线其他发展中经济体和欠发达经济体的顺梯度投资,以加快过剩产业和边际产业转移为动因,"难""易"模式齐头并进,"两条腿走路"才能有效实现母国产业结构升级效应。

　　发展中国家的逆梯度对外直接投资是走高端道路,大多以技术寻求为动因。跨国企业在东道国的子公司通过模仿示范、产业关联、人员流动和信息平台交流反馈效应获取技术溢出,继而通过内部传递、产业竞争和人才转移将这种反向技术溢出传递到母国,提升母国企业的技术创新水平和研究开发能力,进而优化产业结构。其中,投资母国对技术的消化吸收能力是跨国企业在逆梯度对外直接投资中获取竞争优势的关键。通过逆梯度对外直接投资获取东道国的技术和稀缺资源,经过学习、模仿、转化和消化吸收后形成母国新兴产业溢出,推动母国产业结构升级。综上可观,发展中国家逆梯度对外直接投资促进母国产业结构升级的重要传导路径是技术进步。

　　发展中国家的顺梯度对外直接投资主要以市场、效率、资源寻求动因为主。首先,传统产业的过剩促使跨国企业寻求和接近海外发展中国家或欠发达国家市场,通过产业的单向海外转移消耗富余产能,优化母国产业结构;其次,随着发展中国家劳动力等生产要素成本的攀升,推动追求利润最大化的企业将部分生产环节或边际产业向成本更低的国家转移,在全球范围内优化资源配置,为母国新兴产业发展腾出优质要素,推动产业结构升级;最后,随着发展中国家工业化进程加快、能源安全和生态环境保护意识增强,对海外自然资源需求日滋月益,资源寻求型直接投资能够为母国战略产业提供原料支持,促进母国产业结构转型升级。由此可知,发展中国家顺梯度对外直接投资促进母国产业结构升级的重要传导路径是产业的国际转移。

发展中国家对外直接投资促进母国产业结构升级的理论逻辑如图2-1所示。

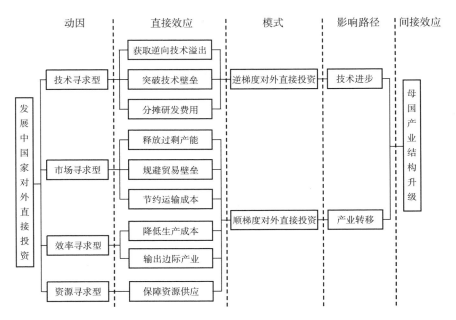

图2-1 发展中国家对外直接投资促进母国产业结构升级的理论逻辑

第二节 对外直接投资促进母国产业结构升级的具体路径

一、技术进步路径

由上文可知,发展中国家向发达国家开展的逆梯度直接投资主要以技术寻求型动因为主,通过技术进步路径推动母国产业结构升级。我们将其分解为"对外直接投资—母国技术进步"和"母国技术进步—母国产业结构升级"两个环节。

(一)对外直接投资促进母国技术进步

1. 开放经济的技术红利

在封闭经济条件下,技术的被模仿和复制会缩减创新者的垄断利润,技术外溢将增强溢入企业的竞争力,导致溢出企业成本增加、创新动力锐减。而在开放经济条件下,发展中国家通过向发达国家直接投资获取反向技术溢出,对发达国家而言喜忧参半:一方面,技术外溢使发展中国家技术水平提高,熟练劳动力供给增加,双方工资水平趋同;另一方面,仍然影响发达国家创新企业的垄断利润。

国内学者蔡伟毅和张俊远(2009)[1]、吕宁(2015)[2]在经济学家格罗斯曼和赫尔普曼(Grossman 和 Helpman,1991)[3]的技术创

---

[1] 蔡伟毅、张俊远:《全球化中的知识溢出与技术进步分析》,《江淮论坛》2009 年第 6 期。

[2] 吕宁:《中国技术寻求型对外直接投资的技术进步效应研究》,首都经济贸易大学 2015 年博士学位论文。

[3] Grossman G., Helpman E., *Innovation and Growth in the Global Economy*, Cambridge:MIT Press,1991.

新与经济增长模型基础上,研究全球化过程中知识溢出与技术进步的关系,并推导证明开放经济条件下技术溢出将促进发展中国家技术进步水平的结论。

假设国家 1 是技术相对先进的发达国家,国家 2 是技术相对落后的发展中国家,两国的技术差异主要表现为熟练劳动力的多寡。知识信息、技术创新要素可自由流动和传递,国家 2 通过对外直接投资从国家 1 获取部分技术。

$$T_N = N_1 + S \times N_2 \qquad (2-1)$$

其中,T 为国家 1 和国家 2 的研发资本总量,N_1 和 N_2 分别为两国在考察期内新增的创新产品数量,国家 2 内的研发资本存量包括自身研发资本(比重为 S)和从国家 1 获取的逆向技术溢出(比重为 $1-S$)。S 值越大,国家 2 从国家 1 获取的技术溢出越少。

$$v_i = \frac{W_i \times \varphi}{N_1 + S \times N_2} \qquad (2-2)$$

按照完全竞争市场中的假设,企业自由进入市场的条件是创新成本等于创新收益,因此,上式为开放经济条件下两国技术研发的市场自由进入条件。其中,企业收益来自从创新产品中获得的利润 π 和自身价值增值 v_i,企业可以将资本用于投入生产经营活动,也可以收取利息 r。W_i 是一国熟练劳动力的平均工资水平,φ 是企业在技术创新过程中需要的劳动量,φ 越大表示企业创新投入的劳动力越多,劳动生产率越差。

$$L_i = \frac{\varphi}{N_1 + S \times N_2} \dot{N} + \frac{1}{P_i} \qquad (2-3)$$

经过技术创新,创新产品产生增量 $\dot{N}$,则创新产品的研发活动中投入熟练工人数量为 $\varphi \times \dot{N}$。创新产品的价格为 P_i，是厂商使用成本加成法核算，$P_i = \dfrac{W_i}{\alpha}$，其中 α 是价格加成的参数。假定消费者的创新产品支出为 1，则创新产品的市场需求消费量为 $\dfrac{1}{P_i}$。式（2-3）表示一国熟练劳动力市场的均衡条件，其中 L_i 是一国熟练劳动力数量。

每个国家创新产品的增长率是 $g_i = \dfrac{\dot{N_i}}{N_i}$。开放条件下，投资贸易和经济自由化会使两国经济发展水平趋同，长期内的创新增长率收敛。因此，无套利条件是：

$$(1 - \alpha) \times V = r + g \text{ 或 } V = \frac{r + g}{1 - \alpha} \tag{2-4}$$

V 表示一国企业创新产品的全部资本价值（$v_i \times N_i$）的倒数 $\dfrac{1}{v_i \times N_i}$。于是，两国的熟练劳动力数量分别是：

$$L_1 = \varphi(g + \alpha \times V) \frac{N_1}{N_1 + S \times N_2} \tag{2-5}$$

$$L_2 = \varphi(g + \alpha \times V) \frac{N_2}{N_1 + S \times N_2} \tag{2-6}$$

那么，可以由此推导出两国熟练劳动力和创新增长率的简单表达式：

$$L_1 + S \times L_2 = \varphi(g + \alpha \times V) \tag{2-7}$$

进一步得出两国长期的创新增长率为：

$$g = (1 - \alpha) \frac{L_1 + S \times L_2}{\varphi} - \alpha \times r \tag{2-8}$$

由此可知，相比封闭条件下的 $g = (1 - \alpha) \dfrac{L}{\varphi} - \alpha \times r$，开放经

济条件下的世界技术创新增长率更高。而且,S 越大,发达国家和发展中国家的研发能力差距越小,全球的技术创新增长率越高。

简言之,封闭条件下,国家 2 的创新增长率为:

$$g_2 = \frac{\dot{N_2}}{N_2} \qquad (2-9)$$

开放条件下,国家 2 通过向国家 1 对外直接投资获取了反向技术溢出,如果从国家 1 外溢的创新产品数量设为 $(\Delta N_1 + \dot{N_2})$,那么国家 2 的创新增长率提高为:

$$g'_2 = \frac{\Delta N_1 + \dot{N_2}}{N_2} \qquad (2-10)$$

显然,$g'_2 > g_2$,说明国家 2 在开放经济条件下可以通过获取逆向技术溢出获得更高的技术创新增长率。

2. 企业技术寻求型直接投资选择的博弈

为了探究发展中国家技术寻求型直接投资的动因和效果,在古诺博弈思想的基础上,国外学者建立了两阶段完全信息古诺博弈模型,证明了开放经济条件下,技术追随企业会选择对外直接投资而不是出口贸易的方式来获取逆向技术溢出,提高自身技术水平(Fosfuri 和 Motta,1999)。

假设企业 1 和企业 2 分别属于 A 国和 B 国,A 国是发展中国家,B 国是发达国家,1 是技术追随企业,2 是技术领先企业,因此企业 1 的边际成本 C_1 高于企业 2 的边际成本 C_2。如果 A 国和 B 国市场的反需求函数是:

$$P(Q_i) = a - b(Q_1 + Q_2) = a - \frac{Q_1 + Q_2}{\eta_i} \qquad (2-11)$$

其中，a 是需求的参数，$b = \dfrac{1}{\eta}$，表示市场规模。

企业 1 和企业 2 在开放条件下都有三种策略，对外直接投资、出口贸易和不开放市场。如果选择对外直接投资，会产生固定投资成本 k；如果选择出口贸易，就会产生运输成本 t。同时，假设存在技术溢出，用 α 表示企业 2 向企业 1 的最高技术溢出存量，用 β 表示企业 1 的技术消化吸收能力，$\alpha \times \beta$ 就是技术逆向溢出效应，因此企业 1 的生产成本可被修正为 $(1 - \alpha \times \beta) \times C$。所谓两阶段模型，第一阶段是两个企业在对外直接投资、出口贸易和不开放市场三种策略中进行权衡和选择；第二阶段是两企业的古诺竞争，在战略竞争选择的基础上达到均衡，因而从开放市场具体方式的角度研究对外直接投资对促进技术进步的作用。

第一阶段，两个企业各自面临对外直接投资（$OFDI$）、出口贸易（$EXPORT$）和不开放市场（NO）三种策略选择，共 9 种策略组合。π^1_{OFDI}、π^1_{EXPORT} 和 π^1_{NO} 分别表示企业 1 在三种策略下的利润，2 企业也采用相似的表示方法，分别表示为 π^2_{OFDI}、π^2_{EXPORT} 和 π^2_{NO}，如表 2-2 所示。

表 2-2　企业 1 和企业 2 的博弈支付矩阵

企业 1 和企业 2	对外直接投资	出口贸易	不开放市场
对外直接投资	π^1_{OFDI}，π^2_{OFDI}	π^1_{OFDI}，π^2_{EXPORT}	π^1_{OFDI}，π^2_{NO}
出口贸易	π^1_{EXPORT}，π^2_{OFDI}	π^1_{EXPORT}，π^2_{EXPORT}	π^1_{EXPORT}，π^2_{NO}
不开放市场	π^1_{NO}，π^2_{OFDI}	π^1_{NO}，π^2_{EXPORT}	π^1_{NO}，π^2_{NO}

发展中国家的技术追随型企业 1 在 9 种策略组合下的具体利润情况如下：

（1）两个企业都选择对外直接投资策略时，企业 1 的利润为：

$$\pi^1_{\langle OFDI \mid OFDI^2 \rangle} = \pi^1_1 + \pi^2_1 - k_2 = [p_1 q^1_1 - (1-\rho) c_1 q^1_1] + [p_2 q^2_1 - (1-\rho) c_1 q^1_1] - k_2$$

$$= \frac{\eta_1 + \eta_2}{9} [(1-\rho)(1-2c_1+c_2)^2 + k(1-c_2)^2] - k_2 \qquad (2-12)$$

其中，$\rho = \dfrac{\alpha_1 \beta_1 + \alpha_2 \beta_2}{2}$

（2）企业 1 选择对外直接投资，企业 2 选择出口贸易策略时，企业 1 的利润为：

$$\pi^1_{\langle OFDI \mid EXPORT^2 \rangle} = \pi^1_1 + \pi^2_1 = [p_1 q^1_1 - (1-\alpha_2 \beta_2) c_1 q^1_1] + [p_2 q^2_1 - (1-\alpha_2 \beta_2) c_1 q^1_1] - k_2$$

$$= (1-\alpha_2 \beta_2) \left[\frac{\eta_1}{9} (1-2c_1+c_2+t)^2 + \frac{\eta_2}{9} (1-2c_1+c_2)^2 \right]$$

$$+ \alpha_2 \beta_2 \left[\frac{\eta_1}{9} (1-c_2+t)^2 + \frac{\eta_2}{9} (1-c_2)^2 \right] - k_2 \qquad (2-13)$$

（3）企业 1 选择对外直接投资，企业 2 选择不开放策略时，企业 1 的利润为：

$$\pi^1_{\langle OFDI \mid NO^2 \rangle} = \pi^1_1 + \pi^2_1 = [p_1 q^1_1 - (1-\alpha_2 \beta_2) c_1 q^1_1] + [p_2 q^2_1 - (1-\alpha_2 \beta_2) c_1 q^2_1] - k_2$$

$$= (1-\alpha_2 \beta_2) \left[\frac{\eta_1}{4} (1-c_1)^2 + \frac{\eta_2}{9} (1-2c_1+c_2)^2 \right]$$

$$+ \alpha_2 \beta_2 \left[\frac{\eta_1}{4} (1-c_2)^2 + \frac{\eta_2}{9} (1-c_2)^2 \right] - k_2 \qquad (2-14)$$

（4）企业 1 选择出口贸易，企业 2 选择对外直接投资策略时，企业 1 的利润为：

$$\pi^1_{\langle EXPORT \mid OFDI^2 \rangle} = \pi^1_1 + \pi^2_1 = [p_1 q^1_1 - (1-\alpha_1 \beta_1) c_1 q^1_1] + \{p_2 q^2_1 - [(1-\alpha_1 \beta_1) c_1 + t] q^2_1\}$$

$$= (1-\alpha_1 \beta_1) \left[\frac{\eta_1}{9} (1-2c_1+c_2)^2 + \frac{\eta_2}{9} (1-2c_1-2t+c_2)^2 \right]$$

$$+ \alpha_1 \beta_1 \left[\frac{\eta_1}{9} (1-c_2)^2 + \frac{\eta_2}{9} (1-c_2-2t)^2 \right] \qquad (2-15)$$

(5)两个企业都选择出口贸易策略时,企业1的利润为:

$$\pi^1_{\langle EXPORT|EXPORT^2 \rangle} = \pi^1_1 + \pi^2_1 = (p_1 q^1_1 - c_1 q^1_1) + [p_2 q^2_1 - (c_1 + t) q^2_1]$$

$$(2-16)$$

(6)企业1选择出口贸易,企业2选择不开放策略时,企业1的利润为:

$$\pi^1_{\langle EXPORT|NO^2 \rangle} = \pi^1_1 + \pi^2_1 = \frac{\eta_1}{4}(1 - c_2)^2 + [p_2 q^2_1 - (c_1 + t) q^2_1]$$

$$= \frac{\eta_1}{4}(1 - c_1)^2 + \frac{\eta_2}{9}(1 - 2c_1 - 2t + c_2)^2 \quad (2-17)$$

(7)企业1选择不开放,企业2选择对外直接投资策略时,企业1的利润为:

$$\pi^1_{\langle NO|OFDI^2 \rangle} = \pi^1_1 = p_1 q^1_1 - (1 - \alpha_1 \beta_1) c_1 q^1_1$$

$$= (1 - \alpha_1 \beta_1) \frac{\eta_1}{9}(1 - 2c_1 + c_2)^2 + \alpha_1 \beta_1 \frac{\eta_1}{9}(1 - c_2)$$

$$(2-18)$$

(8)企业1选择不开放,企业2选择出口贸易策略时,企业1的利润为:

$$\pi^1_{\langle NO|EXPORT^2 \rangle} = \pi^1_1 = p_1 q^1_1 - c_1 q^1_1 = \frac{\eta_1}{9}(1 - 2c_1 + c_2 + t)^2$$

$$(2-19)$$

(9)两个企业都选择不开放策略时,企业1的利润为:

$$\pi^1_{\langle NO|NO^2 \rangle} = \pi^1_1 = p_1 q^1_1 - c_1 q^1_1 = \frac{\eta_1}{9}(1 - 2c_1 + c_2 + t)^2$$

$$(2-20)$$

为了详细刻画技术落后的企业1在存在逆向技术溢出条件下

的市场开放方式选择,证明其为了在不具备技术优势的情况下会通过对外直接投资取得技术进步,我们假定企业 2 既不对外直接投资,也不选择出口贸易,而是选择不开放市场的封闭策略。在此假设下,技术追随者企业 1 如果选择对外直接投资策略,必须满足下面的条件:

$$\pi^1_{\langle OFDI \mid NO^2 \rangle} \geq \max\{\pi^1_{\langle EXPORT \mid NO^2 \rangle}, P^1_{\langle NO \mid NO^2 \rangle}\} \qquad (2-21)$$

由前文第(3)、(6)、(9)种策略的利润计算公式得出:

$$\{(1 - 2c_1 + c_2)^2 - \max[(1 - 2c_1 + c_2 + t)^2, 0]\}$$

$$+ \alpha_2 \beta_2 \left\{ \frac{9\eta_1}{4\eta_2}[(1 - c_2^{\min})^2 - (1 - c_1)^2] + (1 - c_2^{\min})^2 - (1 - 2c_1 + c_2) \right\} \geq 9\frac{k_2}{\eta_2}$$

$$(2-22)$$

式(2-22)的左边表示发展中国家 A 国技术相对落后的企业 1 在发达国家 B 国进行直接投资的收益。其中第一项是传统项,包含了影响企业 1 在对外直接投资和出口贸易策略之间作出选择的主要因素。可以看出,运输成本 t 的存在使出口贸易策略不利于企业 1 实现利润最大化目标,对外直接投资策略成为最优选择。第二项是技术扩散项,与两个企业的技术差距紧密相关。由于企业 1 是技术落后者,企业 2 是技术领先者,企业 1 的边际成本高于企业 2,即 $c_1 - c_2 > 0$,因此第二项为正值。说明企业 1 会选择对外直接投资的方式,不但因为节约运输成本,而且可以获取逆向技术溢出,获得技术进步效应。两家企业之间的技术差距越大,技术扩散项的值更高,企业 1 的对外直接投资动因更明显。

以上讨论的是存出口贸易运输成本和对外直接投资技术溢出效应的情况。如果剥离贸易成本的影响,在出口贸易运输成本为零的特殊情况下,如果两家企业的技术水平相同($c_1 - c_2 = 0$),

即使没有贸易成本,企业1仍然没有对外直接投资的动力。但只要两家企业存在技术差距,逆向技术溢出和扩散效应的可能性产生,即使出口贸易成本为零,企业1依然会选择对外直接投资,通过学习和模仿获取先进技术的外溢,以促进母公司的技术进步水平。

一国通过对外直接投资获得逆向技术溢出效应,首先要将子公司或研发机构嵌套在东道国技术先进企业的聚集地,经过模仿跟随、产业联动、捕获优秀人才、获取前沿信息等方式接触先进技术和管理经验,而后再经由跨国公司内部的交流渠道传递到母国,从而运用到生产经营活动中。因此,本书借鉴付海燕(2014)、徐旸懋(2015)[①]的梳理方法,将对外直接投资促进母国技术进步的过程分为两个阶段:

第一个阶段:跨国公司子公司在东道国获取技术溢出。第一,模仿示范效应。地理上的接近绕开了高成本的技术引进方式,给予跨国公司便利机会去学习、复制、跟随东道国企业或研究开发机构并捕获研发要素,对母国企业采用新技术、新管理方法和市场营销等知识产生模仿示范效应。第二,产业关联效应。发达国家为了专注经营价值链下游,将上游的低技术产业转移到发展中国家,这种顺梯度直接投资往往引致后向关联效应,进而促进发展中国家上游产业技术效率的提升,从而推动下游的技术进步(赵伟、江东,2010)。而发展中国家对发达国家的逆梯度投资通常产生前向关联效应,倒逼母国上游产业加大科研开发力度,增强产品竞争力。跨国企业的海外子公司嵌套在东道国技术资源丰富的产业链

---

① 徐旸懋:《中国对外直接投资逆向技术溢出效应研究》,浙江大学2015年博士学位论文。

和信息渠道中,与原材料、中间产品供应商加强后向联系,与产品销售企业建立前向合作关系,通过产业上下游关联掌握技术前沿动态和市场知识。第三,人员流动效应。跨国企业的海外子公司利用发达国家高质量人力资源优势,招募和聘请高素质研发人才,通过兼并收购、建立战略联盟和研发中心等方式使用当地高水平技术和管理人才,提升整体技术创新能力和水平。第四,信息平台效应。随着跨国公司子公司与东道国本土企业产业集聚的加强,良好的硬件设施和软性研发环境能够促使子公司提高技术创新能力。再者,知识信息是研发活动的重点内容,而它具有一定的公共物品性质,行业技术信息进展和成果情报、竞争对手的技术策略、国际市场供求关系的最新变动等信息的收集和反馈,有利于投资企业技术水平的提高(赵伟等,2006;陈菲琼、虞旭丹,2009[1])。

第二个阶段:跨国公司子公司将所获技术溢出传递至母公司,最终消化、吸收和改造后应用于母公司的生产经营活动。一是内部传递效应。子公司按照投资协议和合法途径向母公司内部转移技术,再由母公司扩散至其他企业和产业,带动国家整体技术进步。二是产业竞争效应。产业竞争对一国技术进步具有重要作用(Poter,1990)[2]。子公司获取的技术溢出将有效提高自身技术水平,渗透产品改善信息和技术标准(Cheung 和 Lin,2004[3];Javorcik,2004[4]),从而倒逼母国国内行业竞争对手增加技术创新投入,加

---

①　陈菲琼、虞旭丹:《企业对外直接投资对自主创新的反馈机制研究:以万向集团 OFDI 为例》,《财贸经济》2009 年第 3 期。

②　Poter M.E.,*The Competitive Advantage of Nations*,New York:The Free Press,1990.

③　Cheung K.,Lin P.,"Spillover Effects of FDI on Innovation in China:Evidence from the Provincial Data",*China Economic Review*,Vol.15,No.1,2004.

④　Javorcik B.S.,"Does Foreign Direct Investment Increase the Productivity of Domestic Firms? In Search of Spillovers through Backward Linkages",*The American Economic Review*,Vol.94,No.3,2004.

快生产设备、工艺和技术的更新换代,有效提高行业竞争力。三是人才转移效应。子公司研发人才的回流和转移,以及母公司输送人员至子公司的学习和培训(Gorg 和 Strobl,2005[①];Liu 和 Buck,2007[②];Liu 等,2010[③]),子公司与母公司研发人员频繁又直接的技术交流降低了技术知识尤其是隐形技术的获取难度(Kogut 和 Zander,1993[④];Grant,1996[⑤]),促进了技术扩散的速度、广度和深度。

(二)技术进步推动母国产业结构升级

在前文现代经济增长理论和技术进步创新理论的基础上,我们参照柯布-道格拉斯生产函数,假定厂商有两个生产和研发两个部门,生产部门生产最终产品,研发部门研发中间产品,厂商的技术创新能力完全取决于研发部门的产出。每位厂商的投入要素有三种,分别是资本、劳动力和中间产品。假设产业内只有技术创新型和技术跟随型两类厂商,技术创新型厂商通过中间产品研发获得垄断利润,技术跟随型厂商学习和模仿前者的技术。

$$Y_{ij} = K_{ij}^{\alpha} L_{ij}^{1-\alpha-\beta} M_{ij}^{\beta} , 0 < \alpha,\beta < 1 \qquad (2-23)$$

① Gorg H., Strobl E., "Spillovers from Foreign Firms through Worker Mobility: An Empirical Investigation", *The Scandinavian Journal of Economics*, Vol.107, No.4, 2005.

② Liu X., Buck T., "Innovation Performance and Channels for International Technology Spillovers: Evidence from Chinese High-tech Industries", *Research Policy*, Vol.36, No.3, 2007.

③ Liu X., Lu J., Filatotchev I., et al., "Returnee Entrepreneurs, Knowledge Spillovers and Innovation in High-tech Firms in Emerging Economies", *Journal of International Business Studies*, Vol.41, No.7, 2010.

④ Kogut B., Zander U., "Knowledge of the Firm and the Evolutionary Theory of the Multinational Corporation", *Journal of International Business Studies*, No.24, 1993.

⑤ Grant R. M., "Toward a Knowledge-based Theory of the Firm", *Strategic Management Journal*, No.17, 1996.

$$M_{ij} = x_{ih}^{(\alpha+\beta)/\beta} \, h_{ij}^{(1-\alpha-\beta)\,\mu/\beta} \, , \, 0 < \alpha, \beta < 1 \qquad (2-24)$$

那么,厂商的生产函数可以整理为:

$$Y_{ij} = K_{ij}^{\alpha} \, L_{ij}^{1-\alpha-\beta} \, x_{ih}^{(\alpha+\beta)/\beta} \, h_{ij}^{(1-\alpha-\beta)\,\mu} \, , \, 0 < \alpha, \beta < 1, \, \mu > 0$$
$$(2-25)$$

其中,Y 表示产出,K、L 和 M 分别是资本、劳动力和中间产品投入要素,中间产品 M 是既有技术创新 h_{ij} 和生产要素集 x_{ih} 的增函数,μ 表示技术创新在中间产品生产过程中的贡献率。遵循生产要素市场均衡的条件,假设其成本等于 1,价格等于 P_x,则厂商的生产要素需求函数表示为:

$$x_{ih}^{*}(K, L, h) = \left[\frac{P_x}{\alpha + \beta} \right]^{\frac{1}{\alpha+\beta-1}} K_{ij}^{\frac{\alpha}{1-\alpha-\beta}} L_{ij} \, h_{ij}^{\mu} \qquad (2-26)$$

厂商的技术创新能力与研发投入息息相关,我们假定其取决于研发部门员工的薪资水平和研发费用两部分,即:

$$\dot{h}_{ij} = l_i \, L_R^{\varphi} \, Z_h^{(1-\varphi)} \, , \, l_i > 0, \, 0 < \varphi < 1 \qquad (2-27)$$

l_i 是技术创新过程的时间系数,技术创新型企业用于研发的时间成本远远高于技术跟随型企业。L_R 是研发部门员工的工资水平,φ 是其对厂商边际技术创新能力的贡献程度,越大说明厂商的技术创新越依赖研发人员的劳动付出,越小说明越倚重研发经费投入额度。Z_h 表示其他研发费用。一般情况下,研发部门员工的工资水平是企业技术创新能力的增函数(Jefferson 等,2006),则:

$$\omega_R = \theta \, h_{ij}^{\mu} \, , \, \theta > 0 \qquad (2-28)$$

ω_R 表示研发人员的薪资水平,θ 是技术创新能力对研究开发工作者工资的影响系数,从中可以看出宏观社会和微观企业对研究工作者的认可度和尊重度。从产业生产循环的角度来看,θ 实际取决于技术创新对生产效率的边际贡献,只有拓展创新技术在生产过程中的广度和深度,才能推动生产效率的提高,进而凸显技术创新者的地位。

企业技术创新能力和生产效率是随时间不断积累的过程,因此,技术创新能力的函数可表示为:

$$h_{ij}(t) = l_i \int_0^t L_R^{\varphi} Z_h^{(1-\varphi)} \mathrm{d}t \qquad (2-29)$$

为了研究模型的经济学意义,本书参照常晓鸣(2010)[①]的推导方法和研究成果,立足于中间产品质量的垂直型技术创新的假设条件,以新熊彼特主义技术创新模型为基础,沿用拉姆塞在消费者效用和厂商利润最大化的均衡条件下推导长期宏观经济最优增长路径的传统,使用动态最优化方法寻求技术创新促进产业结构升级的最优路径,最后得出如下结论:

$$\frac{\dot{Y}}{Y} = \frac{\dot{K}}{K} + \frac{\dot{L}}{L} + \frac{\dot{M}}{M} = \delta + \eta + (\dot{h_j})^{\frac{1}{\varepsilon}} = \delta + \eta + TFP \quad (2-30)$$

其中,δ 表示企业投入资本要素 K 的增长率,η 是劳动力要素 L 的增长率,TFP 表示产业的生产效率,也可视为产业结构升级的表征。

$$\dot{TFP}(t) = \frac{r\theta}{\varphi} \left\{ \frac{S_{ij}(t) \, L_R^*}{v_i} + \frac{S_{i'j}(t) \, L_{Ri'}^*}{v_{i'}} \right\} \qquad (2-31)$$

其中,v_i 表示企业即期价值对技术创新型企业技术水平 h_i 的偏导数,而 $v_{i'}$ 是企业即期价值对技术跟随型企业技术水平 $h_{i'}$ 的偏导数。

---

① 常晓鸣:《生产绩效、技术创新与我国工业的产业升级》,西南财经大学 2010 年博士学位论文。

$$v_i = \frac{\partial V_i}{\partial h_{ij}^{\mu}} = A_i - \theta L_{iR} \qquad (2-32)$$

$$v_{i'} = \frac{\partial V_{i'}}{\partial h_{i'j}^{\mu}} = A_{i'} - \theta L_{i'R} \qquad (2-33)$$

促进产业结构升级应注意这几个关键变量:第一,提高 θ 。也就是说,扩大技术创新的影响范围和程度,使技术创新能力与研发人员的薪酬挂钩,凸显科研工作者的重要性,赢得社会和企业的认可和尊重。第二,提高 S_{ij} ,降低 $S_{i'j}$ 。即提高技术创新在产出中的贡献。在产业政策中,政府通过各种规制手段提高技术标准,淘汰技术滞后的企业,推动产业结构升级。第三,增加 L_{iR}^{*} 和 $L_{i'R}^{*}$,即提高技术创新型企业和技术跟随型企业的最优研发劳动力投入,是促进产业结构升级的有效路径。

由上文构建的模型和理论推演可知,技术创新能够有效提高资源的配置和利用效率,助推产业结构升级。具体而言,这种效应发生的路径可以细分为以下四种:

第一,淘汰或改造旧产业,催生或发展新产业。技术进步是决定产业兴衰与发展的关键因素,为产业结构变迁增添了新内容。首先是淘汰传统产业,历史上的三次产业革命均起源于"技术—经济"范式的引擎效应,技术革命伴随着根本性的技术创新群和技术系统的变更,标志着原本技术个体的协同关系被新的发展轨道所替代。技术创新引致的更契合市场需求的生产方法和新产品,以摧枯拉朽之力增扩生产规模,冲击和淘汰了大批技术滞后、效率低下、质量低劣的旧产业。其次是改造旧产业。新技术、新装备和新工艺的诞生能够革新传统产业的生产面貌,改善生产环境,优化生产手段,督促旧产业部门和产品更新换代,甚至创造新产品。最后是催生和发展新产业。新材料、新能源、新方法、新产品的发明和利用,创造了新的社会分工方式和生产领域,缔造了新的国民经济生产部门,以迅雷之势跻身经济支柱产业。技术进步能够创造一个新产业,使之兴起并迈入饱和阶段,创新的不持续性也会导致产业的衰落。新旧产业的交迭起伏与技术的生命周期相适应,也是一个从形成到成长、从成熟到衰败,不断转型和升级的生命周期过程。

第二,优化生产要素质量。在资本要素方面,技术进步促进了机器和设备革新,推动相关物质资本的利用、提高配置和生产效率,扩大产业规模;在劳动力要素方面,技术创新催育的机器化大生产淘汰不熟练劳动力,鞭策劳动者寻求突破提高生产率,助推人力资本的形成与积累,进而改变就业结构,推动产业结构优化和升级。

第三,加速产业间资源流动与关联。技术创新不但优化资源分工和利用效率,而且对劳动力重新分工并实现资源在产业间的合理流动,促进产业结构由低级化向高级化递进。此外,技术关联是不同产业间内在关联的重要因素,技术创新在前后关联产业间的传递和扩散,敦促产业结构调整和优化升级。

第四,厘革需求结构,倒逼产业结构升级。需求结构与产业结构相互作用、相辅相成,而技术创新与进步是二者之间的重要媒介和纽带。人类对产品的消费有四大需求,由低到高依次为:生理需求、舒适感需求、时尚需求和生态环保需求,技术创新是满足人类不断追求更高级、更丰富消费需求的基本条件。首先,技术进步创造新产品,加速产品革新换代,引致人类消费结构从满足温饱需求向更高的心理需求递进;其次,技术创新通过提高生产效率,降低产品成本和销售价格,致使人们的需求结构变化;最后,技术进步优化资源利用和配置效率,清洁技术节约能源消耗量,绿色健康环保产品俯拾皆是,能够更新人们的需求结构,倒逼产业结构高级化(见图2-2)。

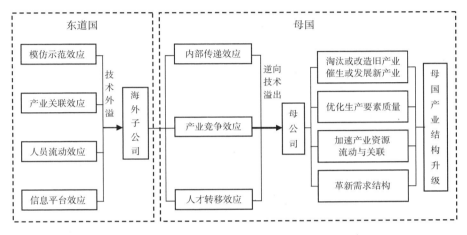

图 2-2　对外直接投资通过技术进步路径促进母国产业结构升级

二、产业转移路径

发展中国家的顺梯度对外直接投资主要出自市场寻求、效率寻求和资源寻求动因,对外直接投资推动生产要素跨国流动,生产要素的跨境重组又塑造了新的产能规模,引致产业国际转移,继而促进母国产业结构升级。其中,生产要素流动的自由度决定着产业转移与投资母国产业结构升级的阻力大小。因此,我们将对外直接投资影响母国产业升级效应的产业转移传导路径分解为"对外直接投资—生产要素流动"和"生产要素流动—母国产业结构升级"两个步骤。

(一)对外直接投资促进生产要素流动

威廉(William,1662)在《赋税论》中提出"土地是财富之母，劳动是财富之父，物质资料生产源自土地和劳动力两种生产要素"经典论断，萨伊(Say,1803)在《政治经济学概论》中认定土地、劳动力和资本是创造价值的基本生产要素，库兹涅茨(Kuznets,1955)在《经济增长与收入不平等》中将技术与管理要素列为生产要素。随着全球经济增长越来越倚重信息科技，信息要素也逐渐被纳入生产要素框架范畴。在广义层面上，生产要素通常包括土地、劳动力、资本、技术和信息，是生产经营活动中使用的各种经济资源的统称。要素的价格取决于生产要素市场的供给和需求，要素具有空间性和动态性特点，各地区的自然资源和人口禀赋、资本丰裕程度、技术和信息水平的差距造就了生产要素跨区域流动的客观基础，各产业的要素报酬率差异性决定了生产要素跨行业移动的具体方向。生产要素流向遵循追求利润最大化原则，由报酬率低的地区或产业流向报酬率高的地区或产业。而且，市场化水平越高，要素流动的极化效应越显著。

在本书中，技术和信息要素的转移与效应被纳入"逆梯度对外直接投资—技术进步—母国产业结构升级"的研究框架，也就是说，我们在技术进步路径而非产业转移路径下考虑新兴的技术与信息要素流动。另外，本书研究的主题是对外直接投资的母国产业结构升级效应，产业转移传导路径的分析重点在于生产要素的跨国流动以及在母国国内的产业间移动，而土地要素具有不易在国际移动的特征，因此也不在本节的讨论范畴之内。综上可观，本书在产业转移路径下探讨对外直接投资的母国产业结构升级效应时,将生产要素重点限定为劳动力要素和资本要素两种。

劳动力要素流动的主要原因是区域间或产业间的劳动报酬差异,流动的基本规律是从工资水平低的区域或产业流向工资水平高的区域或产业。在区域间流动时,由于一国范围内劳动力流动的制度约束较少,所以劳动力的国内流动较为便利。而在国际范围内,囿于各国的文化差异和政府的制度约束等因素,劳动力要素的跨国流动受到阻碍。在产业间流动时,熟练劳动力的流动性大大优于非熟练劳动力。

资本要素流动的主要动因是其逐利性,是由于资本在区域或产业间的失衡造成的。资本要素流动一般是从预期利润率较低的区域或产业流向利润率较高的区域或产业,起到了优化区域或产业间生产要素配置、改善要素创造价值能力的重要作用。由于劳动力要素流动受劳动者个人的黏性和制度阻碍较强,在生产要素的国际移动中,资本要素的流动居于支配地位,劳动力的长期流动较为有限。

产业的国际转移一般在具有明显产业级差和显著利益差距的国家之间进行。顺梯度对外直接投资引致的国际产业转移是指资本和产业从相对发达的国家和地区转移到相对落后的国家和地区,成本压力、资源瓶颈和市场拉力是其主要诱因。

首先,效率寻求型和资源寻求型对外直接投资的开展主要是迫于成本压力和自然资源匮乏等问题。由于国内外经济发展水平与产业成长阶段的异质性,生产要素价格也就是产业经营成本呈现差异化特征。通常,投资国随着经济发展和产业集聚日盛,土地等自然资源以及劳动力等要素成本提高,水、电等基础设施运行成本以及生态环境保护成本攀升,使其在日渐激烈的国际市场竞争中丧失竞争优势,产业发展逐渐进入衰退阶段。与此相反,海外承接地的经济发展水平与产业经营成本较低,通常拥有丰裕的自然资源和劳动力要素禀赋,呈现出显著的产业利益级差。于是,投资国基于国内外生产要素的报酬差距,利用国际产业分工的位阶差序,将母国的比较劣势产业转变为承接国的比较优势产业。以我国为例,随着经济增长方式转变和老龄化社会来临,资源枯竭和环境保护压力骤增,人口红利日渐式微,自然资源密集型行业和低端生产加工的劳动密集型产业难以为继。而"一带一路"沿线的东南亚和拉美国家资源禀赋与劳动力要素丰裕,原材料价格与工资成本低廉,为我国采矿、纺织、加工装配等传统产业转移提供了投资动力。在效率寻求型和资源寻求型产业转移的选择上,一般优先考虑边际产业和原材料稀缺产业,例如高资源需求、高能耗、高污染、低效率、低附加值的产业,进行逐步有序的产业对外转移,并为母国发展低能耗、高附加值以及环境友好型产业提供丰富的要素支持和保障。

其次,市场寻求型对外直接投资通常是在国内腹地狭小或内销市场饱和的态势下,跨国企业通过扩张性产业转移开拓海外市场的经济行为。在这种动因下,海外市场需求拉力是资本要素流向东道国的根本动力,也是投资母国释放出的传统生产要素在国内流向高报酬率行业的基本诱因。第一,固定资本的过度供给、技术进步增速和投资增长体制瓶颈弱化引致市场供给和需求出现结构性失衡,产能过剩问题凸显,以中国为例,经济增长方式不合理、地方政府的投资干预和企业的自主创新不足等矛盾导致煤炭、钢铁、水泥、化工、电解铝和平板玻璃等产业的资源投入和产出数量盲目扩张,生产能力过剩,恶性价格竞争激烈,生产要素的回报率低下。而"一带一路"沿线经济体大多处于发展中国家初级阶段和资本积累时期,对铁路、公路、桥梁等基础设施建设需求旺盛,生产要素收益率较高,为我国过剩产能输出提供了可能性。第二,国际金融危机后各国经济复苏缓慢,贸易保护主义抬头,生产要素通过出口贸易方式移向高利润率海外市场的交易成本飙升,需要采用对外直接投资方式规避贸易壁垒,扩张海外市场。

综上可知,效率寻求型、资源寻求型和市场寻求型对外直接投资出于成本上升压力、资源稀缺问题和国外市场需求拉力因素,在产业的国内外利益级差诱导下向海外转移产业,不但使追求高利润回报的资本要素加速向东道国移动,而且促使投资母国释放出的大量沉淀生产要素流向更高回报率和增长潜力的新兴产业,为母国产业结构调整升级奠定要素基础。

(二)生产要素流动推动母国产业结构升级

干春晖、郑若谷(2009)[①]指出,生产要素的产业间流动促进了产业结构的调整和变化。效率寻求型、市场寻求型和资源寻求型产业对外转移为投资母国释放出大量沉淀生产要素,并从劳动密集、低生产率的产业移向资本密集、高生产率的产业,从低附加值、低技术含量的商品服务生产流向高附加值、高技术含量的商品服务生产。生产要素的流动促使投资母国比较劣势产业规模缩减,为具备比较优势潜力的新兴产业腾出了资源,促使母国产业结构优化升级。

由于资本设备的专业化、熟练劳动力的专用性以及投资母国

---

① 干春晖、郑若谷:《改革开放以来产业结构演进与生产率增长研究——对中国 1978—2007 年"结构红利假说"的检验》,《中国工业经济》2009 年第 2 期。

政策法规的限制,退出传统产业的沉没成本较高,生产要素难以顺畅流向其他产业。而效率寻求型和市场寻求型对外直接投资加速了生产要素的全球重组,推动了传统产业向海外转移,在顺利退出市场的同时不承担巨大经济社会压力。通过将本国失去生产比较优势的边际产业和过剩产业转移出国,跨国企业一则利用东道国廉价的生产要素和已趋成熟的技术获取更高利润,利用投资收益支持母国新兴产业发展;二则利用转出夕阳产业释放出的生产要素继续改造旧产业,通过技术改造实现产业内部优化升级,或者为新兴产业提供丰裕的物质基础和技术支持,腾出了更大的增长空间,推动了新兴产业的成长。例如,我国边际产业和过剩产业向"一带一路"沿线经济体转移释放出的大批非熟练劳动力,既可直接流向国内批发零售和餐饮住宿等生活性服务产业,也可经过短期职业培训之后移向商务服务、交通运输、邮政等生产性服务产业,加大了我国服务业产值比重,产业结构向"三、二、一"优化升级。而传统产业转移腾出的资本要素则在趋利本性的驱动下,流向成长潜力更大、附加值更高的技术密集型产业,振兴我国的高技术等新兴产业,推进产业结构升级。

另外,关键资源的短缺往往会制约一国的经济增长和产业结构转型。在内部资源稀缺而外部国际关系纵深复杂、世界市场价格不乐观的情况下,一国大多会选择资源寻求型对外直接投资以解燃眉之急。生产要素的海外移动推动投资母国规避自然资源匮乏的缺陷,充分利用知识、技术、信息、管理等优质要素,降低经济发展的资源依赖,促使粗放、厚重的产业结构集约化、轻型化。

综上,效率寻求型和市场寻求型对外直接投资既能促使生产要素向海外转移,延长产品的生命周期,绕开贸易壁垒,内部化交易成本,又能够释放大量沉淀生产要素,在投资母国内部进行产业间转移,使充裕的生产要素集中于比较优势产业或战略性新兴产业,加速要素市场竞争,提升自主创新水平,提高国内资源利用和配置效率,通过产业前后向关联加速产业竞争,从而推动母国的产业结构升级。资源寻求型对外直接投资通过获取海外丰裕自然资源,突破母国资源禀赋瓶颈,也是推动母国产业结构调整升级的重要途径(见图2-3)。

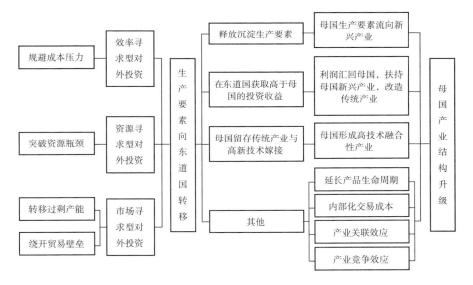

图2-3 对外直接投资通过产业转移路径促进母国产业结构升级

第三节 "一带一路"倡议下对外直接投资促进母国产业结构升级的理论分析

随着世界经济格局的变化和中国经济地位的提升,我国由韬光养晦到有所作为,积极提出并持续推进"一带一路"建设,这既是我国加强外部区域经济合作、优化全球经济治理体系的重大举措，也是我国对内转变经济增长方式、深刻调整产业结构的重要策略。"一带一路"覆盖地理范围广、经济总量大，是一种非排他性的开放合作倡议，有助于我国建立稳定的周边战略依托，构筑友好、合作、互信、互利的地缘利益共同体，为对外直接投资提供开放包容的平台。通过向"一带一路"沿线经济体直接投资，一方面，获取沿线发达经济体逆向技术溢出促进自身技术进步，为产业结构优化升级增强原动力；另一方面，通过产业转移释放本国沉淀生产要素，为新兴产业的发展腾出优质资源。并利用沿线发展中经济体和欠发达经济体的廉价生产要素继续保持竞争优势，通过海外投资利润反哺母国战略性产业，推动母国产业结构优化升级。

为了提高对外直接投资的母国产业结构升级效应理论在"一带一路"背景下的解释力和适用性，本节论证的逻辑思路是：首先，借鉴鞠建东等（2009）构建的理论模型，推导产品市场和生产要素市场出清的最优解，再通过构建哈密顿函数估计一国的经济增长率，进而推算产业结构升级的速度；其次，"一带一路"通过技术进步和产业转移路径改变了生产函数中的全要素生产率和资本折旧率，引致一国产业结构升级速度的变化。本书拟通过"一带一路"实施前后我国产业结构升级速度的比较静态分析论证我国对沿线经济体投资促进自身产业结构升级效应的存在性。

一、理论模型

假设一国有资本和劳动力两种生产要素，其里昂惕夫生产函数形式见式（2-34），其中 $c_n > 0$，λ_n 为边际生产率。该国共有 n 个产业，每个产业生产一种商品，中间品产量为 $\{c_1, c_2, \cdots, c_n\}$，则最终产品消费 C 见式（2-35），其中，k 是资本要素，l 是劳动力要素投入，a_n 为产品 n 的要素密集度，随着 n 的增加而上升。由于资本密集度较高的产品，其生产技术效率也较高，因此 λ_n 也随着 n 的增加而递增，由此假设 $\lambda_n = \lambda^n$，$a_n = a^n$。

$$F_n(k,l) = \min\left\{\frac{k}{a_n}, l\right\} \qquad (2-34)$$

$$C = \sum_{n=0}^{\infty} \lambda_n c_n \qquad (2-35)$$

于是，本书欲求的效用最优化问题如式（2-36）所示，其中，$\sigma \in (0,1)$，其约束条件为式（2-37），w 是劳动力要素的价格，r 为资本要素的价格。

$$U = \frac{c^{1-\sigma} - 1}{1 - \sigma} \qquad (2-36)$$

$$C = w \times L + r \times E \qquad (2-37)$$

我们用 P_n 和 P_{n+1} 表示产品 n 和 $n+1$ 的价格，达到均衡时两种商品的边际转换率（Marginal Rate of Transformation）等于其价格比率。

$$MRT_{n+1,n} = \lambda = \frac{P_{n+1}}{P_n} = \frac{w + a^{n+1}r}{w + a^n r} \qquad (2-38)$$

由此可知：

$$\frac{r}{w} = \frac{\lambda - 1}{a^n(a - \lambda)} \qquad (2-39)$$

资本与劳动力要素市场均衡时：

$$c_n a^n + c_{n+1} a^{n+1} = E \qquad (2-40)$$

$$c_n + c_{n+1} = L \qquad (2-41)$$

于是，我们可以得出各市场均衡时的最优解：

$$c_n = \frac{L\,a^{n+1} - E}{a^{n+1} - a^n} \tag{2-42}$$

$$C = \frac{\lambda^{n+1} - \lambda^n}{a^{a+1} - a^n}E + \frac{\lambda^n(a - \lambda)}{a - 1}L \tag{2-43}$$

$$E_{n,n+1} = \left[C - \frac{\lambda^n(a - \lambda)}{a - 1}L\right]\frac{a^{a+1} - a^n}{\lambda^{n+1} - \lambda^n} \tag{2-44}$$

二、比较静态分析

假设该国生产资本品和消费品两种产品,相互不能替代,且采用技术不同。每投入 1 单位资本可生产资本品 A 单位。则:

$$X_t = A\,K_t - E_t \tag{2-45}$$

$$\dot{K}_t = X_t - \delta K_t = (A - \delta)\,K_t - E_t \tag{2-46}$$

其中, X_t 为 t 期的投资, K_t 为 t 期的可用资本, E_t 是 t 期用于消费品生产的资本, δ 是资本的折旧率。里昂惕夫生产函数为:

$$F(E,L) = \begin{cases} \dfrac{(\lambda - 1)E}{a} + L,\ 0 \leqslant E \leqslant aL \\[3mm] \dfrac{\lambda^{n+1} - \lambda^n}{a^{a+1} - a^n}E + \dfrac{\lambda^n(a - \lambda)}{a - 1}L,\ a^n L \leqslant E \leqslant a^{n+1}L,\ n \geqslant 1 \end{cases} \tag{2-47}$$

本书的最优化问题及其约束条件为:

$$\max C(t) \int_0^{t_0} \frac{C(t)^{1-\sigma} - 1}{1 - \sigma}\mathrm{e}^{-\rho t}\mathrm{d}t + \sum_{n=0}^{\infty}\int_{t_n}^{t_{n+1}} \frac{C(t)^{1-\sigma} - 1}{1 - \sigma}\mathrm{e}^{-\rho t}\mathrm{d}t \tag{2-48}$$

$$s.t.\quad \dot{K} = \begin{cases} (A - \delta)K,\ 0 \leqslant t \leqslant t_0 \\[2mm] (A - \delta)K - E_{0,1}(C),\ t_0 \leqslant t \leqslant t_1 \\[2mm] (A - \delta)K - E_{n,n+1}(C),\ t_n \leqslant t \leqslant t_{n+1} \end{cases} \tag{2-49}$$

通过构建哈密顿方程,可以得出经济增长率为:

$$g_c \equiv \frac{\dot{C}_t}{C_t} = \frac{A - \delta - \rho}{\sigma} \qquad (2-50)$$

随着生产要素禀赋和资本积累变化,该国的产业结构逐步从以生产率较低的第 n 类产业为主转变为以生产率较高的第 $n+1$ 类产业为主,该国产业结构升级的速度可以用下式表示:

$$t_{n+1} - t_n = \frac{\log\dfrac{\lambda^{n+1}L}{C_{t_0}} + \dfrac{A - \delta - \rho}{\sigma}t_0}{g_c} - \frac{\log\dfrac{\lambda^n L}{C_{t_0}} + \dfrac{A - \delta - \rho}{\sigma}t_0}{g_c}$$

$$= \frac{\sigma\log\lambda}{A - \delta - \rho} \qquad (2-51)$$

"一带一路"倡议的提出使我国迈入了进一步扩大投资和参与国际分工,通过对外开放谋求内部产业结构调整升级的新阶段。"一带一路"实施之后,一方面,我国可以通过获取逆向技术溢出拉动技术进步,将上文中的全要素生产率 A 提升为($A + A'$);另一方面,通过向外转移边际产业和过剩的产能,提高了此类落后产业生产线的残值,将上文中的折旧率 δ 降低为($\delta - \delta'$)。因此,建设"一带一路"之后,对比式(2-51),我国的产业结构升级速度改变为:

$$t_{n+1} - t_n = \frac{\log\dfrac{\lambda^{n+1}L}{C_{t_0}} + \dfrac{A + A' - \delta + \delta' - \rho}{\sigma}t_0}{g_c} - \frac{\log\dfrac{\lambda^n L}{C_{t_0}} + \dfrac{A + A' - \delta + \delta' - \rho}{\sigma}t_0}{g_c}$$

$$= \frac{\sigma\log\lambda}{A + A' - \delta + \delta' - \rho} \qquad (2-52)$$

由此可知,我国产业结构升级速度在"一带一路"倡议实施后与实施前的比值如式(2-53)所示,其中 $\Delta t'$ 为"一带一路"实施后我国产业结构升级速度，Δt 则相反。

$$\Delta t' - \Delta t = (A + A' - \delta + \delta' - \rho) - (A - \delta - \rho) = A' + \delta' > 0$$

$$(2-53)$$

即 $\Delta t' > \Delta t$。通过"一带一路"倡议实施前后的比较静态分析可知，"一带一路"建设过程中，我国可以通过对外直接投资的技术进步效应和产业转移效应推动自身产业结构优化升级。

本章在勾勒发展中国家对外直接投资促进母国产业结构升级的理论逻辑基础上，分别从技术进步和产业转移两种路径详尽论述其运行机理，最后将此问题置于"一带一路"框架下进行比较静态分析。

在技术进步视角下，对外直接投资大多从相对落后地区迈向相对发达地区，其促进产业结构升级的效应机制大致遵循"对外直接投资—逆向技术溢出—母国技术进步—母国产业结构升级"的逻辑传导规律，我们将此链条继续细分为"对外直接投资—逆向技术溢出—母国技术进步"和"技术进步—母国产业结构升级"这两个阶段，通过理论解释铺垫和数理模型推导，最终抽象归纳对外直接投资促进产业结构升级过程中技术进步的具体传导路径：一是淘汰或改造旧产业，催生或发展新产业；二是优化生产要素质量；三是密切产业关联；四是调整需求结构从而倒逼产业结构升级，最后总结其逻辑轮廓和框架。

本章研究的第二个视角是国际产业转移，它表征着资本、技术和产品的跨境移动，进而通过生产要素流动重构国际分工格局并调整转移国和承接国的产业结构。本书将"对外直接投资—对外产业转移—生产要素流动—母国产业结构升级"的逻辑路径分为"对外直接投资—对外产业转移—生产要素流动"和"生产要素流动—母国产业结构升级"两个环节,追溯效率寻求型、资源寻求型和市场寻求型对外直接投资通过产业转移路径促进母国产业结构升级的作用。

第三章　中国对"一带一路"沿线经济体直接投资促进母国产业结构升级的初步经验观察

改革开放以来,随着我国对外直接投资政策从严格管制到有限放开再到扩大开放,投资趋势也历经初步探索、高速增长、结构调整和稳步发展的动态演进过程(郭杰、黄保东,2010;郭凌威等,2018①)。习近平总书记在党的十九大报告中指出,推动形成全面开放新格局,要以"一带一路"建设为重点,坚持引进来和走出去并重,遵循共商、共建、共享原则,加强创新开放合作,形成陆海内外联动、东西双向互济的开放格局。"一带一路"倡议统筹利用国内国际两个市场两种资源,是推动我国产业结构优化升级的重要路径(曾倩等,2018②)。"一带一路"倡议的践行,为我国企业"走出去"创造了大有可为的历史机遇,加快了中国对外直接投资的扩张步伐(聂名华,2017③;陈升、张俊龙,2019④)。那么,中国对

①　郭凌威、卢进勇、郭思文:《改革开放四十年中国对外直接投资回顾与展望》,《亚太经济》2018 年第 4 期。

②　曾倩、吴航、刘飞:《全球经济格局新特点与"一带一路"倡议的意义》,《技术经济与管理研究》2018 年第 8 期。

③　聂名华:《中国对外直接投资的主要特征与发展策略思考》,《国际贸易》2017 年第 4 期。

④　陈升、张俊龙:《东道国制度水平对我国对外直接投资的影响——综合运用全球治理指标和"一带一路"沿线国家数据的实证》,《产经评论》2019 年第 3 期。

"一带一路"沿线经济体直接投资的总量和结构状况如何？各东道国的投资便利化条件是否尽如人意？我国对其投资的潜力有多大？我国产业结构变迁与演进状况与其是否存在明显的相关性？

鉴于此，本章从研判中国对"一带一路"沿线经济体直接投资与产业结构现状入手，阐述其投资总量、区位和行业分布情况，并进行横纵比较。在此基础上，首先，构建投资便利化指标体系，从综合水平、方面指数、时序趋势和洲际差异4个维度刻画"一带一路"沿线经济体的投资便利化程度。其次，将贸易引力模型拓展至投资领域，解释影响我国对"一带一路"沿线经济体直接投资的重要变量，并厘清其作用程度，以预测投资便利化条件改善对不同经济体投资潜力的释放程度。再次，梳理新中国成立以来我国产业结构跃迁进程，并从产业结构高级化、合理化、均衡化和生态化4个维度测量我国产业结构升级程度。最后，就我国对"一带一路"沿线经济体直接投资和母国产业结构的相关性进行初步经验判断。

第一节　中国对"一带一路"沿线经济体
直接投资情况

一、中国对"一带一路"沿线经济体直接投资的现状描述

（一）总量规模

自2001年我国实施"走出去"战略后，我国对外直接投资规模迅速增长，2005年出现"井喷"，2008年受国际金融危机影响开始进入稳步增长阶段，2013年突破千亿美元，2014年与吸引外资

规模几近相称。2017 年,我国对外直接投资总量在连续增长 14 年后,首次回归理性出现负增长,流量规模为 1582.9 亿美元,同比下降 19.3%,但仍然位居全球第三,仅次于美国(3422.7 亿美元)和日本(1604.5 亿美元)。存量规模为 1.8 万亿美元,较 2016 年年末增加 4516.5 亿美元,在全球排名跃升至第二位,但与首屈一指的美国(7.8 万亿美元)相比差距较大。2018 年,世界贸易和投资保护主义抬头,全球外商直接投资不增反降,我国对外直接投资理性增长,全球价值链布局能力提升,已成为国际对外直接投资发展的重要引擎。2021 年,投资流量较 2020 年增长 16.3%,位居全球第二(见图 3-1)。

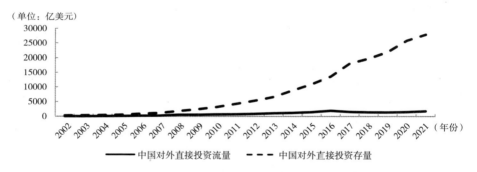

图 3-1　2002—2021 年中国对外直接投资流量和存量

资料来源:中华人民共和国商务部、国家统计局、国家外汇管理局:《2021 年度中国对外直接投资统计公报》,中国商务出版社 2022 年版。

随着"一带一路"建设的持续推进,以基础设施互联互通、能源合作和工业园区建设为重点的跨境直接投资与日俱增,中国和亚欧非国家的投资合作步入快速发展阶段。2013—2017 年,中国对"一带一路"沿线经济体直接投资总量合计 807.3 亿美元,在小波动中快速增长。2021 年,中国对"一带一路"沿线经济体直接投资创历史新高,达到 241.5 亿美元,占中国全年对外投资流量的

13.5%,未来将循序渐进、纵深推进,成为推动中国对外直接投资的核心动力(见图3-2)。

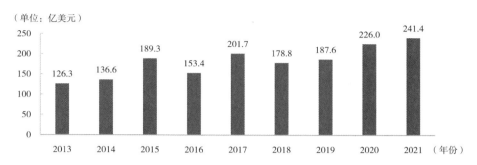

（单位：亿美元）

图3-2　2013—2021年中国对"一带一路"沿线经济体的投资总量

资料来源:中华人民共和国商务部、国家统计局、国家外汇管理局:《2021年度中国对外直接投资统计公报》,中国商务出版社2022年版。

（二）空间格局

在对外直接投资的洲际分布中,亚洲是中国对外直接投资的重要区域,2021年投资流量达1281亿美元,占总量的71.6%。受地缘、文化和税收减免等优惠政策吸引,对亚洲的投资主要流向中国。其次是拉丁美洲,2021年投资流量达261.6亿美元,占总量的14.6%,主要流向开曼群岛、英属维尔京群岛、秘鲁、阿根廷、巴拿马、墨西哥、巴巴多斯、巴西和智利等。再次为欧洲(占比6.1%)、北美洲(占比3.7%)、非洲(占比2.8%)、大洋洲(占比1.2%),如图3-3所示。虽然目前对大洋洲的投资比重最小,但随着"一带一路"建设的推进,2021年投资总量已达21.2亿美元,同比增长46.2%,其中,澳大利亚、新西兰、斐济和萨摩亚是中国对大洋洲投资最多的国家。2021年,中国对外直接投资流量与存量前十八位的国家和地区如表3-1所示。

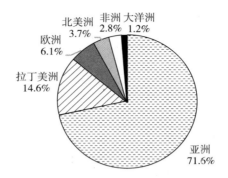

图 3-3　2021 年中国对外直接投资的洲际分布

资料来源:中华人民共和国商务部、国家统计局、国家外汇管理局:《2021 年度中国对外直接投资统计公报》,中国商务出版社 2022 年版。

表 3-1　2021 年中国对外直接投资排名前十八位的国家和地区

位次	国家和地区	流量(亿美元)	占总额比重(%)	位次	国家和地区	存量(亿美元)	占总额比重(%)
1	英属维尔京群岛	139.7	7.8	1	英属维尔京群岛	4474.8	16.1
2	开曼群岛	107.5	6.0	2	开曼群岛	2295.3	8.2
3	新加坡	84.1	4.7	3	美国	771.7	2.8
4	美国	55.8	3.1	4	新加坡	672.0	2.4
5	印度尼西亚	43.7	2.5	5	澳大利亚	344.3	1.2
6	德国	27.1	1.5	6	荷兰	284.9	1.0
7	越南	22.1	1.2	7	印度尼西亚	200.8	0.7
8	澳大利亚	19.2	1.1	8	英国	190.1	0.7
9	英国	19.0	1.1	9	卢森堡	181.3	0.6
10	瑞士	18.2	1.0	10	瑞典	170.3	0.6
11	荷兰	17.0	1.0	11	德国	167.0	0.6
12	卢森堡	15.0	0.8	12	加拿大	137.6	0.5
13	泰国	14.9	0.8	13	越南	108.5	0.4
14	马来西亚	13.4	0.8	14	俄罗斯联邦	106.4	0.4
15	老挝	12.8	0.7	15	马来西亚	103.5	0.4
16	瑞典	12.8	0.7	16	老挝	99.4	0.4
17	刚果(金)	10.5	0.6	17	泰国	99.2	0.4
18	加拿大	9.3	0.5	18	阿拉伯联合酋长国	98.4	0.4

资料来源:中华人民共和国商务部、国家统计局、国家外汇管理局:《2021 年度中国对外直接投资统计公报》,中国商务出版社 2022 年版。

"一带一路"倡议提出之后,基础设施合作已见成效,双向投资逐渐畅通,互信互助合作稳步推进。从沿线经济体的历史数据可观,我国对其投资区域集中在东南亚和西亚,2021年"一带一路"畛域吸引中国直接投资流量前十位国家和地区是英属维尔京群岛、开曼群岛、新加坡、美国、印度尼西亚、德国、越南、澳大利亚、英国、瑞士,存量前十位国家和地区是英属维尔京群岛、开曼群岛、美国、新加坡、澳大利亚、荷兰、印度尼西亚、英国、卢森堡、瑞典。随着全球贸易和投资保护主义的升温,发达国家对外商直接投资监管日盛,我国对北美地区的投资增速进一步放缓,对发达国家的投资重点已由北美地区转移到欧洲地区,未来将进一步转向亚洲和非洲地区。

为了详细描述我国对"一带一路"沿线经济体直接投资的现实情况和未来趋势,在后文中对"一带一路"沿线经济体的投资便利化水平、影响我国对其投资的重要因素和未来潜力进行摸底考察。

首先,我们采用基础设施质量、信息技术应用、商业投资环境、制度供给质量和金融服务效率5个一级指标和24个二级指标对"一带一路"沿线76个经济体样本的投资便利化水平进行分析。结果发现,"一带一路"沿线经济体的投资便利化指数平均水平不高,且洲际差异十分显著,欧洲均值为1.07,亚洲为0.89,而非洲地区均值为0.67,接近不便利水平。通过横向比较各地区的5个一级指标,亚洲除了在商业投资环境指标上略胜欧洲外,其余4个一级指标均低于欧洲,但领先于非洲。

其次,我们将贸易引力模型运用到国际直接投资领域,着重分析决定我国向"一带一路"沿线经济体直接投资的关键因素及其影响程度,结果表明:"一带一路"沿线经济体的投资便利化水平、双方国家或地区的国内生产总值、东道国的劳动力规模、自然资源禀赋和汇率水平皆对我国直接投资有正向影响,而两国之间的地理距离和东道国的税率水平则具有明显的消极影响。

最后,我们将"一带一路"76个样本经济体的投资便利化水平提升至区域最高水平,通过模拟中国对"一带一路"沿线经济体直接投资的潜力数值,考察未来能够释放出的投资增长潜力。研究发现,未来投资潜力最大的地区是亚洲尤其是东南亚地区,其次为非洲,这也是我国日后在"一带一路"沿线优先选择的重点投资区域。

(三)行业分布

我国对外直接投资规模逐渐壮大,投资行业日益广泛,已覆盖国民经济全部行业类别,其中第三产业占据主体地位。从表3-2中可知,租赁和商务服务业是推进第三产业对外直接投资的重要动力,其次为批发和零售业、制造业、金融业等。2017年,国家发展改革委、商务部、中国人民银行、外交部发布的《关于进一步引导和规范境外投资方向的指导意见》进一步规定了投资的基本原则和保障措施,其中明确将房地产、体育和娱乐等行业归为限制类行业,因此这三类行业在2018年没有新增,具体情况如图3-4和图3-5所示。

表 3-2 2021 年中国对外直接投资流量和存量的行业排名 （单位：亿美元）

排名	行业	流量	排名	行业	存量
1	租赁和商务服务业	493.6	1	租赁和商务服务业	11152.4
2	批发和零售业	281.5	2	批发和零售业	3695.8
3	制造业	268.7	3	金融业	3003.5
4	金融业	268.0	4	制造业	2632.6
5	交通运输、仓储和邮政业	122.3	5	采矿业	1815.1
6	采矿业	84.1	6	信息传输、软件和信息技术服务业	1602.3
7	信息传输、软件和信息技术服务业	51.3	7	房地产业	929.2
8	科学研究和技术服务业	50.7	8	交通运输、仓储和邮政业	917.2
9	建筑业	46.2	9	建筑业	550.7
10	电力、热力、燃气及水的生产和供应业	43.9	10	电力、热力、燃气及水的生产和供应业	504.9
11	房地产业	41.0	11	科学研究和技术服务业	450.8
12	居民服务、修理和其他服务业	18.1	12	农、林、牧、渔业	188.2
13	农、林、牧、渔业	9.3	13	居民服务、修理和其他服务业	146.1
14	卫生和社会工作	3.4	14	文化、体育和娱乐业	120.1
15	住宿和餐饮业	2.7	15	住宿和餐饮业	49.1
16	水利、环境和公共设施管理业	2.2	16	卫生和社会工作	37.7
17	文化、体育和娱乐业	0.9	17	水利、环境和公共设施管理业	28.5
18	教育	0.3	18	教育	27.3

资料来源：中华人民共和国商务部、国家统计局、国家外汇管理局：《2021 年度中国对外直接投资统计公报》，中国商务出版社 2022 年版。

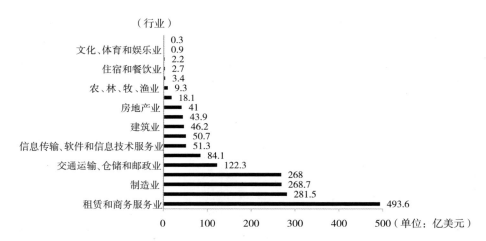

图3-4　2021年中国对外直接投资流量的行业分布

资料来源:中华人民共和国商务部、国家统计局、国家外汇管理局:《2021年度中国对外直接投资统计公报》,中国商务出版社2022年版。

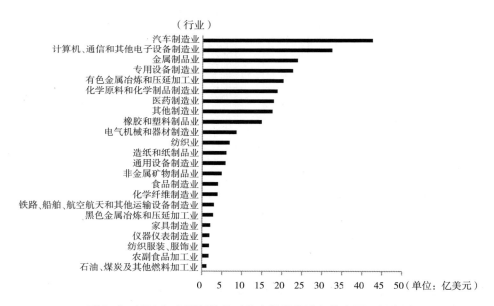

图3-5　2021年中国制造业对外直接投资流向的主要二级类别

资料来源:中华人民共和国商务部、国家统计局、国家外汇管理局:《2021年度中国对外直接投资统计公报》,中国商务出版社2022年版。

第二产业在我国对外直接投资中的比重为 19.5%。随着我国人口红利减退、国际贸易摩擦愈演愈烈、环境保护压力骤增和厂商税负等成本增加,国内低端制造业加快向国外转移,而中高端制造业也由于获取逆向技术溢出、开拓海外市场等动因迅速对外投资。2018 年,我国制造业对外直接投资继续扩张,其中前五类二级行业类别为化学原料和化学制品制造业、汽车制造业、其他制造、计算机、通信和其他电子设备制造业、医药制造业,合计占制造业投资的 68.72%。

我国对外直接投资中的第一产业占比 0.7%,凸显出 2015 年供给侧结构性改革的政策效果。改革开放以后,资源寻求型对外直接投资缓解了经济发展的资源瓶颈约束,是我国战略供给的重要来源。随着我国经济发展进入新常态,由于基础设施建设粗放增长导致的钢铁、水泥、煤炭行业产能过剩问题亟待解决,去产能和调结构工作的推进使我国资源行业和采矿业对外直接投资规模骤降。2017 年,由于海外企业偿还贷款增加,净投资出现负值,在总量中占比降至 9%,2018 年回暖。在外部环境变化和内部监管引导的共同作用下,我国对外直接投资行为总体回归理性。

据《"一带一路"投资指数报告——重点行业吸引力篇》及表3-3 分析,我国对"一带一路"沿线经济体直接投资的重点行业为:第一,能源电力。油气资源丰富的中东、中亚、非洲国家能源产业潜力巨大,为长期依赖进口油气的我国提供了投资需求。第二,交通运输。基础设施建设是投资合作的硬件基础,地处海上交通要塞的东南亚和亚欧陆上要道的东欧国家吸引力显著。第三,制造业。东南亚和东欧国家的制造业薄弱,劳动力成本低廉,有助于我国制造业输出产能和优化资本。第四,信息技术。新加坡、以色列、新西兰等国教育资源丰裕,资本和技术密集型产业发展成熟,信息技术投资收益颇高。第五,农业。有助于我国农业资源优化配置,开拓国际粮食市场供给,实现全球战略。

表3-3　2021年中国对各洲直接投资存量前五位的行业

地区	行业	存量（亿美元）	占比（%）
亚洲	租赁和商务服务业	7577.0	42.7
	批发和零售业	2734.6	15.4
	金融业	2100.6	11.9
	制造业	1357.0	7.7
	采矿业	889.4	5.0
	小计	14658.6	82.7
非洲	建筑业	163.4	37.0
	采矿业	99.9	22.6
	制造业	59.3	13.4
	金融业	42.0	9.5
	租赁和商务服务业	20.4	4.6
	小计	385.0	87.1
欧洲	制造业	410.5	30.5
	采矿业	237.2	17.6
	金融业	208.2	15.4
	租赁和商务服务业	126.4	9.4
	房地产业	68.6	5.1
	小计	1050.9	78.0
拉丁美洲	租赁和商务服务业	3277.3	47.2
	信息传输、软件和信息技术服务业	1092.1	15.7
	批发和零售业	795.9	11.5
	制造业	506.5	7.3
	金融业	439.8	6.3
	小计	6111.6	88.0
北美洲	制造业	259.8	25.9
	采矿业	195.8	19.5
	金融业	173.8	17.3
	租赁和商务服务业	97.3	9.7
	批发和零售业	74.5	7.4
	小计	801.2	79.8

续表

地区	行业	存量（亿美元）	占比（%）
大洋洲	采矿业	170.9	42.5
	租赁和商务服务业	54.0	13.4
	制造业	39.5	9.8
	金融业	39.1	9.7
	房地产业	30.2	7.5
	小计	333.7	82.9

资料来源：中华人民共和国商务部、国家统计局、国家外汇管理局：《2021 年度中国对外直接投资统计公报》，中国商务出版社 2022 年版。

二、"一带一路"沿线经济体的投资便利化水平测算

（一）指标体系

目前，贸易和投资便利化问题已成为世界经济领域的谈判要点和关注焦点，也是国内外学者研究的热点问题，已有文献大多将投资便利化与贸易便利化问题分开研究。

一是界定二者的概念、内涵与特征。贸易便利化是简化和协调国际贸易程序（世界贸易组织，1998；联合国贸易和发展会议，2001），是国际货物从卖方流向买方并向另一方支付所需要的程序和有关信息流动的标准和简化（经济合作与发展组织，2001），其基本内涵是简化贸易程序，促进信息、商品和服务的即时流通、降低交易成本，从而促进互惠贸易的开展，强调货物跨境流动过程中的便利性（Wilson 等，2003）[①]。投资便利化一词耳熟能详，但在世界范围内迄今没有被普遍接受的统一定义。投资便利化通常被认为是通过简化和协调各成员方在跨境投资活动阶段涉及的各种

---

① Wilson J.S., Mann C.L., Otsuki T., "Trade Facilitation and Economic Development: A New Approach to Quantifying the Impact", *The World Bank Economic Review*, Vol.17, No.3, 2003.

程序,为企业创造透明和可预见的投资环境(John,2005[①];OECD,2006;沈铭辉,2009[②];王海燕,2012[③])。

二是构建二者的评价指标体系,实证分析其经济效应。学者们通常采用口岸效率、海关环境、制度环境和电子商务等方面指标估算贸易便利化水平(曾倩等,2019)[④],具体方法不一。有的选取影响贸易便利化的单个或多个指标,例如通关时间(孙林、倪卡卡,2013)[⑤]等;有的沿用威尔逊等(Wilson 等,2003)构建的贸易便利化双层指标体系思路,用层次分析(曾铮、周茜,2008)[⑥]、主成分分析(孔庆峰、董虹蔚,2015)[⑦]等方法测算贸易便利化水平。在分析贸易便利化的贸易效应时,国内外学者们通常使用扩展的引力模型(李豫新、郭颖慧,2013)[⑧]、全球贸易一般均衡模型(叶明、张磊,2013)[⑨]、一般均衡模型(佟家栋、李连庆,2014)[⑩]等构建模型框架。关于投资便利化水平,市场准入限制、审批程序繁复度、

---

① John Ure.,"ICT Sector Development in Five Central Asian Economies: A Policy Framework for Effective Investment Promotion and Facilitation", *A Paper for UN ESSCAP*, September 2005.

② 沈铭辉:《APEC 投资便利化进程——基于投资便利化行动计划》,《国际经济合作》2009 年第 4 期。

③ 王海燕:《贸易投资便利化》,华东师范大学出版社 2012 年版。

④ 曾倩、曾先峰、岳婧霞:《东盟贸易便利化对中国出口贸易的影响》,《经济体制改革》2019 年第 2 期。

⑤ 孙林、倪卡卡:《东盟贸易便利化对中国农产品出口影响及国际比较——基于面板数据模型的实证分析》,《国际贸易问题》2013 年第 4 期。

⑥ 曾铮、周茜:《贸易便利化测评体系及对我国出口的影响》,《国际经贸探索》2008 年第 10 期。

⑦ 孔庆峰、董虹蔚:《"一带一路"国家的贸易便利化水平测算与贸易潜力研究》,《国际贸易问题》2015 年第 12 期。

⑧ 李豫新、郭颖慧:《边境贸易便利化水平对中国新疆维吾尔自治区边境贸易流量的影响——基于贸易引力模型的实证分析》,《国际贸易问题》2013 年第 10 期。

⑨ 叶明、张磊:《贸易便利化对金砖国家区域经济合作影响分析》,《复旦学报(社会科学版)》2013 年第 6 期。

⑩ 佟家栋、李连庆:《贸易政策透明度与贸易便利化影响——基于可计算一般均衡模型的分析》,《南开经济研究》2014 年第 4 期。

信贷融资难易度、投资保护和争端解决效率等方面指数通常被纳入评价指标体系。但鲜有文献将区域锁定在"一带一路",把投资便利化问题单列出来,就其水平和经济效应独立展开系统的实证分析。

由于投资便利化没有统一的定义,也就缺少一套标准化的测评体系。本章将前人构建贸易便利化测评体系的基本思想拓展至投资领域,并按照《世界投资报告》中的体制规则与评价思想,结合营商环境报告、投资便利化行动计划、双边投资协定,利用基础设施质量、信息技术应用、商业投资环境、制度供给质量和金融服务效率5个一级指标,并在此基础上拓展24个二级指标,运用主成分分析测算贸易便利化值,具有一定的科学性(张亚斌,2016)[1]。

首先,公路、铁路、航空、港口、通信和电力基础设施质量与经济发展具有较强相关性,也通过运输时间和成本变动影响投资效率,体现了运输系统运行状况和潜力(Costa,1997)[2];其次,信息技术应用是传统商业活动各环节的电子化、网络化、信息化,是促进"一带一路"投资增长的助推器;再次,商业投资环境包括劳动力的流动性、外商直接投资规则对企业的影响、市场准入与开放度、投资创业审批程序和时间这5个二级指标,衡量东道国的投资的营商条件与环境;复次,制度供给质量是指政府对经济活动市场配置的直接干预机制,或改变生产厂商、消费者供需决策的简单经济行为和一般规则环境,与政府决策透明度、公平度、有效性和稳定

---

[1]　张亚斌:《"一带一路"投资便利化与中国对外直接投资选择——基于跨国面板数据及投资引力模型的实证研究》,《国际贸易问题》2016年第9期。

[2]　Costa, "Evaluation Public Transport Efficiency with Neural Network Models", *Transportation Research Part C*, Vol.5, No.5, 1997.

性息息相关;最后,金融服务效率从金融服务的可供性、便捷性,资本市场的融资能力与风险投资的可获性四个角度衡量东道国资本市场的公开透明和健全完善培育程度。具体指标体系如表3-4所示。

表3-4 "一带一路"沿线经济体投资便利化指标体系

一级指标	二级指标	数据来源	取值范围
基础设施质量	公路基础设施质量	全球竞争力报告	1—7
	铁路基础设施质量	全球竞争力报告	1—7
	航空基础设施质量	全球竞争力报告	1—7
	港口基础设施质量	全球竞争力报告	1—7
	通信和电力基础设施质量	全球竞争力报告	1—7
信息技术应用	使用互联网人数	全球信息技术网络发展报告	0—100
	信息通信技术的商务应用	全球信息技术网络发展报告	1—7
	新科技的可获性	全球信息技术网络发展报告	1—7
	科研人员和工程师的可用性	全球竞争力报告	1—7
商业投资环境	劳动力的流动性	全球竞争力报告	1—7
	外商直接投资规则对企业的影响	全球竞争力报告	1—7
	市场准入与开放度	全球竞争力报告	0—100
	投资创业审批程序	全球竞争力报告	0—100
	投资创业审批时间	全球竞争力报告	0—200
制度供给质量	知识产权保护力度	全球竞争力报告	1—7
	投资者保护力度	全球竞争力报告	1—10
	政策透明度	全球竞争力报告	1—7
	非常规支付和贿赂	全球竞争力报告	1—7
	政府解决投资争端效率	全球竞争力报告	1—10
	政策的稳定性与可预测性	全球竞争力报告	1—7
金融服务效率	金融服务可供性	全球竞争力报告	1—7
	金融服务便捷性	全球竞争力报告	1—7
	资本市场的融资能力	全球竞争力报告	1—7
	风险投资的可获性	全球竞争力报告	1—7

资料来源:根据笔者整理。

（二）测度结果

本章引用的 24 个二级指标数据均来自 2003—2018 年世界经济论坛的《全球竞争力报告》和《全球信息技术网络发展报告》。为了便于比较和测算投资便利化数值，这里对原始数据进行标准化处理，得到取值范围为 0—1 的数据。由于二级指标数据不可避免地存在相关性，利用 SPSS17 软件进行 KMO 检验，结果显示适用于主成分分析。我们将原有相关性较强的二级指标重新组合，生成两个主成分，共提取 24 个指标中 87.561% 的信息量，确保互不相关。在此基础上运用主成分分析中的因子分析，使方差最大化旋转，用载荷数除以对应的特征根的开方得到各指标在不同线性组合中的系数，最终得到主成分表达式。原有指标可以用前两个主成分代替，因此指标系数可视为以这两个主成分方差贡献率为权重，对指标在这两个主成分线性组合中的系数做加权平均，得到综合得分模型中的系数，再对其进行归一化处理，最终计算投资便利化的评价指数。关于"一带一路"沿线经济体投资便利化综合评价指数均值排名如表 3-5 所示，基础设施质量、信息技术应用、商业投资环境、制度供给质量和金融服务效率这 5 个一级指标指数均值排名如表 3-6 至表 3-10 所示。

表3-5 "一带一路"沿线经济体投资便利化指数排名

排名	经济体	均值	排名	经济体	均值
1	瑞典	1.347542567	38	南非	0.899964150
2	芬兰	1.346502284	39	波兰	0.889932409
3	荷兰	1.342255109	40	约旦	0.868594384
4	瑞士	1.329720738	41	土耳其	0.859120685
5	丹麦	1.292321179	42	泰国	0.855742438
6	卢森堡	1.289464784	43	阿塞拜疆	0.843316785
7	英国	1.288039381	44	保加利亚	0.826625066
8	挪威	1.282686012	45	俄罗斯	0.822471542
9	德国	1.273067961	46	哈萨克斯坦	0.806079375
10	日本	1.264642626	47	斯里兰卡	0.800552758
11	阿联酋	1.242339759	48	印度	0.791454205
12	法国	1.239950774	49	罗马尼亚	0.787886650
13	比利时	1.210044004	50	印度尼西亚	0.760385572
14	奥地利	1.193786930	51	埃及	0.759973943
15	卡塔尔	1.163927130	52	塞尔维亚	0.756876463
16	新西兰	1.160417768	53	越南	0.754604110
17	韩国	1.159177518	54	格鲁吉亚	0.744346862
18	澳大利亚	1.158479463	55	乌克兰	0.736046333
19	新加坡	1.151404566	56	伊朗	0.732817509
20	爱尔兰	1.135363610	57	肯尼亚	0.725489118
21	马来西亚	1.127170029	58	菲律宾	0.697991985
22	马耳他	1.127170029	59	巴基斯坦	0.681219286
23	巴林	1.107405392	60	赞比亚	0.658378007
24	西班牙	1.101822917	61	老挝	0.647986438
25	以色列	1.091336868	62	蒙古国	0.647904162
26	葡萄牙	1.042044496	63	尼日利亚	0.644942121
27	塞浦路斯	1.025233537	64	阿尔及利亚	0.640315959
28	捷克	1.009182337	65	塔吉克斯坦	0.639136329
29	沙特阿拉伯	1.005183570	66	柬埔寨	0.607638096
30	阿曼	0.989720194	67	坦桑尼亚	0.596098945
31	文莱	0.949205645	68	吉尔吉斯斯坦	0.591885432
32	科威特	0.947482364	69	埃塞俄比亚	0.586789934
33	意大利	0.943517507	70	孟加拉国	0.582496262
34	斯洛伐克	0.934668713	71	莫桑比克	0.565607469
35	克罗地亚	0.913146060	72	马达加斯加	0.543509223
36	希腊	0.910150614	73	尼泊尔	0.539005790
37	匈牙利	0.904990489	74	缅甸	0.465370964

资料来源:笔者计算整理。

表 3-6　"一带一路"沿线经济体基础设施质量指数排名

排名	经济体	均值	排名	经济体	均值
1	新加坡	1.473454	38	斯里兰卡	0.977774
2	阿联酋	1.451529	39	阿塞拜疆	0.961858
3	瑞士	1.424718	40	斯洛伐克	0.956326
4	荷兰	1.419907	41	匈牙利	0.945785
5	德国	1.415869	42	土耳其	0.939358
6	法国	1.411932	43	约旦	0.935891
7	芬兰	1.376430	44	格鲁吉亚	0.904943
8	日本	1.363545	45	印度	0.892459
9	丹麦	1.342983	46	俄罗斯	0.882978
10	比利时	1.336269	47	埃及	0.881178
11	韩国	1.298062	48	哈萨克斯坦	0.848832
12	瑞典	1.293731	49	乌克兰	0.833532
13	西班牙	1.291623	50	伊朗	0.823053
14	奥地利	1.291141	51	波兰	0.822277
15	英国	1.274377	52	印度尼西亚	0.815506
16	卢森堡	1.270000	53	保加利亚	0.804046
17	巴林	1.254780	54	肯尼亚	0.797112
18	马来西亚	1.251651	55	巴基斯坦	0.787822
19	马耳他	1.251651	56	越南	0.782563
20	卡塔尔	1.229918	57	老挝	0.759431
21	葡萄牙	1.221031	58	埃塞俄比亚	0.732192
22	阿曼	1.210051	59	阿尔及利亚	0.720073
23	澳大利亚	1.169524	60	柬埔寨	0.717988
24	塞浦路斯	1.154949	61	罗马尼亚	0.715258
25	新西兰	1.132405	62	塞尔维亚	0.710786
26	挪威	1.132101	63	菲律宾	0.691000
27	爱尔兰	1.121878	64	赞比亚	0.676814
28	沙特阿拉伯	1.089368	65	塔吉克斯坦	0.672015
29	捷克	1.065032	66	坦桑尼亚	0.643694
30	以色列	1.053455	67	莫桑比克	0.636361
31	南非	1.029223	68	孟加拉国	0.633005
32	科威特	1.026535	69	蒙古国	0.585940
33	泰国	1.014192	70	吉尔吉斯斯坦	0.570531
34	意大利	0.998745	71	马达加斯加	0.568959
35	克罗地亚	0.997611	72	尼日利亚	0.566582
36	希腊	0.988866	73	缅甸	0.512679
37	文莱	0.986006	74	尼泊尔	0.481483

表 3-7 "一带一路"沿线经济体信息技术应用指数排名

排名	经济体	均值	排名	经济体	均值
1	瑞典	1.600985	38	沙特阿拉伯	0.987056
2	荷兰	1.551739	39	罗马尼亚	0.956350
3	芬兰	1.534165	40	俄罗斯	0.934988
4	挪威	1.514645	41	阿曼	0.906086
5	丹麦	1.494807	42	土耳其	0.904664
6	英国	1.489228	43	塞尔维亚	0.894388
7	瑞士	1.477982	44	阿塞拜疆	0.877404
8	卢森堡	1.474735	45	约旦	0.860025
9	日本	1.420823	46	哈萨克斯坦	0.823299
10	新加坡	1.414557	47	泰国	0.813683
11	德国	1.413948	48	乌克兰	0.807169
12	韩国	1.399092	49	伊朗	0.789059
13	法国	1.386714	50	南非	0.782170
14	比利时	1.379556	51	越南	0.781342
15	新西兰	1.366452	52	格鲁吉亚	0.741945
16	澳大利亚	1.352707	53	菲律宾	0.722883
17	奥地利	1.330201	54	埃及	0.721348
18	爱尔兰	1.299568	55	蒙古国	0.721120
19	阿联酋	1.282416	56	斯里兰卡	0.704513
20	以色列	1.249783	57	肯尼亚	0.699618
21	西班牙	1.242297	58	印度尼西亚	0.699508
22	捷克	1.214305	59	印度	0.688042
23	卡塔尔	1.202409	60	尼日利亚	0.677112
24	巴林	1.162866	61	阿尔及利亚	0.621649
25	葡萄牙	1.161076	62	吉尔吉斯斯坦	0.620014
26	意大利	1.160248	63	巴基斯坦	0.615429
27	马来西亚	1.146801	64	赞比亚	0.588287
28	马耳他	1.146801	65	塔吉克斯坦	0.563819
29	斯洛伐克	1.140405	66	老挝	0.549383
30	塞浦路斯	1.126220	67	孟加拉国	0.528529
31	匈牙利	1.103940	68	马达加斯加	0.523409
32	克罗地亚	1.082601	69	坦桑尼亚	0.505992
33	希腊	1.080771	70	尼泊尔	0.502673
34	波兰	1.055363	71	柬埔寨	0.499765
35	文莱	1.008887	72	莫桑比克	0.464883
36	科威特	0.996322	73	埃塞俄比亚	0.449734
37	保加利亚	0.991499	74	缅甸	0.407229

资料来源:笔者计算整理。

表 3-8 "一带一路"沿线经济体商业投资环境指数排名

排名	经济体	均值	排名	经济体	均值
1	新加坡	8.017068	38	西班牙	0.835642
2	新西兰	3.397342	39	沙特阿拉伯	0.827118
3	澳大利亚	1.982951	40	日本	0.824014
4	格鲁吉亚	1.696554	41	阿联酋	0.823292
5	比利时	1.402299	42	赞比亚	0.798125
6	丹麦	1.395321	43	希腊	0.787111
7	葡萄牙	1.278985	44	埃及	0.777159
8	瑞典	1.222609	45	蒙古国	0.769734
9	荷兰	1.219173	46	泰国	0.760918
10	爱尔兰	1.218216	47	哈萨克斯坦	0.745684
11	芬兰	1.212688	48	伊朗	0.736446
12	匈牙利	1.188556	49	克罗地亚	0.728306
13	法国	1.143244	50	斯里兰卡	0.726872
14	挪威	1.129963	51	约旦	0.724269
15	塞浦路斯	1.105676	52	埃塞俄比亚	0.689644
16	英国	1.092578	53	塞尔维亚	0.672585
17	意大利	1.012743	54	俄罗斯	0.662965
18	卢森堡	0.994951	55	南非	0.661317
19	马来西亚	0.978743	56	乌克兰	0.654749
20	马耳他	0.978743	57	老挝	0.653525
21	卡塔尔	0.976684	58	塔吉克斯坦	0.648417
22	吉尔吉斯斯坦	0.966490	59	印度尼西亚	0.621649
23	罗马尼亚	0.963299	60	菲律宾	0.617807
24	瑞士	0.961231	61	莫桑比克	0.616434
25	斯洛伐克	0.942631	62	孟加拉国	0.612348
26	土耳其	0.940536	63	尼日利亚	0.610588
27	巴林	0.933408	64	坦桑尼亚	0.594337
28	奥地利	0.914088	65	文莱	0.593296
29	德国	0.904045	66	巴基斯坦	0.592817
30	马达加斯加	0.893305	67	尼泊尔	0.591150
31	韩国	0.881040	68	越南	0.589844
32	捷克	0.877646	69	印度	0.582217
33	阿塞拜疆	0.866471	70	科威特	0.579359
34	以色列	0.850087	71	肯尼亚	0.577119
35	保加利亚	0.847393	72	柬埔寨	0.561313
36	阿曼	0.843284	73	缅甸	0.531030
37	波兰	0.841850	74	阿尔及利亚	0.516027

资料来源:笔者计算整理。

表 3-9 "一带一路"沿线经济体制度供给质量指数排名

排名	经济体	均值	排名	经济体	均值
1	新加坡	1.553841	38	斯里兰卡	0.919499
2	新西兰	1.477247	39	泰国	0.915562
3	挪威	1.393094	40	印度尼西亚	0.908946
4	芬兰	1.388323	41	土耳其	0.908585
5	瑞典	1.367241	42	阿塞拜疆	0.905213
6	丹麦	1.351118	43	波兰	0.895677
7	卢森堡	1.322725	44	塔吉克斯坦	0.892979
8	瑞士	1.319186	45	埃及	0.879124
9	英国	1.307887	46	捷克	0.855766
10	卡塔尔	1.306810	47	老挝	0.844379
11	荷兰	1.305063	48	坦桑尼亚	0.832576
12	阿联酋	1.277631	49	埃塞俄比亚	0.831520
13	爱尔兰	1.270920	50	越南	0.822107
14	澳大利亚	1.247907	51	匈牙利	0.816165
15	日本	1.239478	52	罗马尼亚	0.808698
16	马来西亚	1.231629	53	巴基斯坦	0.806399
17	马耳他	1.231629	54	柬埔寨	0.805862
18	德国	1.229244	55	莫桑比克	0.804037
19	沙特阿拉伯	1.191944	56	意大利	0.802948
20	奥地利	1.189689	57	保加利亚	0.793367
21	法国	1.164658	58	希腊	0.793248
22	比利时	1.159834	59	斯洛伐克	0.793231
23	阿曼	1.151794	60	肯尼亚	0.788163
24	巴林	1.127399	61	尼日利亚	0.785860
25	南非	1.119047	62	蒙古国	0.783236
26	以色列	1.115331	63	克罗地亚	0.781431
27	文莱	1.074071	64	伊朗	0.776076
28	塞浦路斯	1.051770	65	阿尔及利亚	0.775876
29	约旦	1.006784	66	塞尔维亚	0.772627
30	葡萄牙	0.986013	67	俄罗斯	0.765226
31	印度	0.978597	68	吉尔吉斯斯坦	0.761497
32	科威特	0.978146	69	菲律宾	0.736552
33	哈萨克斯坦	0.957435	70	尼泊尔	0.724893
34	西班牙	0.952575	71	马达加斯加	0.721882
35	韩国	0.948910	72	孟加拉国	0.706769
36	格鲁吉亚	0.940689	73	乌克兰	0.699545
37	赞比亚	0.924148	74	缅甸	0.646331

资料来源:笔者计算整理。

表 3-10 "一带一路"沿线经济体金融服务效率指数排名

排名	经济体	均值	排名	经济体	均值
1	新加坡	1.321961	38	捷克	0.979280
2	挪威	1.311168	39	波兰	0.966710
3	卡塔尔	1.309165	40	斯洛伐克	0.960975
4	卢森堡	1.299793	41	塞浦路斯	0.947203
5	瑞士	1.296271	42	韩国	0.927728
6	芬兰	1.285369	43	越南	0.925190
7	英国	1.270714	44	埃及	0.921346
8	瑞典	1.269207	45	巴基斯坦	0.900359
9	马来西亚	1.268200	46	文莱	0.894332
10	马耳他	1.268200	47	赞比亚	0.884947
11	荷兰	1.225207	48	尼泊尔	0.882699
12	新西兰	1.211669	49	尼日利亚	0.881906
13	阿联酋	1.203260	50	孟加拉国	0.870703
14	南非	1.202350	51	阿塞拜疆	0.868966
15	澳大利亚	1.192141	52	哈萨克斯坦	0.862731
16	巴林	1.185082	53	匈牙利	0.859384
17	比利时	1.178076	54	老挝	0.850372
18	德国	1.171108	55	意大利	0.848967
19	法国	1.167296	56	保加利亚	0.842219
20	以色列	1.165253	57	俄罗斯	0.838896
21	沙特阿拉伯	1.143809	58	克罗地亚	0.827056
22	日本	1.141279	59	罗马尼亚	0.827000
23	奥地利	1.119222	60	希腊	0.819671
24	阿曼	1.105937	61	塔吉克斯坦	0.817175
25	印度	1.105308	62	坦桑尼亚	0.804549
26	丹麦	1.102741	63	柬埔寨	0.803361
27	泰国	1.100087	64	塞尔维亚	0.764946
28	印度尼西亚	1.092892	65	格鲁吉亚	0.754384
29	斯里兰卡	1.073892	66	乌克兰	0.754112
30	科威特	1.034556	67	埃塞俄比亚	0.748379
31	菲律宾	1.027534	68	莫桑比克	0.748145
32	约旦	1.026977	69	吉尔吉斯斯坦	0.719122
33	肯尼亚	1.013557	70	蒙古国	0.714195
34	西班牙	1.012676	71	马达加斯加	0.698532
35	爱尔兰	1.002152	72	伊朗	0.684778
36	土耳其	1.000151	73	阿尔及利亚	0.646288
37	葡萄牙	0.995806	74	缅甸	0.573359

资料来源:笔者计算整理。

通过统计和分析可知,"一带一路"沿线 76 个经济体的投资便利化的均值较低,总体水平不高。通过图 3-6 可以观察到,投资便利化值的洲际差异较大,欧洲均值为 1.0682286,亚洲为 0.886597486,非洲为 0.669441,接近不便利水平。

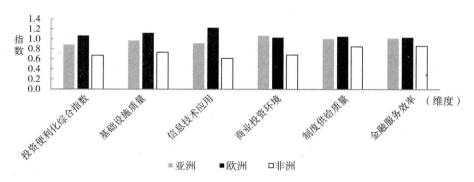

图 3-6 "一带一路"沿线亚洲、欧洲、非洲国家和地区投资便利化情况比较

资料来源:笔者计算整理。

在五个方面指标上,亚洲除了在商业投资环境指标略胜欧洲一筹外,其余四个指标都逊色于欧洲,但遥遥领先于非洲国家。各洲具体国家和地区的投资便利化情况如表 3-11、表 3-12 和表 3-13 所示。

表 3-11 "一带一路"沿线亚洲国家和地区的投资便利化情况

国家和地区	投资便利化指数		基础设施质量		信息技术应用		商业投资环境		制度供给质量		金融服务效率	
	均值	排名	均值	排名	均值	排名	均值	排名	均值	排名	均值	排名
日本	1.264643	1	1.363545	3	1.420823	1	0.824014	14	1.239478	6	1.141279	10
阿联酋	1.242340	2	1.451529	2	1.282416	6	0.823292	15	1.277631	4	1.203260	5
卡塔尔	1.163927	3	1.229918	7	1.202409	8	0.976684	5	1.306810	3	1.309165	2
新西兰	1.160418	4	1.132405	10	1.366452	4	3.397342	2	1.477247	2	1.211669	4
韩国	1.159178	5	1.298062	4	1.399092	3	0.881040	9	0.948910	17	0.927728	20
澳大利亚	1.158479	6	1.169524	9	1.352707	5	1.982951	3	1.247907	5	1.192141	6

续表

国家和地区	投资便利化指数		基础设施质量		信息技术应用		商业投资环境		制度供给质量		金融服务效率	
	均值	排名	均值	排名	均值	排名	均值	排名	均值	排名	均值	排名
新加坡	1.151405	7	1.473454	1	1.414557	2	8.017068	1	1.553841	1	1.321961	1
马来西亚	1.127170	8	1.251651	6	1.146801	10	0.978743	4	1.231629	7	1.268200	3
巴林	1.107405	9	1.254780	5	1.162866	9	0.933408	8	1.127399	10	1.185082	7
以色列	1.091337	10	1.053455	12	1.249783	7	0.850087	11	1.115331	11	1.165253	8
沙特阿拉伯	1.005184	11	1.089368	11	0.987056	13	0.827118	13	1.191944	8	1.143809	9
阿曼	0.989720	12	1.210051	8	0.906086	14	0.843284	12	1.151794	9	1.105937	11
文莱	0.949206	13	0.986006	15	1.008887	11	0.593296	28	1.074071	12	0.894332	23
科威特	0.947482	14	1.026535	13	0.996322	12	0.579359	33	0.978146	15	1.034556	16
约旦	0.868594	15	0.935891	19	0.860025	17	0.724269	21	1.006784	13	1.026977	18
土耳其	0.859121	16	0.939358	18	0.904664	15	0.940536	7	0.908585	21	1.000151	19
泰国	0.855742	17	1.014192	14	0.813683	19	0.760918	17	0.915562	19	1.100087	13
阿塞拜疆	0.843317	18	0.961858	17	0.877404	16	0.866471	10	0.905213	22	0.868966	26
哈萨克斯坦	0.806079	19	0.848832	21	0.823299	18	0.745684	18	0.957435	16	0.862731	27
斯里兰卡	0.800553	20	0.977774	16	0.704513	24	0.726872	20	0.919499	18	1.073892	15
印度	0.791454	21	0.892459	20	0.688042	26	0.582217	32	0.978597	14	1.105308	12
印度尼西亚	0.760386	22	0.815506	23	0.699508	25	0.621649	24	0.908946	20	1.092892	14
越南	0.754604	23	0.782563	25	0.781342	21	0.589844	31	0.822107	26	0.925190	21
伊朗	0.732818	24	0.823053	22	0.789059	20	0.736446	19	0.776076	30	0.684778	34
菲律宾	0.697992	25	0.691000	28	0.722883	22	0.617807	25	0.736552	32	1.027534	17
巴基斯坦	0.681219	26	0.787822	24	0.615429	28	0.592817	29	0.806399	27	0.900359	22
老挝	0.647986	27	0.759431	26	0.549383	30	0.653525	22	0.844379	24	0.850372	28
蒙古国	0.647904	28	0.585940	32	0.721120	23	0.769734	16	0.783236	29	0.714195	33
塔吉克斯坦	0.639136	29	0.672015	29	0.563819	29	0.648417	23	0.892979	23	0.817175	29
柬埔寨	0.607638	30	0.717988	27	0.499765	34	0.561313	34	0.805862	28	0.803361	31
坦桑尼亚	0.596099	31	0.643694	30	0.505992	32	0.594337	27	0.832576	25	0.804549	30
吉尔吉斯斯坦	0.591885	32	0.570531	33	0.620014	27	0.966490	6	0.761497	31	0.719122	32
孟加拉国	0.582496	33	0.633005	31	0.528529	31	0.612348	26	0.706769	34	0.870703	25
尼泊尔	0.539006	34	0.481483	35	0.502673	33	0.591150	30	0.724893	33	0.882699	24
缅甸	0.465371	35	0.512679	34	0.407229	35	0.531030	35	0.646331	35	0.573359	35

资料来源:笔者计算整理。

表 3-12 "一带一路"沿线欧洲国家和地区的投资便利化情况

国家和地区	投资便利化指数		基础设施质量		信息技术应用		商业投资环境		制度供给质量		金融服务效率	
	均值	排名	均值	排名	均值	排名	均值	排名	均值	排名	均值	排名
瑞典	1.347543	1	1.293731	8	1.600985	1	1.222609	5	1.367241	3	1.269207	6
芬兰	1.346502	2	1.376430	5	1.534165	3	1.212688	8	1.388323	2	1.285369	4
荷兰	1.342255	3	1.419907	2	1.551739	2	1.219173	6	1.305063	8	1.225207	8
瑞士	1.329721	4	1.424718	1	1.477982	7	0.961231	18	1.319186	6	1.296271	3
丹麦	1.292321	5	1.342983	6	1.494807	5	1.395321	3	1.351118	4	1.102741	13
卢森堡	1.289465	6	1.270000	12	1.474735	8	0.994951	15	1.322725	5	1.299793	2
英国	1.288039	7	1.274377	11	1.489228	6	1.092578	13	1.307887	7	1.270714	5
挪威	1.282686	8	1.132101	16	1.514645	4	1.129963	11	1.393094	1	1.311168	1
德国	1.273068	9	1.415869	3	1.413948	9	0.904045	21	1.229244	11	1.171108	10
法国	1.239951	10	1.411932	4	1.386714	10	1.143244	10	1.164658	13	1.167296	11
比利时	1.210044	11	1.336269	7	1.379556	11	1.402299	2	1.159834	14	1.178076	9
奥地利	1.193787	12	1.291141	10	1.330201	12	0.914088	20	1.189689	12	1.119222	12
爱尔兰	1.135364	13	1.121878	17	1.299568	13	1.218216	7	1.270920	9	1.002152	15
马耳他	1.127170	14	1.251651	13	1.146801	18	0.978743	16	1.231629	10	1.268200	7
西班牙	1.101823	15	1.291623	9	1.242297	14	0.835642	25	0.952575	17	1.012676	14
葡萄牙	1.042044	16	1.221031	14	1.161076	16	1.278985	4	0.986013	16	0.995806	16
塞浦路斯	1.025234	17	1.154949	15	1.126220	20	1.105676	12	1.051770	15	0.947203	20
捷克	1.009182	18	1.065032	18	1.214305	15	0.877646	22	0.855766	20	0.979280	17
意大利	0.943518	19	0.998745	19	1.160248	17	1.012743	14	0.802948	23	0.848967	22
斯洛伐克	0.934669	20	0.956326	22	1.140405	19	0.942631	19	0.793231	26	0.960975	19
克罗地亚	0.913146	21	0.997611	20	1.082601	22	0.728306	27	0.781431	27	0.827056	25
希腊	0.910151	22	0.988866	21	1.080771	23	0.787111	26	0.793248	25	0.819671	27
匈牙利	0.904990	23	0.945785	23	1.103940	21	1.188556	9	0.816165	21	0.859384	21
波兰	0.889932	24	0.822277	27	1.055363	24	0.841850	24	0.895677	19	0.966710	18
保加利亚	0.826625	25	0.804046	28	0.991499	25	0.847393	23	0.793367	24	0.842219	23
俄罗斯	0.822472	26	0.882978	25	0.934988	27	0.662965	29	0.765226	29	0.838896	24
罗马尼亚	0.787887	27	0.715258	29	0.956350	26	0.963299	17	0.808698	22	0.827000	26
塞尔维亚	0.756876	28	0.710786	30	0.894388	28	0.672585	28	0.772627	28	0.764946	28
格鲁吉亚	0.744347	29	0.904943	24	0.741945	30	1.696554	1	0.940689	18	0.754384	29
乌克兰	0.736046	30	0.833532	26	0.807169	29	0.654749	30	0.699545	30	0.754112	30

资料来源:笔者计算整理。

表3-13 "一带一路"沿线非洲国家和地区的投资便利化情况

国家和地区	投资便利化指数		基础设施质量		信息技术应用		商业投资环境		制度供给质量		金融服务效率	
	均值	排名	均值	排名	均值	排名	均值	排名	均值	排名	均值	排名
南非	0.899964	1	1.029223	1	0.782170	1	0.661317	5	1.119047	1	1.202350	1
埃及	0.759974	2	0.881178	2	0.721348	2	0.777159	3	0.879124	3	0.921346	3
肯尼亚	0.725489	3	0.797112	3	0.699618	3	0.577119	8	0.788163	6	1.013557	2
赞比亚	0.658378	4	0.676814	6	0.588287	6	0.798125	2	0.924148	2	0.884947	4
尼日利亚	0.644942	5	0.566582	9	0.677112	4	0.610588	7	0.785860	7	0.881906	5
阿尔及利亚	0.640316	6	0.720073	5	0.621649	5	0.516027	9	0.775876	8	0.646288	9
埃塞俄比亚	0.586790	7	0.732192	4	0.449734	9	0.689644	4	0.831520	4	0.748379	6
莫桑比克	0.565607	8	0.636361	7	0.464883	8	0.616434	6	0.804037	5	0.748145	7
马达加斯加	0.543509	9	0.568959	8	0.523409	7	0.893305	1	0.721882	9	0.698532	8

资料来源:笔者计算整理。

三、中国对"一带一路"沿线经济体直接投资的影响因素

(一)模型设定与数据来源

引力模型是国内外学者在研究国际经贸规模问题时使用最广泛的模型之一,此模型以牛顿经典力学的万有引力公式为基础,丁伯根(Tinbergen,1962)[①]将其运用到经济学领域。引力模型的基本思想为经济体间的贸易流量与其经济规模(一般用国内生产总值来表示)正相关,与它们之间的距离负相关。也就是说,引力模型包括两个解释变量:一是经济规模;二是地理距离。本节内容着重研究我国对"一带一路"沿线经济体投资量的影响因素,被解释变量是中国对"一带一路"沿线76个经济体的直接投资流量,而

① Tinbergen, *Shaping the World Economy: Suggestions for an International Economic Policy*, New York: Twentieth Century Fund, 1962.

解释变量选取各东道国的投资便利化指数、国内生产总值、东道国劳动力与资源要素禀赋、汇率水平、地理距离和税率。基本模型设定为：

$$\ln OFDI_{ij} = \partial_0 + \partial_1 \ln Investment_j + \partial_2 \ln GDP_j + \partial_3 \ln GDP_i$$
$$+ \partial_4 \ln Labor_j + \partial_5 \ln Resource_j + \partial_6 \ln Exchange_{ij}$$
$$+ \partial_7 Distance_{ij} + \partial_8 \ln Tax_j + u_{ij} \qquad (3-1)$$

其中，i 表示中国，j 表示"一带一路"沿线 76 个东道国，$OFDI_{ij}$ 表示中国对 j 国的直接投资流量，$Investment_j$ 表示 j 国的投资便利化水平（$Investment_j$ 为上节中计算所得的投资便利化综合指数，此外，本节使用基础设施质量 $Investment1_j$、信息技术应用 $Investment2_j$、商业投资环境 $Investment3_j$、制度供给质量 $Investment4_j$ 和金融服务效率 $Investment5_j$ 五个方面指数作为代理变量），GDP_j 和 GDP_i 分别表示 j 国和中国的国内生产总值，$Labor_j$ 为 j 国的劳动力规模，$Resource_j$ 是 j 国的自然资源禀赋，用各国初级产品出口额占其总出口的比重表示，$Exchange_{ij}$ 表示 i 国对 j 国的汇率，$Distance_{ij}$ 表示 i 国到 j 国首都的距离，Tax_j 是 j 国的总税率水平。∂_0 为常数项，∂_1、∂_2、∂_3、∂_4 为弹性系数，u_{ij} 为随机误差项，变量的描述性统计如表 3-14 所示。

表 3-14　变量的描述性统计

变量	指标	平均值	标准差	最大值	最小值	数据来源
$OFDI_{ij}$	中国向"一带一路"沿线各经济体对外直接投资流量	104257	832302.9	13732353	0	中国对外直接投资统计公报
$Investment_j$	"一带一路"沿线各经济体投资便利化综合指数	0.932578	0.253579	1.490016	0.448874	全球竞争力报告、全球信息技术网络发展报告

续表

变量	指标	平均值	标准差	最大值	最小值	数据来源
$Investment1_j$	"一带一路"沿线各经济体基础设施质量	1.001516	0.278349	1.545968	0.411296	全球竞争力报告
$Investment2_j$	"一带一路"沿线各经济体信息技术应用水平	1.001489	0.344438	1.915038	0.362969	全球竞争力报告、全球信息技术网络发展报告
$Investment3_j$	"一带一路"沿线各经济体商业投资环境	1.00662	1.122422	21.14272	0.239268	全球竞争力报告
$Investment4_j$	"一带一路"沿线各经济体制度供给质量	1.003076	0.234572	1.623703	0.552706	全球竞争力报告
$Investment5_j$	"一带一路"沿线各经济体金融服务效率	1.002171	0.203973	1.459243	0.513983	全球竞争力报告
GDP_j	"一带一路"沿线各经济体国内生产总值	460314.5	854151.2	6203213	2312.32	UNCTAD 数据库
GDP_i	中国的国内生产总值	6937448	3167296	11382057	2308800	UNCTAD 数据库
$Labor_j$	"一带一路"沿线各经济体的劳动力规模	22806.76	57753.79	524464.2	166.8196	UNCTAD 数据库
$Resource_j$	"一带一路"沿线各经济体的自然资源禀赋	0.465956	0.3005	0.991929	0.038118	UNCTAD 数据库
$Exchange_{ij}$	"一带一路"沿线经济体汇率水平	874.0157	3290.455	30914.9	0.268828	UNCTAD 数据库
$Distance_{ij}$	中国与"一带一路"沿线各经济体的距离	1759168	880320.7	4344212	145051.9	CEPII
Tax_j	"一带一路"沿线各经济体总税率水平	39.51064	15.30914	105.2	8.7	全球竞争力报告

（二）实证检验与结果分析

本书利用 Stata 软件对中国与"一带一路"沿线 76 个经济体的面板数据进行经验分析。对各变量取自然对数以控制异方差,最大方差膨胀因子 VIF 小于 10 表示无系统多重共线性问题,回归结果符合理论预期,所有解释变量的回归系数均高度显著。在此基础上,采用基础设施质量 $Investment1_j$、信息技术应用 $Investment2_j$、

商业投资环境 $Investment3_j$、制度供给质量 $Investment4_j$ 和金融服务效率 $Investment5_j$ 五个方面指数进行稳健性检验,得出的结论一致,说明实证检验结果可靠(见表3-15)。

表 3-15　计量模型(3-1)的估计结果

变量	Investment	Investment1	Investment2	Investment3	Investment4	Investment5
ln$Investment$	1.076722 * (0.8157981)	1.736365 *** (0.6446931)	0.4684742 (0.6347151)	2.380958 *** (0.2703484)	5.320414 *** (0.6823326)	2.211985 *** (0.7259235)
lnGDP_j	0.3467747 ** (0.150873)	0.2730352 ** (0.1273864)	0.5907841 *** (0.1547995)	0.3084109 *** (0.0943203)	0.0141792 (0.113705)	0.3220215 *** (0.111782)
lnGDP_i	1.961669 *** (0.2102013)	1.986992 *** (0.20952)	1.929989 *** (0.2095892)	2.207359 *** (0.2033893)	2.106405 *** (0.2039568)	2.006293 *** (0.2097032)
ln$Labor_j$	0.5717914 *** (0.1580394)	0.6220632 *** (0.1360558)	0.3416087 ** (0.1676889)	0.7058075 *** (0.1160686)	0.9124376 *** (0.1285721)	0.5409713 *** (0.1214148)
ln$Resource_j$	0.4265466 *** (0.1648805)	0.4666809 *** (0.1621927)	0.3235279 ** (0.1682746)	0.5507427 *** (0.1534693)	0.3734301 ** (0.153341)	0.4464558 *** (0.1598303)
ln$Exchange_{ij}$	0.278405 *** (0.0555359)	0.298402 *** (0.0559367)	0.2639964 *** (0.055134)	0.3084439 *** (0.0529455)	0.3116101 *** (0.053498)	0.2936617 *** (0.0553534)
ln$Distance_{ij}$	−0.4747914 ** (0.2182393)	−0.4193118 ** (0.2163193)	−0.5787337 *** (0.2176222)	−0.6365622 *** (0.203945)	−0.3009603 (0.2077639)	−0.4481172 ** (0.2134363)
lnTax_j	−1.043848 *** (0.2900011)	−0.9743305 *** (0.2902543)	−1.083709 *** (0.2882756)	−1.027615 *** (0.2767347)	−0.5299095 * (0.2880975)	−0.8521171 *** (0.2971332)
常数项	−22.25904 *** (4.33039)	−23.32752 *** (4.329649)	−21.18375 *** (4.301911)	−24.31972 *** (4.129345)	−27.74985 *** (4.230194)	−23.54779 *** (4.323467)
Observations	1140	1140	1140	1140	1140	1140

注:( )内数值为回归系数的标准误差,***、** 和 * 分别表示在 1%、5%、10% 的水平上显著。

　　第一,"一带一路"沿线经济体的投资便利化水平对我国投资流量具有显著正向影响。投资便利化反映的是一国进入另一国市场的难易程度和交易成本大小,东道国的便利化水平越高,我国的交易成本和风险越低,越有利于对外直接投资的增加。东道国的投资便利化水平每提高 1%,我国对其投资增加 1.077%。2013 年以来,"一带一路"倡议在政策沟通、设施联通、贸易畅通、资金融通和民心相通方面持续推进,开放领域更宽,透明度和规范度更高,投资环境改善与效率提升取得明显成效。

第二,两国的国内生产总值对我国向"一带一路"各国直接投资流量具有创造效应,其中,我国经济规模的促进作用更为明显。j 国和 i 国的国内生产总值每增长 1%,分别致使我国对东道国投资增长 0.347% 和 1.962%。这与绝大多数学者针对此研究的结论一致(蒋冠宏、蒋殿春,2012)[①],我国的经济规模越大,跨国投资企业拥有的所有权优势和内部化优势越强,对投资的拉动作用越大。东道国市场规模越大,市场寻求型投资动因越强,对外投资的规模经济和范围经济效应越显著(李辉,2007)[②]。

第三,东道国的劳动力规模和自然资源禀赋对我国向"一带一路"沿线各经济体直接投资流量具有正向作用。二者每上升 1%,我国对其投资分别增加 0.572% 和 0.427%。东道国的劳动力规模越大,工资成本越低,竞争力越强,越有利于吸引成本导向型外商直接投资。在资源稀缺、环境保护和产业调整的制约下,东道国的自然资源越丰裕,越能刺激我国的资源获取型投资。

第四,两国之间的汇率对我国向"一带一路"沿线经济体直接投资量具有正向影响。2005 年我国的汇率制度改革引发了学术界对人民币升值与出口贸易相关性的研究热潮,研究内容涉及规

---

① 蒋冠宏、蒋殿春:《中国对外投资的区位选择:基于投资引力模型的面板数据检验》,《世界经济》2012 年第 35 卷第 9 期。

② 李辉:《经济增长与对外投资大国地位的形成》,《经济研究》2007 年第 2 期。

模效应、价格效应和结构效应等诸多方面,本书得出的结论与之前大多数学者的研究结果一致(曹伟等,2016)①。汇率水平每提高1%,我国向"一带一路"沿线经济体直接投资量增长 0.278%。在人民币步入双向波动的新的经济条件下,人民币对外升值,通过财富效应、生产成本效应和资本化率效应②推动我国对外直接投资增长。

第五,两国的地理距离对我国向"一带一路"沿线经济体直接投资量具有负向影响。虽然现代物流基础设施的改善在很大程度上提高了运输效率,"一带一路"倡议的提出也为中国对外投资放宽了条件,但是两国间的地理距离将加大交易成本,拉开文化差异,减少区位优势,提高投资风险,不利于基础设施互联互通和投资畅通,之前的学术界研究成果也得出了相同的结论(蒋殿春、张庆昌,2011)③。

第六,东道国的税率水平对我国向"一带一路"沿线经济体直接投资量具有明显的消极影响。东道国的高税率阻碍我国企业的境外直接投资,低税率导致"避税天堂"从而鼓励投资(程惠芳、阮翔,2004④;王永钦等,2014⑤)。实证分析结果显示,各国的

---

① 曹伟、言方荣、鲍曙明:《人民币汇率变动、邻国效应与双边贸易——基于中国与"一带一路"沿线国家空间面板模型的实证研究》,《金融研究》2016 年第 9 期。

② 财富效应是指本币升值后,以外币衡量的财富相对于母国企业更便宜,为了获得财富均衡最大化而增加海外资产持有量,跨国企业通过兼并收购等方式获得东道国的优质资产;生产成本效应是指本币升值后,东道国生产成本降低,刺激母国为获得更高资本回报率而增加对外直接投资;资本化率效应是指本币坚挺且贷款利率较低,母国跨国企业因高通货溢价获得高资本化率而增加的对外直接投资。

③ 蒋殿春、张庆昌:《美国在华直接投资的引力模型分析》,《世界经济》2011 年第 5 期。

④ 程惠芳、阮翔:《用引力模型分析中国对外直接投资的区位选择》,《世界经济》2004 年第 11 期。

⑤ 王永钦、杜巨澜、王凯:《中国对外直接投资区位选择的决定因素:制度、税负和资源禀赋》,《经济研究》2014 年第 12 期。

税负水平每提高 1%，我国对其直接投资下降 1.044%，验证了这一命题。

此外，使用基础设施质量、信息技术应用、商业投资环境、制度供给质量和金融服务效率五个方面指数进行回归，结果显著，得出的结论与前文一致，进一步考证了分析结果的稳定性。其中，制度供给质量对我国向"一带一路"沿线经济体直接投资的影响作用最大，每优化 1%，投资流量增加 5.320%，其次为商业投资环境（2.380%）、金融服务效率（2.212%）、基础设施质量（1.736%）和信息技术应用（0.468%）。由此可知，"一带一路"东道国政府的市场开放性、透明度、公平度、有效性和稳定性对我国直接投资的影响尤为关键。

四、中国对"一带一路"沿线经济体直接投资的潜力模拟

我国对外直接投资不仅与东道国的投资便利化水平相关，也受到其因贸易便利化变动所释放的投资增长潜力的影响。

为了深入考察未来我国在"一带一路"沿线优先选择的重点区域，本节将对"一带一路"沿线经济体的投资进行模拟分析。

首先，将这 76 个经济体的投资便利化水平提升至区域最高水平，其次把各国各解释变量数据取均值，再剔除异常值后代入上文中的模型，用真实投资总量与模型拟合值的比值来衡量"一带一路"沿线经济体吸引外资的潜力。

结果如表 3-16 所示：

表3-16 "一带一路"沿线经济体投资潜力的模拟结果

排名	经济体	潜力值	排名	经济体	潜力值
1	印度	2929.1670	38	柬埔寨	188.4698
2	印度尼西亚	840.1723	39	马达加斯加	187.5503
3	俄罗斯	565.5789	40	罗马尼亚	184.8676
4	孟加拉国	564.7993	41	沙特阿拉伯	184.5910
5	日本	526.0693	42	塞浦路斯	182.8551
6	巴基斯坦	490.7385	43	阿尔及利亚	179.6578
7	越南	482.2358	44	荷兰	178.9078
8	尼日利亚	415.7755	45	比利时	178.0934
9	德国	378.3069	46	斯洛伐克	176.9036
10	埃塞俄比亚	363.4670	47	老挝	174.4679
11	泰国	358.8995	48	约旦	173.9045
12	菲律宾	347.4840	49	芬兰	169.4873
13	英国	316.6910	50	匈牙利	168.1591
14	伊朗	314.2164	51	瑞士	165.9161
15	法国	303.1382	52	保加利亚	165.1756
16	缅甸	295.2371	53	阿塞拜疆	165.1746
17	埃及	282.7909	54	哈萨克斯坦	165.0345
18	土耳其	279.1981	55	爱尔兰	158.8721
19	韩国	278.3436	56	捷克	156.8128
20	意大利	276.0917	57	瑞典	156.7891
21	坦桑尼亚	274.8781	58	塔吉克斯坦	154.5698
22	西班牙	254.4410	59	赞比亚	153.9923
23	乌克兰	251.9018	60	以色列	152.9313
24	尼泊尔	239.7330	61	丹麦	150.8214
25	波兰	239.6894	62	格鲁吉亚	149.2542
26	希腊	227.6640	63	挪威	148.5324
27	肯尼亚	222.3231	64	卡塔尔	147.5957
28	葡萄牙	220.7359	65	阿联酋	146.2675
29	南非	218.7951	66	新加坡	146.2653
30	奥地利	208.5295	67	科威特	145.3044
31	马耳他	207.7609	68	吉尔吉斯斯坦	145.2206
32	马来西亚	206.6174	69	新西兰	141.1128
33	斯里兰卡	204.8485	70	阿曼	138.7846
34	塞尔维亚	203.0003	71	克罗地亚	138.6296
35	莫桑比克	195.6806	72	蒙古国	137.3076
36	澳大利亚	195.1972	73	卢森堡	135.8557
37	巴林	192.1744	74	文莱	129.6391

注:实际值与模拟值是根据样本期数据的平均值计算而成。

由表 3-17 可知,对"一带一路"沿线经济体直接投资潜力最大的地区是亚洲,尤其是东南亚地区,前十一位国家分别是印度、印度尼西亚、孟加拉国、日本、巴基斯坦、越南、泰国、伊朗、缅甸、土耳其和菲律宾。其次为非洲,尼日利亚、埃塞俄比亚、埃及、肯尼亚和南非排名前五。这两大区域投资便利化水平普遍较低,且地理毗邻,历史经济合作关系紧密,未来投资流量提升空间较大。就东道国的经济发展阶段而言,"一带一路"沿线的发展中经济体吸引外资潜力巨大,转型经济体次之,发达经济体再次之。"一带一路"倡议覆盖面广,各国经济、政治、文化、制度等情况复杂,需要改善国际关系,深化沟通交流,加强投资便利化合作,提高对其基础设施援建,完善服务体系,引导母国跨境企业优化投资布局,制定最优战略,选择最佳投资方式,进一步推动对沿线经济体的直接投资,实现我国和"一带一路"沿线经济体的互利和共赢。

表 3-17　"一带一路"沿线经济体吸引外资潜力的区域比较

排名	洲际	潜力值	排名	区域合作组织	潜力值	排名	经济体	潜力值
1	亚洲	32.59	1	阿拉伯国家联盟	181.34	1	发展中经济体	336.83
2	非洲	24.67	2	金砖国家	1237.85	2	转型经济体	224.91
3	欧洲	21.40	3	东南亚国家联盟	316.95	3	发达经济体	217.46
			4	非洲联盟	265.22			
			5	其他	238.00			
			6	欧洲联盟	205.64			

资料来源:笔者计算整理。

第二节　中国产业结构升级情况

一、中国产业结构的变迁

产业结构是各产业在经济发展过程中的技术经济联系及由此表现出的比例关系,其优化升级是资源有效配置的动力和结果。新中国成立以来,我国从农业大国发展为制造业大国,未来将向工业化强国迈进,回顾其艰辛曲折的发展历程,呈现出一定阶段性演变特征(见表3-18)。

表3-18　1949—2021年中国的三次产业构成情况

年份	第一产业		第二产业		第三产业	
	总值(亿元)	比重(%)	总值(亿元)	比重(%)	总值(亿元)	比重(%)
1949	245	68.44	45	12.57	67	18.99
1950	287	68.37	60	14.08	74	17.55
1951	316	63.58	84	16.90	88	19.52
1952	340	57.72	115	19.52	113	22.76
1953	374	52.75	156	22.00	151	25.25
1954	388	51.87	174	23.26	160	24.87
1955	417	52.92	179	22.72	162	24.36
1956	439	49.77	212	24.04	176	26.19
1957	425	46.81	257	28.30	181	24.89
1958	446	34.00	484	36.90	383	29.20
1959	384	26.50	617	42.60	447	30.90
1960	341	23.20	653	44.40	476	32.40
1961	441	35.80	393	31.90	398	32.30
1962	453	39.00	364	31.30	345	29.70
1963	498	39.90	413	33.10	338	27.10

续表

年份	第一产业		第二产业		第三产业	
	总值（亿元）	比重（%）	总值（亿元）	比重（%）	总值（亿元）	比重（%）
1964	559	38.00	519	35.30	391	26.60
1965	650	37.50	609	35.10	475	27.40
1966	703	37.20	716	37.90	470	24.90
1967	714	39.80	608	33.90	472	26.30
1968	726	41.60	542	31.10	474	27.20
1969	736	37.50	695	35.40	532	27.10
1970	793	34.80	919	40.30	568	24.90
1971	826	33.60	1029	41.90	599	24.40
1972	827	32.40	1092	42.80	633	24.80
1973	907	32.90	1180	42.80	667	24.20
1974	944	33.40	1199	42.40	681	24.10
1975	973	32.00	1380	45.40	690	22.70
1976	968	32.40	1345	45.00	675	22.60
1977	943	29.00	1518	46.70	790	24.30
1978	1019	27.70	1755	47.70	905	24.60
1979	1259	30.70	1927	47.00	914	22.30
1980	1358	29.60	2207	48.10	1023	22.30
1981	1544	31.30	2270	46.00	1120	22.70
1982	1765	32.80	2400	44.60	1216	22.60
1983	1970	32.60	2671	44.20	1402	23.20
1984	2304	31.50	3138	42.90	1865	25.50
1985	2545	27.90	3896	42.70	2682	29.40
1986	2760	26.60	4513	43.50	3092	29.80
1987	3200	26.30	5268	43.30	3699	30.40
1988	3824	25.20	6601	43.50	4734	31.20
1989	4228	24.60	7305	42.5	5655	32.90
1990	5034	26.60	7759	41.00	6131	32.40
1991	5292	24.00	9151	41.50	7607	34.50
1992	5795	21.30	11727	43.1	9686	35.60
1993	6871	19.30	16447	46.20	12282	34.50

续表

年份	第一产业		第二产业		第三产业	
	总值（亿元）	比重（%）	总值（亿元）	比重（%）	总值（亿元）	比重（%）
1994	9467	19.50	22429	46.20	16701	34.40
1995	11830	19.60	28247	46.80	20340	33.70
1996	13660	19.30	33337	47.10	23782	33.60
1997	14106	17.90	37116	47.10	27581	35.00
1998	14417	17.20	38388	45.80	31013	37.00
1999	14388	16.10	40572	45.40	34495	38.60
2000	14563	14.70	45075	45.50	39428	39.80
2001	15299	14.00	48956	44.80	45022	41.20
2002	16024	13.30	53614	44.50	50843	42.20
2003	16799	12.30	62279	45.60	57362	42.00
2004	20823	12.90	74090	45.90	66503	41.20
2005	21576	11.60	87419	47.00	76818	41.30
2006	23217	10.60	104258	47.60	91554	41.80
2007	27612	10.20	126960	46.90	116132	42.90
2008	32765	10.20	150978	47.00	137807	42.90
2009	33402	9.60	160050	46.00	154483	44.40
2010	38163	9.30	190815	46.50	181377	44.20
2011	44472	9.20	224778	46.50	214143	44.30
2012	48897	9.10	243947	45.40	244485	45.50
2013	52345	8.90	259958	44.20	275838	46.90
2014	55862	8.70	278028	43.30	308207	48.00
2015	57405	8.40	280873	41.10	345112	50.50
2016	59703	8.10	295567	40.10	381804	51.80
2017	62328	7.60	332140	40.50	425632	51.90
2018	64578	7.20	365045	40.70	468190	52.20
2019	70474	7.10	380671	38.60	535371	54.30
2020	78031	7.70	383562	37.80	551974	54.50
2021	83086	7.30	450905	39.40	609680	53.30

资料来源:国家统计局:《2021 中国统计年鉴》,中国统计出版社 2022 年版。

本节借鉴袁航等（2019）①的方法，将新中国成立以来产业结构变迁进程划分为重工业优先发展、产业结构调整和产业结构优化三个阶段。

（一）1949—1977年：重工业优先发展阶段

改革开放之前，我国的产业结构在国家经济计划、大政方针和政治路线的影响下，经历了特殊的变迁过程，可细分为过渡期、调整期和"文化大革命"时期三个阶段（见图3-7）。

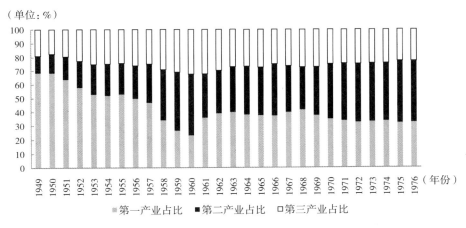

（单位：%）

■第一产业占比　■第二产业占比　□第三产业占比

图3-7　1949—1976年中国的三次产业构成情况

资料来源：国家统计局：《2021中国统计年鉴》，中国统计出版社2022年版。

1949—1957年是过渡期。新中国成立之前，我国经济极端落后。在帝国主义、封建主义和官僚资本主义的长期遏制下，我国农业生产水平低，基本停滞于中世纪的落后状态，工业技术设备低劣，总体规模较小，尤其是重工业基础薄弱，许多设备、机器和原料都依赖进口。为了改变当时积贫积弱的面貌，缩小与英、美等发

---

① 袁航、茶洪旺、郑婷婷：《创新数量、创新质量与中国产业结构转型互动关系研究——基于PVAR模型的实证分析》，《经济与管理》2019年第33卷第2期。

达国家之间的经济差距,我国提出短时间内实现工业化的方针。1953 年,我国开始实施第一个五年计划,全面启动工业建设。在西方资本主义国家的经济封锁、贸易禁运、政治孤立和军事封锁环境下,我国得到了苏联和东欧国家的资本、技术援助,优先发展重工业。过渡时期内,第一产业比重独大,第三产业随后,第二产业极低,改观此局面,也是我国快速建设完整工业化体系的初衷。1958—1965 年是调整期。我国进入"第二个五年计划","大跃进"和人民公社化运动忽视经济发展的客观规律,高指标、瞎指挥、浮夸风等夸大主观意志的行为决策泛滥,重工业化先行尤其是以钢铁业为重心的畸形产业结构调整使国民经济比例严重失调,1960 年"大跃进"结束时,第二产业的比重已激增至44.4%,第一、第三产业占比严重滞后,扭曲了三次产业合理演化的进程,数年之后才逐渐平稳。1966—1976 年是"文化大革命"时期。十年的"文化大革命"浩劫又一次加重了三次产业失调的比例,工业比重远高于农业和服务业(郭旭红、武力,2018)[①],粗放型经济增长方式严重威胁着中国产业结构的优化升级和协调发展。

值得注意的是,以上三个时期,不但农、工、商三次产业比例失调,工业内部的轻工业和重工业比重也严重失衡(见表3-19)。但是,这种"以农补工""以轻补重"的积累路径使我国快速步入了工业化进程,也是我国当时经济发展阶段的客观选择。

---

① 郭旭红、武力:《新中国产业结构演变述论(1949—2016)》,《中国经济史研究》2018 年第 1 期。

表 3-19　1949—1976 年中国的农业、轻工业和重工业比重　（单位：%）

年份	占工农业总产值的比重				占工业总产值的比重	
	农业总产值	工业总产值	轻工业总产值	重工业总产值	轻工业总产值	重工业总产值
1949	70.0	30.0	22.1	7.9	73.6	26.4
1952	58.5	41.5	26.7	14.8	64.4	35.6
1957	43.5	56.5	29.2	27.3	51.7	48.3
1960	21.8	78.2	26.1	52.1	33.4	66.6
1962	33.6	66.4	30.9	35.5	46.5	53.5
1965	29.8	70.2	35.4	34.8	50.4	49.6
1966	35.9	64.1	31.4	32.7	49.0	51.0
1967	40.1	59.9	31.8	28.1	53.0	47.0
1968	41.9	58.1	31.2	26.9	53.7	46.3
1969	36.3	63.7	32.0	31.7	50.3	49.7
1970	33.7	66.3	30.6	35.7	46.2	53.8
1971	31.8	68.2	29.3	38.9	43.0	57.0
1972	30.9	69.1	29.6	39.5	42.9	57.1
1973	30.9	69.1	30.0	39.1	43.4	56.6
1974	31.9	68.1	30.3	37.8	44.4	55.6
1975	30.1	69.9	30.8	39.1	44.1	55.9
1976	30.4	69.6	30.7	38.9	44.2	55.8

资料来源：国家统计局：《2021 中国统计年鉴》，中国统计出版社 2022 年版。

（二）1978—2012 年：产业结构协调发展阶段

改革开放之后，我国的国民经济逐步恢复，进入全面开放的新局面，也成为产业结构升级的新节点。海量外商直接投资推动了产业结构的调整，我国开始由片面聚焦重工业逐渐转向多产业全方位协调发展，促进中国经济健康增长。1992 年，我国经济体制由计划经济转向社会主义市场经济，市场这只"看不见的手"在资源配置中发挥越来越重要的作用，中国经济保持了连续多年的高增长率,正式进入发展的快车道,产业结构平稳优化和升级。与此同时,外部世界新兴产业崛起,科学技术尤其是信息技术日新月异,也对我国产业结构调整提出了新的要求。2001年,中国加入世界贸易组织,更是以开放促改革,加速助推资源的全球有效配置和我国产业结构的协调发展。

从图3-8可观,从改革开放到1984年,中国的三次产业结构呈现出"二、一、三"的比重特征,第二产业比重最大,第三产业次之,第一产业再次之。1985年伊始,三次产业比重转变为"二、三、一"格局,直至2012年呈现出"三、二、一"结构,正式步入转型和升级阶段。

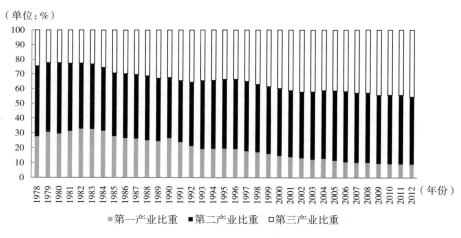

图3-8 1978—2012年中国的三次产业构成情况

资料来源:国家统计局:《2021中国统计年鉴》,中国统计出版社2022年版。

(三)2013年至今:产业结构转型升级阶段

2012年伊始,我国第三产业对国民收入的拉动作用首次超过第二产业,我国经济成功转型。随着我国经济规模攀升,产业结构升级的内部引擎与外部条件也日益成熟,如今已至深刻调整的关键时期。中国经济逐渐摆脱揠苗助长式增长心态,呈现出"新常态"的主要特征:由高速增长转为中高速稳步增长、产业结构优化升级、从要素和投资驱动转为创新驱动(钱颖一等,2016)[1]。

产业结构的转型升级推动我国经济由以数量为主导的粗放型增长转向以质量为主导的集约型增长方式,促进传统产业改造,催化新产业兴起与发展,助推新旧产业融合,加快高效率产业替代低效率产业,促进实体经济和虚拟经济同步发展,从而提高经济增长质量和效率(见图3-9)。

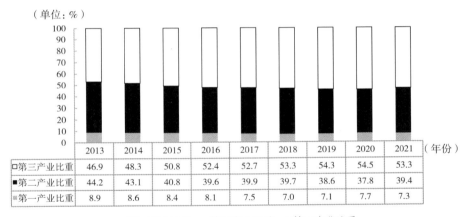

(单位:%)

	2013	2014	2015	2016	2017	2018	2019	2020	2021
第三产业比重	46.9	48.3	50.8	52.4	52.7	53.3	54.3	54.5	53.3
第二产业比重	44.2	43.1	40.8	39.6	39.9	39.7	38.6	37.8	39.4
第一产业比重	8.9	8.6	8.4	8.1	7.5	7.0	7.1	7.7	7.3

■第一产业比重　■第二产业比重　□第三产业比重

图3-9 2013—2021年中国的三次产业构成情况

资料来源:国家统计局:《2021中国统计年鉴》,中国统计出版社2022年版。

二、中国产业结构升级的测度

产业结构是本书的被解释变量,为了完整刻画我国各省(自治区、直辖市)的产业结构升级情况,我们将从产业结构的高级

---

① 钱颖一等:《创新驱动中国》,中国文史出版社2016年版。

化、合理化、均衡化和生态化四个维度进行测算。

第一,产业结构高级化是衡量产业结构优化升级的重要方面,是经济发展从低水平向高水平顺次递进的动态过程,很多学者根据"配第—克拉克定律"用非农业产值比重进行度量。为了全面反映三次产业转移演进的逻辑规律,尤其是信息技术革命对工业化国家的冲击和经济服务化的趋势,本书借鉴徐德云(2008)[①]、何慧爽(2015)[②]衡量产业结构高级化的方法,为第三产业赋予较高权重,第二产业居中,第一产业最小。具体指标为:

$$V_{it} = \sum_{i=1}^{3} I_{it} \times i = I_{1t} \times 1 + I_{2t} \times 2 + I_{3t} \times 3, i = 1,2,3 \text{ (3-1)}$$

其中,I_{it}是第i产业增加值在GDP中的比重。V_{it}越接近3表示产业结构越高级化,越接近1则表示产业结构越低级化。

第二,产业结构合理化度量的是产业之间的协调能力和关联水平,能够反映资源有效利用和配置程度以及要素投入和产出结构的耦合度(干春晖等,2011;袁航、朱承亮,2018[③])。产业结构偏离度指标无法体现我国三次产业的经济地位,Hamming贴近度指标中的各产业产值比重由于国情不同而存在偏差,不能有效衡量我国经济转型时期的产业结构合理化水平。而泰尔指数能够测算我国三大产业的产值结构与就业结构,可以有效体现各产业的经济地位,兼顾各产业与就业的结构偏差。因此,本书采用其测度我国各省(自治区、直辖市)的产业结构合理化水平。计算公式为:

---

① 徐德云:《产业结构升级形态决定、测度的一个理论解释及验证》,《财政研究》2008年第1期。

② 何慧爽:《环境质量、环境规制与产业结构优化——基于中国东、中、西部面板数据的实证分析》,《地域研究与开发》2015年第1期。

③ 袁航、朱承亮:《国家高新区推动了中国产业结构转型升级吗》,《中国工业经济》2018年第8期。

$$V_{it} = \sum_{i=1}^{3} I_{it} \times \ln\left(\frac{I_{it}}{L_{it}}\right), i = 1, 2, 3 \qquad (3-2)$$

其中，L_{it} 表示 t 时期 i 产业从业人员占总就业人口的比重，$\frac{I_{it}}{L_{it}}$ 代表产业的劳动收入比。

第三，产业结构均衡化是经济系统中各产业之间互相协调的状态，是生产技术和经济资源既定的条件下，国民收入达到潜在最大值时的产业结构。产业结构从非均衡到均衡的演变，或者从低层次均衡到高层次均衡的跃迁，是产业结构优化升级的目标。产业结构偏离均衡状态越大，经济福利下降越多，波动幅度越大。本书参照徐德云（2011）[①]测度经济社会产业结构不均衡偏离程度的方法，构建了如下指标：

$$V_{it} = \sqrt{\sum_{i=1}^{3} \left(\frac{I_{it}}{L_{it}} - 1\right)^2 / 3}, i = 1, 2, 3 \qquad (3-3)$$

第四，产业结构生态化是指经济由传统产业结构向生态型产业结构递进演化的过程，既能保证应有的经济增长水平，又能节约资源、修复和改善生态环境。学者们先后用能源效率、低污染或低能耗产业产值在工业中的比重、第三产业增加值占国内生产总值的比重、失业率等指标进行测度。为了综合衡量经济发展对生态环境的影响，全面反映我国经济体系产业结构生态化程度，本书使用生态环境质量指标进行测算。为了避免单维度指标衡量环境质量时的片面性，笔者参考袁晓玲等（2013）[②]构建多维度指标体系

[①]　徐德云：《产业结构均衡的决定及其测度：理论解释及验证》，《产业经济研究》2011 年第 3 期。

[②]　袁晓玲、李政大、刘伯龙：《中国区域环境质量动态综合评价——基于污染排放视角》，《长江流域资源与环境》2013 年第 1 期。

的方法,从空气污染、水污染、废弃物污染、垃圾污染、噪声污染、土壤污染六个维度评价环境质量,选取二氧化碳、工业废气、二氧化硫、烟尘、工业粉尘、工业废水、生活污水、工业固体废弃物的排放量,以及噪声等效声级、生活垃圾清运量、化肥施用量 11 个指标综合评价各省(自治区、直辖市)环境质量水平。在此基础上,本书参照谭志雄、张阳阳(2015)[①]的计算方法,运用修正后的熵值法分析各指标间的关联度进而决定其权重。

首先,对污染物排放量进行标准化处理。运算公式为:

$$x'_{ij} = \frac{x_{ij} - x_{\min(j)}}{x_{\max(j)} - x_{\min(j)}} \tag{3-4}$$

上式中 i 样本的 j 指标数值是 x_{ij} ,($i = 1, 2, 3, \cdots, m$; $j = 1, 2, 3, \cdots, n$),m 是样本个数,n 是指标个数。

其次,计算 x'_{ij} 的比重:

$$r_{ij} = \frac{x'_{ij}}{\sum\limits_{1}^{m} x'_{ij}} \tag{3-5}$$

继而,计算 j 指标的熵值:

$$e_j = -\left(\frac{1}{\ln m}\right) \sum\limits_{1}^{m} r_{ij} \ln r_{ij}, \ 0 \leqslant e_j \leqslant 1 \tag{3-6}$$

然后,计算 j 指标的差异系数:

$$g_j = 1 - e_j \tag{3-7}$$

再计算 x_{ij} 的权重:

$$w_j = \frac{g_j}{\sum\limits_{m=1}^{n} g_j} = \frac{1 - e_j}{\sum\limits_{j=1}^{n} (1 - e_j)} \tag{3-8}$$

---

① 谭志雄、张阳阳:《财政分权与环境污染关系实证研究》,《中国人口·资源与环境》2015 年第 4 期。

因而得出表示环境污染程度的指标,最后用下式表示生态环境质量指数:

$$V_{it} = 1 - p_{it} \qquad (3-9)$$

在 11 个指标中,二氧化碳排放量没有官方统计数据,本书按照式(3-10)进行计算:

$$C_{it} = \sum E_{itj} \times \varphi_j \qquad (3-10)$$

其中,C_{it} 是 i 省(自治区、直辖市)t 年的二氧化碳排放量,E_{itj} 为终端能源消费量,φ_j 为第 j 种能源的排放系数,将《中国能源统计年鉴》的实物统计量转换为标准统计量。其他 10 个指标的统计数据均来源于《中国统计年鉴》和《中国环境统计公报》。

综上所述,以上产业结构高级化、合理化、均衡化和生态化这四个指标分别从产业结构的高级化、合理化、均衡化、生态化维度测算我国产业结构优化升级的程度,下面我们使用加权平均法和简单平均法对上面四个指标进行计算,构建两种形式的产业结构变量,分别记为 Industry_1 和 Industry_2:

$$Industry\_1 = \sum_{j=1}^{4} w_j \, v_{it}^{j} \qquad (3-11)$$

$$Industry\_2 = \frac{1}{4} \sum_{j=1}^{4} v_{it}^{j} \qquad (3-12)$$

Industry_1 是用加权平均法计算的产业结构综合指数。v_{it} 表示 t 年我国(或各省份)的产业结构数据,j 是第 j 个指标,w_j 表示权重系数,是第 j 个指标的变异系数(标准差与均值之比)占四个指标变异系数之和的比重,由于数据的离散程度对评价结果产生较大影响,所以理应赋予更高权重,避免主观赋权的随意性。Industry_2 是用简单平均法计算的产业结构升级指数,为了进一步验证实证分析结果的可靠性,本书将用其进行变量的稳健性检验。

表3-20　我国除西藏、港澳台外的30个省(自治区、直辖市)的产业结构升级指数均值

省(自治区、直辖市)	按照加权平均法计算		按照简单平均法计算	
	排名	均值	排名	均值
上海市	1	9.7880080	1	11.5897140
北京市	2	8.0260936	2	9.3474421
天津市	3	4.8930663	3	5.5057463
浙江省	4	4.7516742	4	5.3424130
江苏省	5	3.8660217	5	4.2446890
福建省	6	3.6863366	6	4.0334175
海南省	7	3.0499330	7	3.2627042
广东省	8	3.0455638	8	3.2041027
江西省	9	2.9805193	9	3.1720645
辽宁省	10	2.8448610	10	2.9780870
山东省	11	2.7149197	11	2.8221454
安徽省	12	2.5049399	12	2.5756071
四川省	13	2.4549108	13	2.5139805
湖南省	14	2.4528191	14	2.4978876
黑龙江省	15	2.4165639	15	2.4578883
河南省	16	2.3620375	17	2.3961580
河北省	17	2.3582594	16	2.4010967
湖北省	18	2.2672865	19	2.2514617
重庆市	19	2.2625321	18	2.2614082
吉林省	20	2.2403903	20	2.2406527
山西省	21	2.1258083	21	2.0714351
青海省	22	1.9877188	22	1.9174590
陕西省	23	1.9520476	23	1.8710618
宁夏回族自治区	24	1.9505930	24	1.8567274

续表

省(自治区、直辖市)	按照加权平均法计算		按照简单平均法计算	
	排名	均值	排名	均值
广西壮族自治区	25	1.9134438	25	1.8441955
新疆维吾尔自治区	26	1.8824770	26	1.8032499
内蒙古自治区	27	1.8271159	27	1.7146057
甘肃省	28	1.7103793	28	1.5702407
云南省	29	1.6425451	29	1.4922155
贵州省	30	1.5280717	30	1.3351074

资料来源:笔者计算整理。

从前文关于我国产业结构升级指数的时间序列数据测算结果中,可以窥知其纵向变动趋势。自"一带一路"倡议提出以来,按照加权平均法和简单平均法计算的产业结构升级指数上升趋势明显,年均增长率分别为 2.82% 和 3.23%,彰显出"一带一路"倡议通过对外开放调整促进国内产业转型升级的重大作用。通过表 3-20,我们对中国 30 个省(自治区、直辖市)的产业结构升级情况进行横向观察。可以发现,对外直接投资条件优厚的东部地区产业结构优化升级程度较高,中部地区次之,西部地区再次之,这与我国各地区的经济发展阶段和开放政策历史基础相符合。未来,东部地区将在"21 世纪海上丝绸之路"的开放政策红利下,进一步利用沿海的窗口效应和辐射作用,更深入、更高层次地参与国际分工和全球经济循环,带动中西部地区经济增长方式转变和产业结构调整升级。而中西部地区则应充分响应"一带一路"倡议的战略号召,利用自身资源优势,通过对外直接投资嫁接先进技术,生产高附加值产品,提高资源的利用效率,促进产业结构转型升级。

第三节 中国对"一带一路"沿线经济体直接投资与 母国产业结构的相关性统计

梳理本章前两节我国对"一带一路"沿线经济体直接投资现状与产业结构演进情况,我们可以对二者的相关性尤其是前者对后者的促进作用进行初步的经验观察。"一带一路"建设为我国向沿线经济体直接投资提供了便利条件,进一步推动了中国企业"走出去"战略实施。自 2013 年"一带一路"倡议提出之后,在全球经济复苏缓慢的背景下,我国对外直接投资规模依然稳步扩张。而国内产业结构高级化、合理化、均衡化和生态化指数不断提升,经济结构出现螺旋式调整和优化升级特征。

为了对中国向"一带一路"沿线经济体直接投资与母国产业结构的相关性进行初步判断,本书计算了二者的皮尔森相关系数(见表 3-21)。首先,中国对"一带一路"沿线经济体直接投资总量与我国产业结构升级综合指数存在正向相关性。本书分别使用投资流量与存量数据,以及按照加权平均与简单平均法计算的产业结构升级指数进行测算,四种相关性系数结果都大于 0.4,且均值为 0.4901,全部在 1% 水平上显著,说明二者之间的正相关关系明显。其次,中国对"一带一路"沿线经济体直接投资总量与衡量我国产业结构升级的四个维度均呈现正相关性。从表中得知,中国的产业结构高级化、合理化、均衡化和生态化四个维度指数与我国向沿线经济体投资的流量、存量的相关系数均大于 0.3,且十分显著。其中,投资总量与产业结构合理化和均衡化指数的相关程度较高,其次是产业结构高级化指数,最后是产业结构生态化指数。

表3-21　中国对"一带一路"沿线经济体直接投资与母国产业结构的相关系数

相关系数	直接投资流量	直接投资存量
加权平均法计算的中国产业结构升级指数	0.4752***	0.5044***
简单平均法计算的中国产业结构升级指数	0.4760***	0.5048***
中国的产业结构高级化指数	0.4346***	0.4646***
中国的产业结构合理化指数	0.4721***	0.4972***
中国的产业结构均衡化指数	0.4773***	0.4870***
中国的产业结构生态化指数	0.3456***	0.3305***

注：*** 表示在1%的水平上显著。

在测算我国对"一带一路"沿线经济体直接投资总量与产业结构升级指标的相关系数的基础上，我们以前者为横轴、后者为纵轴，绘制散点图和拟合线。图3-10中分别是中国对"一带一路"沿线经济体直接投资流量以及存量，与按照加权平均法、简单平均法计算的我国产业结构综合指数的散点图和拟合线。从图中可见，一是投资总量与产业结构升级程度呈现较明显的正相关关系；二是随着投资总量的增加，我国产业结构升级指数的分布越来越宽，差异拉大；三是投资存量数据与产业结构指数的拟合效果优于投资流量数据。图3-11是中国对"一带一路"沿线经济体直接投资流量与母国产业结构高级化、合理化、均衡化和生态化这四个维度的散点图和拟合线。通过观察可知：首先，投资流量与产业结构四个维度的指数均为正相关；其次，投资流量数据与产业结构合理化、均衡化、高级化指数的拟合效果优于产业结构生态化指数；最后，随着投资流量的增长，产业结构合理化和均衡化指数在上升趋势中越来越收敛，差距不断缩减，但产业结构高级化与生态化指数分布越来越分散。

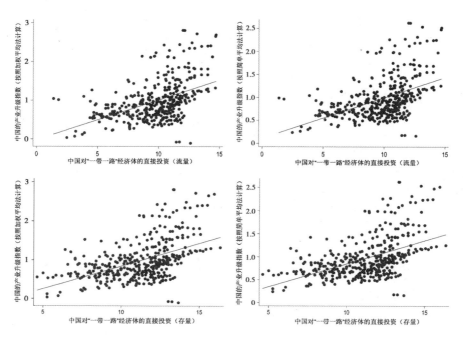

图 3-10　中国对"一带一路"沿线经济体直接投资与母国产业结构的散点图和拟合线

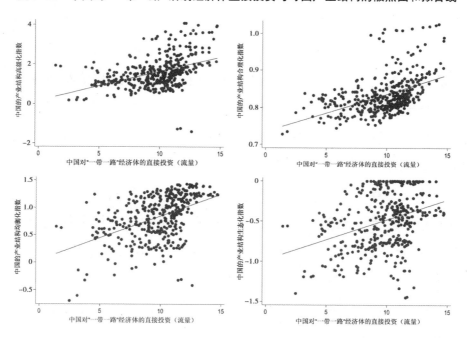

图 3-11　中国对"一带一路"沿线经济体直接投资与母国产业结构四个维度的散点图和拟合线

2021 年,中国对外直接投资流量规模位居世界第三位,存量规模名列第三位。就空间格局来说,亚洲是中国对外直接投资的重要区域,其次是拉丁美洲,再次为欧洲,最后是北美洲、非洲和大洋洲。我国向"一带一路"畛域的直接投资仍然以亚洲国家为主,流量排名前十位的国家是新加坡、印度尼西亚、越南、泰国、马来西亚、老挝、阿拉伯联合酋长国、哈萨克斯坦、巴基斯坦和沙特阿拉伯。在行业分布方面,我国对外直接投资中的第一产业占比 0.7%,第二产业比重为 19.5%,其中以化学原料和化学制品制造业、汽车制造业、其他制造业、计算机、通信和其他电子设备制造业、医药制造业为主。第三产业在我国对外直接投资中占比高达 79.8%,其中,租赁和商务服务业是推进第三产业对外直接投资的重要动力,其次为批发和零售业、金融业等。我国对"一带一路"沿线直接投资的重点行业为能源电力、交通运输、制造业、信息技术和农业。

中国的产业结构变迁先后经历了 1949—1977 年的重工业优先发展、1978—2012 年的产业结构协调发展,以及 2013 年至今的产业结构转型升级三个阶段,本章在总结和梳理各阶段特征与规律的基础上,从产业结构的高级化、合理化、均衡化和生态化四个维度测算我国的产业结构指数。从估算结果可以看出,我国东部沿海地区从对外开放经济政策中得到巨大的经济结构调整红利,产业结构升级程度较高,中部地区的测算结果居中,西部内陆地区普遍落后,这与我国东部、中部、西部的经济发展阶段吻合。

在描述我国对"一带一路"沿线经济体直接投资现状与

自身产业结构演进情况的基础上,本章通过计算皮尔森相关系数以及绘制散点图和拟合线的方法,对二者之间的相关性尤其是前者对后者的促进作用进行初步经验判断。结果表明,我国对沿线经济体直接投资总量与产业结构升级指数的相关系数大于0.4,与产业结构高级化、合理化、均衡化和生态化这四个维度的相关系数均超过0.3,且十分显著,证实了二者之间明显的正相关关系。散点图与拟合线结果也再次印证,随着我国对沿线经济体投资流量的增加,产业结构综合指数以及四个维度指标均呈现上升趋势。

第四章 中国对"一带一路"沿线经济体直接投资促进母国产业结构升级的实证检验

前文构建和梳理了对外直接投资促进母国产生产业结构升级效应的理论逻辑与传导路径,一方面,我国通过向发达国家高技术密集型行业的直接投资获得逆向技术溢出,吸收国外优良的技术、管理经验和专精人才,促进产业结构的优化、创新和升级。另一方面,我国通过发挥产业比较优势,实现边际产业的对外转移与合作,为新兴产业腾出空间,创造有利条件,推动产业结构的升级。虽然已有大量文献以美国、日本等发达国家的先行经验证明了对外直接投资促进母国产业结构升级效应的存在,但我国的对外投资,尤其是向"一带一路"沿线经济体的对外直接投资是否也存在这种效应,是本章试图证明的核心问题。上一章我们就二者的相关性进行了初步判断,本章将在此基础上开展更加规范、缜密的实证检验。

第一节　模型设定与变量选取

一、钱纳里标准结构模型的修正

钱纳里的世界发展模型对于处在不同经济发展阶段的国家寻找结构标准发展范式具有深远影响。该模型中,钱纳里对 1950—1970 年 101 个国家的宏观经济统计数据进行归纳分析,用来解释各国经济增长中的产业结构变动问题,为各国衡量其经济增长质量提供了重要参考,也是本书实证分析模型建立的基础。其基本模型为:

$$S = \alpha + \beta_1 \ln Y + \beta_2 (\ln Y)^2 + \gamma_1 \ln N + \gamma_2 (\ln N)^2 + \sum \delta_i T_i + \varepsilon F$$

$$(4-1)$$

其中,S 表示一国经济发展过程中结构变动的某一方面,本书可视之为对外直接投资母国的产业结构,Y 是人均国内生产总值,N 为人口总量,T 表示结构变动的时间要素,F 是指母国投资、储蓄、进出口等净资源流动生产要素。由于本书着力研究对外直接投资的母国产业结构升级效应,因此对钱纳里的标准结构模型进行变形处理:

首先,被解释变量 S 在本书中用产业结构指数 $Industry$ 来表示,由产业结构的高级化、合理化、均衡化、生态化四个维度测算而成。

其次,核心解释变量剔除 N 和 T,引入对外直接投资。由于《中国对外直接投资统计公报》在 2003 年才开始发布,人口总量在较短的样本时间跨期内变化不显著,因此剔除原模型中的人口

总量 N 和时间趋势变量 T，保留人均国内生产总值变量 GDP，用于衡量经济增长水平对结构升级的重要作用。在此基础上，用对外直接投资替代原模型中的 F，反映资本流动对母国产业结构升级的重要效应。

最后，控制变量加入技术进步 $Technology$、经济开放度 $Open$、人均国内生产总值 GDP 和政府财政支出额 $Fiscal$。为了考察一国产业结构升级过程中经济增长、技术更新、市场开放和政府支持作用，本书借鉴傅元海等（2014）[1]、汪伟等（2015）[2]、李东坤和邓敏（2016）选取变量的方法，将这三个变量纳入模型。

因此，模型将变形为：

$$\ln Industry_{it} = \alpha_0 + \alpha_1 \ln OFDI_{it} + \alpha_2 \ln Technology_{it} + \alpha_3 \ln Open_{it}$$
$$+ \alpha_4 \ln GDP_{it} + \alpha_5 \ln Fiscal_{it} + \varepsilon_{it} \qquad (4-2)$$

其中，i 表示 i 省（自治区、直辖市），t 表示年份。$Industry_{it}$ 是 i 省（自治区、直辖市）t 年的产业结构指数，$OFDI_{it}$ 表示我国对"一带一路"沿线经济体直接投资的总量，$Technology_{it}$ 是技术进步，$Open_{it}$ 为经济开放程度，GDP_{it} 是人均国内生产总值，$Fiscal_{it}$ 表示政府财政支持力度。鉴于统一数量级的考虑，本书对所有变量进行自然对数处理。

二、变量选取与数据说明

由于我国于 2003 年开始发布《中国对外直接投资统计公报》，因此本节的样本时间起始于 2003 年，利用我国除西藏、港澳

---

①　傅元海、叶祥松、王展祥：《制造业结构优化的技术进步路径选择——基于动态面板的经验分析》，《中国工业经济》2014 年第 9 期。

②　汪伟、刘玉飞、彭冬冬：《人口老龄化的产业结构升级效应研究》，《中国工业经济》2015 年第 11 期。

台外的 30 个省(自治区、直辖市)数据进行实证分析。

(一)被解释变量

如上文内容所示,本书从产业结构的高级化、合理化、均衡化、生态化四个维度综合测算得到产业结构指数,并使用加权平均法计算的 *Industry_1* 和简单平均法核算的 *Industry_2* 进行实证分析。

(二)核心解释变量

由于无法获得各省(自治区、直辖市)向"一带一路"沿线各个经济体的对外直接投资数据,本书先从《中国对外直接投资统计公报》中抓取我国除西藏、港澳台外的 30 个省(自治区、直辖市)向国外直接投资的总流量数据,再借鉴陈昊、吴雯(2016)的核算方法,查阅《境外投资企业(机构)名录数据库》,计算各省(自治区、直辖市)在"一带一路"沿线 76 个经济体的境外投资企业数量占其境外投资企业总数量的比重 θ_{it},最后用各省(自治区、直辖市)每年的对外直接投资总量乘以 θ_{it},估算各省(自治区、直辖市)向"一带一路"沿线经济体的对外直接投资流量 $OFDI_{it}$。

(三)控制变量

一是技术进步 $Technology_{it}$。测算生产效率变化的 Malmquist 指数于 1953 年被提出,法勒等(Fare 等,1994)[1]将非参数线性规划法与数据包络分析法(Data Envelopment Analysis,DEA)结合,使其被广泛应用于各行业部门生产效率的测算,逐渐成为评价全要

---

[1] Fare R., Grosskopf M., Zhang Norris Z., "Productivity Growth, Technical Progress and Efficiency Changes in Industrialized Countries", *American Economic Review*, No.84,1994.

素生产率、技术进步与技术创新效率的重要方法（Wang 和 Huang，2007[①]；Maman 等，2012[②]；许敏、谢玲玲，2012[③]；张江雪、朱磊，2012[④]；姜波，2012[⑤]；Honma 和 Hu，2013[⑥]）。本书参照法勒（1994）核算 Malmquist 生产率变化指数的方法，将每个省（自治区、直辖市）视为一个生产决策单位，以此构造最优的生产边界：

$$m_0(y_t,x_t,y_{t+1},x_{t+1}) = \left[\frac{d_{oc}^t(y_{t+1},x_{t+1})}{d_{oc}^1(y_t,x_t)}, \frac{d_{oc}^{t+1}(y_{t+1},x_{t+1})}{d_{oc}^{t+1}(y_t,x_t)} \right] / 2$$

（4-3）

上式中，(y_t,x_t) 和 (y_{t+1},x_{t+1}) 分别表示 t 期和 $t+1$ 期的产出与投入，d_{oc}^t 和 d_{oc}^{t+1} 分别是 t 期和 $t+1$ 期的距离函数，$m_0(y_t,x_t,y_{t+1},x_{t+1})$ 即为 Malmquist 指数，表示一个决策单位 $t+1$ 期相对于 t 期的全要素生产率，$m_0 > 1$ 表示生产率上升，$m_0 < 1$ 表示生产率下降。Malmquist 指数可分解如下：

$$am_0(y_t,x_t,y_{t+1},x_{t+1}) = \frac{\dfrac{d_{oc}^{t+1}(y_{t+1},x_{t+1})}{d_{oc}^t(y_t,x_t)} \left[\dfrac{d_{oc}^t(y_{t+1},x_{t+1})}{d_{oc}^t(y_t,x_t)} \dfrac{d_{oc}^t(y_t,x_t)}{d_{oc}^{t+1}(y_t,x_t)} \right]}{2}$$

（4-4）

① Wang E.C., Huang W., "Relative Efficiency of R&D Activities: A Cross-country Study Accounting for Environment Factors in the DEA Approach", *Research Policy*, No.36, 2007.

② Maman S., Grigorios Emvalomatis, Alfons Oude Lansink, "The Relationship between Technical Efficiency and Industrial Concentration: Evidence from the Indonesian Food and Beverages Industry", *Journal of Asian Economics*, Vol.23, No.4, 2012.

③ 许敏、谢玲玲：《基于 DEA 的我国大中型工业企业技术创新效率评价研究》，《科学管理研究》2012 年第 3 期。

④ 张江雪、朱磊：《基于绿色增长的我国各地区工业企业技术创新效率研究》，《数量经济技术经济研究》2012 年第 2 期。

⑤ 姜波：《中国区域大中型工业企业技术创新效率变动的实证研究》，《情报杂志》2012 年第 2 期。

⑥ Honma S., Hu J.L., "Total-factor Energy Efficiency for Sectors in Japan", *Energy Sources*, Vol.8, No.2, 2013.

$$Technology = \left[\frac{d_{oc}^{t}(y_{t+1}, x_{t+1})}{d_{oc}^{t}(y_t, x_t)}, \frac{d_{oc}^{t+1}(y_{t+1}, x_{t+1})}{d_{oc}^{t+1}(y_t, x_t)}\right]/2 \quad (4-5)$$

其中, $\dfrac{d_{oc}^{t}(y_{t+1}, x_{t+1})}{d_{oc}^{t}(y_t, x_t)}$ 是技术效率指数, $\left[\dfrac{d_{oc}^{t}(y_{t+1}, x_{t+1})}{d_{oc}^{t}(y_t, x_t)}, \dfrac{d_{oc}^{t+1}(y_{t+1}, x_{t+1})}{d_{oc}^{t+1}(y_t, x_t)}\right]/2$

为技术进步指数。

笔者基于此方法,使用 MaxDEA5.2 软件,以劳动力(三大产业从业人员平均人数)、资本(全社会固定资产投资)作为投入指标,以国内生产总值作为产出指标,测算 i 省(自治区、直辖市)t 期的全要素生产率(Total Factor Productivity, TFP),再从中分解出技术进步指数,用于实证回归分析。

二是经济开放度 $Open_{it}$,此变量表示了各省(自治区、直辖市)参与国际市场分工以及允许他国经济进入本国市场的广度和深度,意味着学习国外技术的机会多寡。本书使用各省(自治区、直辖市)进出口贸易总额在国内生产总值中的比重表示其经济开放度。

三是人均国内生产总值 GDP_{it},作为量度各省(自治区、直辖市)宏观经济运行和人民生活水平的重要指标,可在《中国统计年鉴》中获得。

四是政府财政支持力度 $Fiscal_{it}$,可反映出政府财政分配的产业偏向,用《中国统计年鉴》中的地方政府财政一般预算支出额表示。

本书主要指标的计算方法、数据来源与描述性统计结果如表4-1和表4-2所示:

表4-1 变量的计算方法与数据来源

变量	指标	计算方法	数据来源
Industry	产业结构高级化	$V_{it} = \sum\limits_{i=1}^{3} I_{it} \times i = I_{1t} \times 1 + I_{2t} \times 2 + I_{3t} \times 3$	中国统计年鉴
	产业结构合理化	$V_{it} = \sum\limits_{i=1}^{3} I_{it} \times \ln(\dfrac{I_{it}}{L_{it}})$	中国统计年鉴
	产业结构均衡化	$V_{it} = \sqrt{\sum\limits_{i=1}^{3} (\dfrac{I_{it}}{L_{it}} - 1)^2 / 3}$	中国统计年鉴
	产业结构生态化	$V_{it} = 1 - p_{it}$	中国统计年鉴 中国环境统计公报
	四个维度的加权平均值	$Industry\_1 = \sum\limits_{j=1}^{4} w_j v_{it}^j$	
	四个维度的简单平均值	$Industry\_2 = \dfrac{1}{4} \sum\limits_{j=1}^{4} v_{it}^j$	
OFDI	向"一带一路"沿线经济体直接投资流量	$OFDI_{it} = OFDI \times \theta_{it}$	中国对外直接投资统计公报、境外投资企业（机构）名录数据库
	向"一带一路"沿线经济体直接投资存量	$OFDI_{it} = OFDI \times \theta_{it}$	
Technology	技术进步指数	$Technology = \left[\dfrac{d_{oc}^t(y_{t+1}, x_{t+1})}{d_{oc}^t(y_t, x_t)}, \dfrac{d_{oc}^{t+1}(y_{t+1}, x_{t+1})}{d_{oc}^{t+1}(y_t, x_t)} \right] / 2$	中国统计年鉴、中国科技统计年鉴
	国内专利申请授权量	无计算过程	中国统计年鉴
Open	进出口额占国内生产总值的比重	$Open_{it} = \dfrac{Export_{it} + Import_{it}}{GDP_{it}}$	中国统计年鉴
GDP	人均国内生产总值	$GDP_{it} = \dfrac{\sum GDP_{it}}{Population_{it}}$	中国统计年鉴
Fiscal	财政一般预算支出额	无计算过程	中国统计年鉴

表4-2 变量的描述性统计

变量	指标	平均值	标准差	最大值	最小值
Industry	产业结构高级化	2.30449	0.12412	2.78890	2.06898
	产业结构合理化	7.19831	8.79368	59.18671	0.24481
	产业结构均衡化	2.46119	0.87883	4.21097	0.49856
	产业结构生态化	0.64600	0.21340	1.00000	0.23500
	四个维度的加权平均值	2.98290	1.91763	13.75149	1.17776
	四个维度的简单平均值	3.15250	2.37232	16.54781	0.90297

变量	指标	平均值	标准差	最大值	最小值
OFDI	向"一带一路"沿线经济体直接投资流量	111458.04620	290637.56880	2396772	4
	向"一带一路"沿线经济体直接投资存量	423047.15900	1091567.33900	12504278	102
Technology	全要素生产率	0.78285	0.20695	1.45800	0.31600
	国内专利申请授权量	25443.56923	45863.49815	269944	70
Open	进出口额占国内生产总值的比重	44.65440	50.19465	225.64930	2.023246
GDP	人均国内生产总值	3.49169	2.26216	11.81276	0.42976
Fiscal	财政一般预算支出	2690.33420	2107.89013	13446.09000	123.02000

第二节　实证结果分析与稳健性检验

一、实证结果分析

实证分析前的模型设定与变量指标准备完成后,本书检验其方差膨胀因子,排除多重共线性。为了增强实证结果的可靠性,本书设置列(1)—列(6)进行对照,回归分析的结果如表4-3所示。其中,列(1)—列(2)为混合最小二乘方法的回归结果,列(3)—列(4)为固定效应的回归结果,列(5)—列(6)是随机效应的回归结果。其中,列(1)、列(3)和列(5)采用加权平均法计算的产业结构指数 *Industry_1*,为了检验回归结果的稳定性,使用简单平均法计算的产业结构指数 *Industry_2* 重新对模型列(1)、列(2)、列(3)进行实证检验,结果如表4-3中的列(2)、列(4)、列(6)。

表 4-3　计量模型(4-2)的估计结果

变量	混合最小二乘		固定效应		随机效应	
	(1) Industry_1	(2) Industry_2	(3) Industry_1	(4) Industry_2	(5) Industry_1	(6) Industry_2
ln*OFDI*	0.0046388 * (0.0131730)	0.0027926 * (0.0153462)	0.0065271 * (0.0082169)	0.0073564 * (0.009996)	0.009587 * (0.0088102)	0.0108492 * (0.0106598)
ln*Technology*	0.1792330 *** (0.0555042)	0.2311284 *** (0.0646607)	0.0814773 * (0.0511799)	0.0997579 * (0.0622611)	0.038497 * (0.0536545)	0.0444955 * (0.0647477)
ln*Open*	0.2284017 *** (0.0169942)	0.2688209 *** (0.0197978)	-0.0462943 ** (0.0252935)	-0.0588124 * (0.030770)	0.0300855 * (0:0243098)	0.0386935 * (0.0290860)
ln*GDP*	0.3177570 *** (0.0414242)	0.3505985 *** (0.0414242)	0.2299458 *** (0.0925925)	0.2120578 * (0.0925925)	0.1337329 ** (0.0719776)	0.199419 * (0.0849044)
ln*Fiscal*	-0.0751574 *** (0.0310045)	-0.0858662 *** (0.0361193)	0.2445418 *** (0.0682149)	0.2436047 *** (0.0829844)	-0.0121609 (0.0534576)	-0.0459234 * (0.0631045)
常数项	-0.5034639 ** (0.2247955)	-0.7668558 *** (0.2618797)	-0.3586831 (0.4711036)	-0.2716707 (0.5731046)	0.5806224 * (0.4035018)	0.698071 (0.4788874)
Observations	450	450	450	450	450	450

注:(　)内数值为回归系数的标准误差,***、** 和 * 分别表示在 1%、5%、10%的水平上显著。

上表罗列了计量模型的估计结果,模型整体通过显著性检验,表示其拟定合理。实证结果表明:

第一,各省(自治区、直辖市)向"一带一路"沿线经济体直接投资对我国产业结构优化升级具有正向作用。无论是混合最小二乘法,还是固定效应和随机效应,对外直接投资的系数均为正,说明向"一带一路"沿线经济体的投资通过边际产业和过剩产能转移、生产规模调整或逆向技术溢出,推进着我国产业结构的高级化、合理化、均衡化和生态化,这与大部分学者(马相东,2017[①];陈昊,2018;刘刚,2019[②])针对中国的实证研究结论一致。但是,回

---

① 马相东:《顺向对外投资与产业结构升级——基于"一带一路"建设背景的分析》,《中国特色社会主义研究》2017 年第 3 期。

② 刘刚:《"一带一路"OFDI 对我国产业结构升级的影响研究》,河北大学 2019 年博士学位论文。

归系数为 0.0046388,固定效应和随机效应模型的回归系数分别是 0.0065271 和 0.009587,表示投资每增加 1%,产业结构升级幅度有限。通过检查基础数据和回溯变量指标选择过程可知,本书回归数据始于 2003 年,但“一带一路”倡议提出于 2013 年,实际效应更为滞后。再者,我国对外直接投资起步较晚,虽然目前其流量和存量增长率超过全球增长率,但样本早期的规模仍然较小,对产业结构升级的带动影响作用微小。

第二,技术进步对我国产业结构升级具有显著的正向影响。技术水平的进步通过改变供需结构、调整就业收入差异、深化社会分工、加速改旧出新、强化空间关联等渠道驱动产业结构升级。技术创新对产业结构转型升级的重要性和积极作用已成为学术界共识(Maurer,1996[1];Pietrobelli 和 Ernest,2004[2];Altenburg 等,2008[3];唐清泉、李海威,2011[4];黄林秀、欧阳琳,2015[5];王桂月等,2016[6];周忠民,2016[7];Bloch,2018[8];甘星、刘成昆,2018[9]),本书结论进一步印证了这一点。

---

[1] Maurer D.B., *R&D*, *Innovation and Industrial Structure*, Physica-Verlag HD, 1996.

[2] Pietrobelli C., Ernest H., *Upgrading in Clusters and Value Chains in Latin America: The Role of Policies*, Inter-American Development Bank Publications, 2004.

[3] Altenburg T., Schmitz H., Andreas S., "Breakthrough? China's and India's Transition from Production to Innovation", *World Development*, Vol.36, No.2, 2008.

[4] 唐清泉、李海威:《我国产业结构转型升级的内在机制研究——基于广东 R&D 投入与产业结构的实证分析》,《中山大学学报(社会科学版)》2011 年第 5 期。

[5] 黄林秀、欧阳琳:《经济增长过程中的产业结构变迁——美国经验与中国借鉴》,《经济地理》2015 年第 35 卷第 3 期。

[6] 王桂月、徐瑶玉、王圆圆、李新运:《我国科技创新对产业转型升级的影响分析》,《华东经济管理》2016 年第 30 卷第 3 期。

[7] 周忠民:《湖南省科技创新对产业转型升级的影响》,《经济地理》2016 年第 5 期。

[8] Bloch H., "Innovation and the Evolution of Industry Structure", *International Journal of the Economics of Business*, Vol.25, No.1, 2018.

[9] 甘星、刘成昆:《区域金融发展、技术创新与产业结构优化——基于深圳市 2001—2016 年数据的实证研究》,《宏观经济研究》2018 年第 11 期。

　　第三,经济开放在很大程度上推动了我国产业结构升级。在开放经济条件下,一国融入全球价值链的产业结构效应可能是双向的,也许是促进作用(陈继勇、盛杨怿,2009[①];聂爱云、陆长平,2012[②];孙晓华、王昀,2013[③];贾妮莎等,2014),也许是抑制作用(张捷等,2013)[④]。这既依赖于内部的技术创新,也需要依靠外部的知识技术溢出。改革开放以来,我国东部沿海地区率先开放,产业结构升级程度较高,从侧面说明了市场开放对产业结构演化的效应。"一带一路"倡议给予我国与世界互通的历史机遇,也为深化产业结构转型和升级提供了有利条件。我国的经济开放度每增加1%,产业结构指数提高0.2284017%,这种积极的刺激作用说明了我国以开放促改革、调结构的战略正确性,也与大多数国内学者的研究结论一致。

　　第四,人均国内生产总值显著促进了我国产业结构的升级。20世纪中期以来,国内外学者从需求角度的收入效应、供给视角的替代效应和贸易视角的开放效应,对产业结构与经济增长的关系进行了深入研究,大部分文献证明,高产业结构转换率与高经济增长率相辅相成。一个经济体要素禀赋的变化取决于其所处的经济增长阶段,所以经济增长是产业结构变化的原因而非结果。本书结论与此观点一致,经济增长水平每提升1%,产业结构升级指

---

　　① 陈继勇、盛杨怿:《外国直接投资与我国产业结构调整的实证研究——基于资本供给和知识溢出的视角》,《国际贸易问题》2009年第1期。

　　② 聂爱云、陆长平:《制度约束、外商投资与产业结构升级调整——基于省际面板数据的实证研究》,《国际贸易问题》2012年第2期。

　　③ 孙晓华、王昀:《对外贸易结构带动了产业结构升级吗?——基于半对数模型和结构效应的实证检验》,《世界经济研究》2013年第1期。

　　④ 张捷、张媛媛、莫扬:《对外贸易对中国产业结构向服务化演进的影响——基于制造—服务国际分工形态的视角》,《财经研究》2013年第6期。

数提高 0.317757%,说明经济增长促进了产业结构的变迁。

第五,政府的财政支持对我国产业结构升级的作用为负。各地方政府按照自身经济发展需要和计划,对财政收入进行再分配,反映了产业结构调整的范围、重点和方向,引导和调节地方经济,为阶段性发展奠定基础。本书实证检验结果表示,我国各省(自治区、直辖市)的政府财政偏向将阻碍产业结构升级,政府预算支出每增加 1%,产业结构指数下跌 0.0751574%。若地方政府为追求短期政绩将财政资金集中投放于短平快项目,将破坏地区产业结构稳步协调优化的步伐,最终对产业结构升级起到抑制作用(Spence,1986[①];Lichtenberg,1987[②];Robert 和 Lucas,1988[③];Kaplinsky 和 Readman,2005[④];宋凌云等,2012[⑤];Lin 等,2013[⑥];储德银、建克成,2014[⑦];Barakat,2014[⑧])。

[①] Spence M., *Cost Reduction*, *Competition and Industry Performance*, London:Palgrave Macmillan,1986.

[②] Lichtenberg F.R.,"The Effect of Government Funding on Private Industrial Research and Development:A Re-assessment",*The Journal of Industrial Economics*,1987.

[③] Robert E.,Lucas Jr.,"On the Mechanics of Economic Development",*Journal of Monetary Economics*,Vol.22,No.1,1988.

[④] Kaplinsky R.,Readman J.,"Globalization and Upgrading:What can (and cannot) be Learnt from International Trade Statistics in the Wood Furniture Sector?",*Industrial and Corporate Change*,Vol.14,No.4,2005.

[⑤] 宋凌云、王贤彬、徐现祥:《地方官员引领产业结构变动》,《经济学(季刊)》2012 年第 1 期。

[⑥] Lin J.Y.,Sun X.,Jiang Y.,"Endowment, Industrial Structure, and Appropriate Financial Structure:A New Structural Economics Perspective",*Journal of Economic Policy Reform*,Vol.16,No.2,2013.

[⑦] 储德银、建克成:《财政政策与产业结构调整——基于总量与结构效应双重视角的实证分析》,《经济学家》2014 年第 2 期。

[⑧] Barakat A.,"The Impact of Financial Structure, Financial Leverage and Profitability on Industrial Companies Shares Value (Applied Study on a Sample of Saudi Industrial Companies)",*Research Journal of Finance and Accounting*,Vol.5,No.1,2014.

二、稳健性检验

(一)对外直接投资变量的稳健性检验

前文模型回归时使用中国"一带一路"沿线经济体直接投资流量数据衡量 $OFDI_{it}$,虽然直接、真实地反映了每年的新增投资数量,但忽视了产业结构升级无法一蹴而就的规律和特征(邱立成、王凤丽,2008)[①]。因此,现采用更加稳定的存量数据作为 $OFDI_{it} \, Policy\_3_{it}$ 的指标重新进行实证分析,以验证上文结论对于变量选取的稳健性。表4-4结果说明核心解释变量和控制变量的显著性水平和经济意义与前文结论一致。

表4-4　对外直接投资变量的稳健性检验

变量	混合最小二乘		固定效应		随机效应	
	(1) *Industry_1*	(2) *Industry_2*	(3) *Industry_1*	(4) *Industry_2*	(5) *Industry_1*	(6) *Industry_2*
ln*OFDI*	0.0021712[*] (0.0172524)	0.0066117[*] (0.0200937)	0.0097055[*] (0.0153207)	0.0101291[*] (0.0186383)	0.021285[*] (0.0159631)	0.025043[*] (0.0192564)
Tech	0.1812049[***] (0.0563824)	0.2354116[***] (0.0656681)	0.0769351[*] (0.0511107)	0.0947651[*] (0.0621783)	0.0303648[*] (0.0535569)	0.035030[*] (0.0646344)
Open	0.2258927[***] (0.0178970)	0.2650914[***] (0.0208445)	-0.0435224[**] (0.0252968)	-0.0557891[*] (0.0307747)	0.0327725[*] (0.0241727)	0.0415562[*] (0.0289133)
GDP	0.3098339[***] (0.0433736)	0.3396758[***] (0.0505169)	0.2421207[***] (0.0944812)	0.2247939[**] (0.1149405)	0.1112251[*] (0.0747184)	0.1731986[**] (0.0882473)
Fiscal	-0.0857398[***] (0.0346402)	-0.1002011[**] (0.0403451)	0.2463722[***] (0.0689351)	0.2468556[***] (0.0838626)	-0.0228242 (0.055180)	0.0597197 (0.0652761)
常数项	-0.4642416[**] (0.2255529)	-0.7175623[***] (0.2626994)	-0.4255648 (0.4631622)	-0.3472365 (0.5634569)	0.5208241[*] (0.3968061)	0.6350387[*] (0.4708604)
Observations	450	450	450	450	450	450

注:( )内数值为回归系数的标准误差,[***]、[**]和[*]分别表示在1%、5%、10%的水平上显著。

[①]　邱立成、王凤丽:《我国对外直接投资主要宏观影响因素的实证研究》,《国际贸易问题》2008年第6期。

（二）技术进步变量的稳健性检验

为了检验结果的可靠性,本书又从《中国统计年鉴》中寻得各省（自治区、直辖市）的专利申请授权量（项）作为技术进步的代理指标,进行变量的稳健性检验。此指标能够从侧面刻画各省（自治区、直辖市）的技术创新能力,反映其自主开发知识产权的设计成果和科技情况（傅元海等,2014）。结论与前文相同,说明上文的实证结果是可靠的（见表4-5）。

表4-5　技术进步变量的稳健性检验

变量	混合最小二乘		固定效应		随机效应	
	（1） Industry_1	（2） Industry_2	（3） Industry_1	（4） Industry_2	（5） Industry_1	（6） Industry_2
lnOFDI	0.0050459 * (0.0122917)	0.0034076 * (0.0142699)	0.0050250 * (0.007994)	0.0055728 * (0.0097688)	0.0086632 * (0.0084245)	0.0098105 * (0.0102185)
Tech	0.1779425 *** (0.0215025)	0.2152426 *** (0.0249629)	0.1214678 *** (0.0266761)	0.1359783 *** (0.0325983)	0.1510520 *** (0.025191)	0.1778868 *** (0.030213)
Open	0.109282 *** (0.0211551)	0.1244845 *** (0.0245597)	−0.0437391 * (0.0246706)	−0.0558619 * (0.0301475)	0.0088716 (0.0235527)	0.0118302 (0.0282849)
GDP	0.4260411 *** (0.0348661)	0.4864683 *** (0.0404772)	0.2830379 *** (0.0905981)	0.2725601 *** (0.1107113)	0.1073335 * (0.0678915)	0.1737606 ** (0.0798184)
Fiscal	−0.3693656 *** (0.0444240)	−0.4428236 *** (0.0515734)	0.1355910 ** (0.0708964)	0.1219201 * (0.0866357)	−0.1760598 *** (0.0576623)	0.2431079 *** (0.0684375)
常数项	−0.9024706 *** (0.2679096)	−0.9359086 *** (0.3110255)	−0.5545169 (0.4617984)	−0.4892074 (0.5643195)	0.6764062 * (0.3852905)	0.8508743 * (0.4572587)
Observations	450	450	450	450	450	450

注:（　）内数值为回归系数的标准误差,***、** 和 * 分别表示在1%、5%、10%的水平上显著。

经过对钱纳里标准结构模型的修正,本章锁定我国向"一带一路"沿线经济体对外直接投资、技术进步、经济开放度、人均国内生产总值和政府财政支出共五个解释变量,使用我国30个省(自治区、直辖市)的面板数据,诠释这五个解释变量对我国产业结构升级的影响作用。研究结果说明,我国对"一带一路"沿线经济体的直接投资总量、自身技术进步水平、经济开放程度、人均国内生产总值均对我国产业结构升级有积极作用;但政府的财政支持的影响系数则显示为负值,证明了政策干预对产业结构升级有抑制作用。

第五章　基于技术进步路径的实证检验

——以"一带一路"沿线发达经济体为样本

　　上一章实证检验结果显示,我国对"一带一路"沿线经济体的直接投资存在显著的产业结构升级效应。那么,这种积极的促进效应是通过哪种路径传导实现的呢? 对于不同经济发展阶段的投资对象国,传导路径是否相同呢? 本书在第二章阐述了对外直接投资的母国产业结构升级效应,认为效应的第一种传导渠道就是对发达经济体逆梯度投资所产生的母国技术进步中介作用。

　　通过对外直接投资逆向技术溢出效应促进母国技术创新,是发展中国家推动产业结构升级的重要途径。经典的对外直接投资理论聚焦分析母国的投资动因与模式(Hymer, 1976; Buckley 和 Casson, 1976; Dunning, 1981),这就意味着技术溢出的方向是从母国至东道国,而对外直接投资对于母国的技术反哺效应则被忽视。随着全球经济竞争与合作广度和深度不断加大,对外直接投资作为一国获取、利用和吸收国外技术创新资源的有效方式,从东道国传导至母国的逆向技术溢出和技术革新作用越来越成为推动母国产业结构升级的重要路径。

　　国内外学者关于对外直接投资、技术进步与产业结构这三个变量两两关系的研究颇为成熟,主要分解为三个模块:一是对外直接投资对产业结构的影响(Lewis,1978;Kojima,1978;Bernard 等,2003[1];卜伟、易倩,2015);二是对外直接投资的母国技术进步效应(Kogut 和 Chang,1991;Teece,1992[2];Siotis,1999[3];李蕊,2003[4];赵伟等,2006;邹明,2008[5]);三是技术溢出的产业结构升级作用(Arrow,1962[6];Romer,1986[7];Breschi 和 Malerba,1997[8];Andersson 和 Karlsson,2004[9];王丽、韩玉军,2017[10])。但是,综合考虑对外直接促进母国技术进步进而推动产业结构升级效应的文献比较欠缺。技术积累是促进一国的经济增长和产业发展的重要因素,而发展中国家的技术进步与对外直接投资增长息息相关。在投资过程中,一国可通过学习经验和组织能力积累技术,促进产业结构升

[1]　Bernard A.B.,Eaton J.,Jensen J.B.,et al.,"Plants and Productivity in International Trade", *American Economic Review*,No.1,2003.

[2]　Teece D. J., "Foreign Investment and Technological Development in Silicon Valley", *California Management Review*,No.34,1992.

[3]　Siotis G., "Foreign Direct Investment Strategies and Sirm's Capabilities", *Journal of Economics and Management Strategy*,No.8,1999.

[4]　李蕊:《跨国并购的技术寻求动因解析》,《世界经济》2003 年第 2 期。

[5]　邹明:《我国对外直接投资对国内全要素生产率的影响》,《北京工业大学学报(社会科学版)》2008 年第 8 卷第 6 期。

[6]　Arrow K., *Economic Welfare and Allocation of Resources for Invention*,Princeton University Press,1962.

[7]　Romer P.M., "Increasing Returns and Long-run Growth", *Journal of Political Economy*, Vol.94,No.5,1986.

[8]　Breschi S.,Malerba F.,"Sectoral Innovation Systems:Technological Regimes,Schumpeterian Dynamics,and Spatial Boundaries", *Systems of Innovation:Technologies,Institutions and Organization*, No.2,1997.

[9]　Andersson M.,Karlsson C.,"The Role of Accessibility for Regional Innovation Systems", *Federal Reserve Bank of St Louis*,No.3,2004.

[10]　王丽、韩玉军:《OFDI 逆向技术溢出与母国产业结构优化之间的关系研究》,《国际商务(对外经济贸易大学学报)》2017 年第 5 期。

级(Cantwell 和 Tolentino,1990),使母国从农产品、原材料出口国升级为高技术出口国(Lipsey,2002)。在实证层面,这一观点在各国具体国情中也得到了证实(Driffield 和 Love,2003[①];Branstetter,2006;霍忻,2016[②];刘雪娇,2017[③])。

自 2013 年我国的"一带一路"倡议提出至今,亚洲、欧洲、非洲国家应者云集,我国对发达国家高技术产业投资占比激增。2021 年,据国家知识产权局统计,我国在沿线经济体申请的发明专利公开量达到 8596 件,同比增长 29.4%。那么,各地区"走出去"的企业是否通过技术进步的反哺效应促进了我国产业结构升级(姚战琪,2017;冯巧娜,2018[④])?影响其主要因素有哪些?如何敦促各省(自治区、直辖市)通过对外直接投资中的技术进步路径优化产业结构?这些问题具有重要的研究价值,但在学术界尚未得到理论和实证方面的足够理解。

鉴于此,本章采用中国除西藏、港澳台外的 30 个省(自治区、直辖市)的面板数据,重点考察各地区向"一带一路"沿线发达经济体逆梯度投资的产业结构效应,以期对已有研究成果进行拓展。本书将一国通过对外直接投资途径产生的母国技术进步效应纳入了产业结构升级的研究框架,从技术进步中介效应和母国吸收能力的两个视角探索对外直接投资推动母国产业结构升级的作用。

---

① Driffield N., Love J. H., "Foreign Direct Investment, Technology Sourcing and Reverse Spillovers", *The Manchester School*, Vol.71, No.6, 2003.

② 霍忻:《中国对外直接投资逆向技术溢出的产业结构升级效应研究》,首都经济贸易大学 2016 年博士学位论文。

③ 刘雪娇:《GVC 格局、ODI 逆向技术溢出与制造业升级路径研究》,对外经济贸易大学 2017 年博士学位论文。

④ 冯巧娜:《"一带一路"背景下中国 OFDI 逆向技术溢出对本国产业结构的影响》,浙江工商大学 2018 年博士学位论文。

我们着重将地理畛域锁定在"一带一路"沿线,深入分析我国向沿线的发达经济体逆梯度投资技术进步影响产业结构的省际差异。

第一节　基于技术进步的中介效应

一、模型设定与检验步骤

基于前文的理论逻辑论述,中国向"一带一路"沿线经济体直接投资的产业结构升级效应,其传导路径之一就是通过对发达经济体逆梯度投资所获取的技术进步效应,即"对外直接投资—母国技术进步—母国产业结构升级"。可以观得,此链条从起点到终点的通达实施,母国技术进步在其中的中介作用十分关键。鉴于此,本节参照前人设定中介效应模型的方法(Judd 和 Kenny,1981[①];Baron 和 Kenny,1986[②];温忠麟等,2004[③];陈昊,2018;周凯轩、袁潮清,2019[④]),将母国技术进步作为中介变量,探索我国向"一带一路"沿线经济体直接投资、母国技术进步和母国产业结构升级三者的关系。

中介效应模型的形式为:

$$Y = cX + e_1 \qquad (5-1)$$

①　Judd C.M.,Kenny D.A.,"Process Analysis Estimating Mediation in Treatment Evaluations", *Evaluation Review*,Vol.5,No.5,1981.

②　Baron R. M., Kenny D. A., " The Moderator – Mediator Variable Distinction in Social Psychological Research:Conceptual,Strategic,and Statistical Considerations", *Journal of Personality and Social Psychology*,Vol.51,No.6,1986.

③　温忠麟、张雷、侯杰泰、刘红云:《中介效应检验程序及其应用》,《心理学报》2004 年第 5 期。

④　周凯轩、袁潮清:《金融支持对光伏产业上市公司绩效的影响——基于技术创新的中介效应研究》,《金融与经济》2019 年第 7 期。

$$M = aX + e_2 \qquad (5-2)$$

$$Y = dX + bM + e_3 \qquad (5-3)$$

基于此,本书构建递归方程用以进行中介效应分析,分为三个模型。同时,为了消除异方差,对变量进行取对数处理。

$$\ln Industry_{it} = \alpha_0 + \alpha_1 \ln OFDI_{it}\_developed + \alpha_2 \ln Open_{it}$$
$$+ \alpha_3 \ln GDP_{it} + \alpha_4 \ln Fiscal_{it} + \varepsilon_{it} \qquad (5-4)$$

$$\ln Technology_{it} = \beta_0 + \beta_1 \ln OFDI_{it}\_developed + \beta_2 \ln Open_{it}$$
$$+ \beta_3 \ln GDP_{it} + \beta_4 \ln Fiscal_{it} + \varepsilon_{it} \qquad (5-5)$$

$$\ln Industry_{it} = \gamma_0 + \gamma_1 \ln OFDI_{it\,developed} + \gamma_2 \ln Technology_{it}$$
$$+ \gamma_3 \ln Open_{it} + \gamma_4 \ln GDP_{it} + \gamma_5 \ln Fiscal_{it} + \varepsilon_{it}$$

$$(5-6)$$

本节选取的大部分变量和指标与上一章一致,i 表示 i 省(自治区、直辖市),t 表示年份。$Industry_{it}$ 是 i 省(自治区、直辖市)t 年的产业结构指数,$OFDI_{it}\_developed$ 表示 i 省(自治区、直辖市)t 年向"一带一路"沿线的发达经济体直接投资流量,$Technology_{it}$ 是技术进步,$Open_{it}$ 为经济开放程度,GDP_{it} 是人均国内生产总值,$Fiscal_{it}$ 表示政府财政支持力度。

基于母国技术进步的中介效应模型,本书重点检验的是我国"对'一带一路'沿线发达经济体对外直接投资—母国技术进步—母国产业结构升级"理论逻辑是否成立,具体细分为五个步骤:

第一步,不加入技术进步解释变量,着重探讨我国向"一带一路"沿线发达经济体直接投资对产业结构的影响,也就是根据前文模型(5-4)进行回归分析,如果系数 α_1 显著为正,则继续进行检验;如果系数不显著,则终止检验。

第二步,将技术进步替换为被解释变量,主要解释我国向"一带一路"沿线发达经济体直接投资对本国技术进步的作用,即按照式(5-5)进行实证分析。

第三步,纳入技术进步解释变量,用式(5-6)重点分析我国向"一带一路"沿线发达经济体直接投资和技术进步中介变量对产业结构的影响。

第四步,观察第二步的回归系数 β_1 和第三步的回归系数 γ_2,若二者均显著则说明技术进步的中介效应确实存在,继续进行第五步。如果 β_1 和 γ_2 至少有一个不显著,则进行 Sobel 检验,若统计量显著,说明技术进步的中介效应存在,如果不显著,则停止分析。

第五步,观察 γ_1 的显著性。如果 γ_1 显著,说明"我国对沿线发达经济体直接投资—技术进步—产业结构升级"逻辑链条中的技术进步中介效应部分存在;如果 γ_1 不显著,说明技术进步中介效应完全引致了对外直接投资对产业结构升级的作用。

二、变量选取与数据说明

由式(5-4)、式(5-5)和式(5-6)可知,基于母国技术进步的中介效应模型选取的变量与上一章雷同。唯一不同的是变量 $OFDI_{it}\_developed$,由于一国获取对外直接投资逆向技术溢出的东道国对象往往是经济技术水平高于母国的国家,因此,本章要研究的对外直接投资对象国仅限于"一带一路"沿线的发达经济体。 $OFDI_{it}\_developed$ 的核算方法如下:

首先,笔者按照《全球竞争力报告》中对发达经济体、转型经济体和发展中经济体的分类方法,从前文的 76 个"一带一路"沿线经济体样本中筛选出 27 个发达经济体,具体包括澳大利亚、奥地利、比利时、塞浦路斯、丹麦、芬兰、法国、德国、希腊、爱尔兰、以色列、意大利、日本、韩国、卢森堡、荷兰、新西兰、挪威、葡萄牙、新加坡、南非、西班牙、瑞典、瑞士和英国等,探讨我国向这27个国家和地区直接投资通过技术进步路径产生的产业结构升级效应。

　　然后,与上一章计算我国向"一带一路"沿线76个经济体的投资数据方法相同,笔者通过《境外投资企业(机构)名录数据库》计算各省(自治区、直辖市)在"一带一路"沿线27个发达经济体的境外投资企业数量占其境外投资企业总数量的比重μ_{it},最后用各省(自治区、直辖市)每年的对外直接投资总量乘以μ_{it},得出各省(自治区、直辖市)向"一带一路"沿线发达经济体的直接投资总量结果$OFDI_{it\_developed}$。

　　与上一章相同,本章利用我国除西藏、港澳台外的30个省(自治区、直辖市)数据进行实证分析。主要指标的计算方法、数据来源与描述性统计结果如表5-1和表5-2所示。

表5-1　变量的计算方法与数据来源

变量	指标		计算方法	数据来源
Industry	Industry_1	四个维度的加权平均值	$Industry\_1 = \sum_{j=1}^{4} w_j v_{it}^j$	中国统计年鉴、中国环境统计公报
	Industry_2	四个维度的简单平均值	$Industry\_2 = \frac{1}{4}\sum_{j=1}^{4} v_{it}^j$	
OFDI_developed	OFDI_developed_1	向"一带一路"沿线发达经济体的直接投资流量	$OFDI_{it} = OFDI \times \mu_{it}$	中国对外直接投资统计公报、境外投资企业(机构)名录数据库
	OFDI_developed_2	向"一带一路"沿线发达经济体的直接投资存量	$OFDI_{it} = OFDI \times \mu_{it}$	
Technology	技术进步指数		$Technology = \left[\frac{d_{oc}^t(y_{t+1}, x_{t+1})}{d_{oc}^t(y_t, x_t)}, \frac{d_{oc}^{t+1}(y_{t+1}, x_{t+1})}{d_{oc}^{t+1}(y_t, x_t)} \right] / 2$	中国统计年鉴、中国科技统计年鉴

续表

变量	指标	计算方法	数据来源
Open	进出口额占国内生产总值的比重	$Open_{it} = \dfrac{Export_{it} + Import_{it}}{GDP_{it}}$	中国统计年鉴
GDP	人均国内生产总值	$GDP_{it} = \dfrac{\sum GDP_{it}}{Population_{it}}$	中国统计年鉴
Fiscal	地方财政一般预算支出额	无计算过程	中国统计年鉴

表5-2 变量的描述性统计

变量	指标	平均值	标准差	最大值	最小值
Industry_1	四个维度的加权平均值	2.98290	1.91763	13.75149	1.17776
Industry_2	四个维度的简单平均值	3.15250	2.37232	16.54781	0.90297
OFDI_developed_1	向"一带一路"沿线发达经济体的直接投资流量	68589.63	193580.1	1648979	2.032
OFDI_developed_2	向"一带一路"沿线发达经济体的直接投资存量	258190.7	713215.5	7852687	45.696
Technology	全要素生产率	0.78285	0.20695	1.458	0.316
Open	进出口额占国内生产总值的比重	44.6544	50.19465	225.6493	2.023246
GDP	人均国内生产总值	3.49169	2.26216	11.81276	0.42976
Fiscal	地方财政一般预算支出	2690.3342	2107.89013	13446.09	123.02

三、实证结果分析

(一)全样本回归分析

本书按照技术进步中介效应模型的第一个检验步骤,对模型

（5-4）进行回归分析。首先通过检验方差膨胀因子排除多重共线性，然后变换不同的回归方法和变量，设置列（1）—列（6）进行结果对照（见表5-3）。

表5-3 计量模型（5-4）的估计结果

变量	混合最小二乘		固定效应		随机效应	
	（1） Industry_1	（2） Industry_2	（3） Industry_1	（4） Industry_2	（5） Industry_1	（6） Industry_2
$\ln OFDI\_developed$	0.0012159* (0.0134783)	0.0017262* (0.0157460)	0.0055537* (0.0082118)	0.0061647* (0.0099902)	0.0108396* (0.0087894)	0.0124162* (0.0106264)
$\ln Open$	0.2236919*** (0.0175480)	0.2624250*** (0.0205004)	0.0454352* (0.0253422)	0.0577606* (0.0308306)	0.0315750* (0.0242766)	0.0398370* (0.0290489)
$\ln GDP$	0.3736343*** (0.0385740)	0.4218560*** (0.0450638)	0.2401252*** (0.0925703)	0.2245210** (0.1126183)	0.1296131** (0.070732)	0.1918808** (0.0834685)
$\ln Fiscal$	-0.0966389*** (0.0304640)	-0.1134436*** (0.0355894)	0.2472337*** (0.0683407)	0.2469005*** (0.0831413)	-0.0154439 (0.0526741)	-0.0481430 (0.0622074)
常数项	-0.4472114** (0.2325105)	-0.6907053*** (0.2716291)	-0.3388789 (0.4730557)	-0.2478440 (0.5755057)	0.6038982* (0.4021512)	0.7193041* (0.4776198)
Observations	450	450	450	450	450	450

注：（ ）内数值为回归系数的标准误差，***、**和*分别表示在1%、5%、10%的水平上显著。

其中，混合最小二乘方法回归结果在列（1）—列（2），列（3）—列（4）为固定效应的回归结果，列（5）—列（6）是随机效应的回归结果。采用加权平均法计算的产业结构指数 Industry_1 作为被解释变量回归的结果见表5-3中的列（1）、列（3）和列（5），使用简单平均法计算的产业结构指数 Industry_2 进行实证检验的结果见列（2）、列（4）和列（6）。

为了验证第一个步骤对模型（5-4）实证检验的可靠性，这里采用更稳定的存量数据作为 $OFDI_{it}\_developed\ Policy\_3_{it}$ 的代理指标重新进行实证分析，作为变量的稳健性检验，回归结果与上文一致（见表5-4）。

表 5-4　计量模型(5-4)的稳健性检验

变量	混合最小二乘		固定效应		随机效应	
	(1) Industry_1	(2) Industry_2	(3) Industry_1	(4) Industry_2	(5) Industry_1	(6) Industry_2
$\ln OFDI\_developed$	0.0005855* (0.0176884)	0.0047492* (0.0206631)	0.0107861* (0.0153311)	0.0114602* (0.0186524)	0.0273503* (0.0158751)	0.0324077* (0.0191366)
$\ln Open$	0.2228604*** (0.0188991)	0.2607207*** (0.0220774)	0.0427951* (0.0253371)	0.0548932* (0.0308262)	0.0339178* (0.0240939)	0.0422431* (0.028824)
$\ln GDP$	0.3713403*** (0.0400169)	0.4185651*** (0.0467467)	0.2530302*** (0.0943702)	0.2382317** (0.1148146)	0.0997685* (0.0736454)	0.1568241** (0.087019)
$\ln Fiscal$	-0.0993251*** (0.0344779)	-0.1178053*** (0.0402761)	0.2450660*** (0.0690521)	0.2452467*** (0.0840116)	-0.0313410 (0.0542458)	-0.0682717 (0.0641744)
常数项	-0.4351274** (0.2357760)	-0.6751764*** (0.2754268)	-0.3931276 (0.4638509)	-0.3084917 (0.5643398)	0.5469697* (0.3948020)	0.6603419* (0.4688301)
Observations	450	450	450	450	450	450

注:( )内数值为回归系数的标准误差,***、**和*分别表示在1%、5%、10%的水平上显著。

可观察到,我们向"一带一路"沿线发达经济体直接投资影响产业结构的系数 α_1 为 0.0012159(稳健性检验中为 0.0005855),且在 10% 水平上显著,因此转入第二个步骤,对式(5-5)进行回归分析,考察向"一带一路"沿线经济体直接投资对我国技术进步的影响。回归结果如表 5-5 所示,其中列(1)、列(2)和列(3)分别是混合最小二乘法、固定效应和随机效应模型的回归结果。

表 5-5　计量模型(5-5)的估计结果

变量	(1)混合最小二乘	(2)固定效应	(3)随机效应
$\ln OFDI\_developed$	0.0344630* (0.0294092)	0.0043525* (0.0158809)	0.0062634* (0.0167691)
$\ln Open$	0.6348708*** (0.0382892)	0.0139636 (0.0490098)	0.1277062*** (0.0471505)
$\ln GDP$	0.3174861*** (0.1126183)	0.3532851** (0.1790235)	0.1759962 (0.1410002)

续表

变量	（1）混合最小二乘	（2）固定效应	（3）随机效应
ln$Fiscal$	1.5157120 *** （0.0664713）	−0.9191137 *** （0.1321654）	1.0596830 *** （0.1048607）
常数项	−7.4673620 *** （0.5073300）	1.7478550 ** （0.9148512）	−0.2677001 （0.7923358）
Observations	450	450	450

注:（　）内数值为回归系数的标准误差,***、** 和 * 分别表示在 1%、5%、10%的水平上显著。

同样地,采用 $OFDI_{it}\_developed$ 存量替代流量数据,作为变量的稳健性检验,结果再次印证了检验的可靠性(见表5-6)。

表5-6　计量模型(5-5)的稳健性检验

变量	混合最小二乘	固定效应	随机效应
ln$OFDI\_developed$	0.0380737 * （0.0386151）	0.0402479 * （0.0295769）	0.0665927 ** （0.0302734）
ln$Open$	0.6301789 *** （0.0412583）	0.0079768 （0.0488808）	0.1259761 *** （0.0466240）
lnGDP	0.3166089 *** （0.0873602）	0.3050791 ** （0.1820603）	0.0927891 （0.1462146）
ln$Fiscal$	1.511761 *** （0.0752680）	0.8707404 *** （0.1332163）	0.9784177 *** （0.1074769）
常数项	−7.4896780 *** （0.5147176）	1.7321030 ** （0.8948676）	−0.1973489 （0.7759969）
Observations	450	450	450

注:（　）内数值为回归系数的标准误差,***、** 和 * 分别表示在 1%、5%、10%的水平上显著。

我国向"一带一路"沿线发达经济体直接投资影响技术进步的系数 β_1 为 0.034463（在变量的稳健性检验回归中是 0.0380737）,且在 10%水平上显著。为了着重分析我国向"一带一路"沿线发达经济体直接投资和技术进步中介变量对产业结构的影响,我们继续将技术进步纳入解释变量,对本章的式(5-6)进行回归分析,结果如表5-7所示。

表5-7　计量模型(5-6)的估计结果

变量	混合最小二乘		固定效应		随机效应	
	(1) Industry_1	(2) Industry_2	(3) Industry_1	(4) Industry_2	(5) Industry_1	(6) Industry_2
ln$OFDI\_developed$	0.0073779 * (0.0124485)	0.0057143 * (0.0144535)	0.0050251 * (0.007994)	0.0055728 * (0.0097688)	0.0098328 * (0.0084171)	0.011244 * (0.0102082)
ln$Technology$	0.1788011 *** (0.0215343)	0.2158979 *** (0.0250027)	0.1214678 *** (0.0266761)	0.1359783 *** (0.0325983)	0.1508884 *** (0.0251781)	0.1776394 *** (0.0301989)
ln$Open$	0.1101763 *** (0.0211814)	0.1253577 *** (0.0245929)	0.0437391 * (0.0246706)	0.0558619 * (0.0301475)	0.0085894 (0.023559)	0.0113919 (0.0282952)
lnGDP	0.4304012 *** (0.0362146)	0.4904006 *** (0.0420474)	0.2830379 *** (0.0905981)	0.2725601 *** (0.1107113)	0.1069677 * (0.067843)	0.1725839 ** (0.0798066)
ln$Fiscal$	-0.3676498 *** (0.0430605)	-0.4406826 *** (0.0499958)	-0.135591 ** (0.0708964)	-0.121921 * (0.0866357)	-0.1784945 *** (0.0573233)	-0.2455367 *** (0.0680198)
常数项	0.887961 *** (0.2679741)	0.9214827 *** (0.3111341)	-0.5511869 (0.4628201)	-0.4855143 (0.5655681)	0.6940297 * (0.3854057)	0.8696539 ** (0.4574874)
Observations	450	450	450	450	450	450

注:(　)内数值为回归系数的标准误差,***、** 和 * 分别表示在1%、5%、10%的水平上显著。

采用 $OFDI_{it}\_developed$ 存量数据对式(5-6)所做的变量稳健性检验结果如表5-8所示,各解释变量的系数符号与上表一致,显著性水平较高,证实了原模型回归结果的稳健性。

表5-8　计量模型(5-6)的稳健性检验

变量	混合最小二乘		固定效应		随机效应	
	(1) Industry_1	(2) Industry_2	(3) Industry_1	(4) Industry_2	(5) Industry_1	(6) Industry_2
ln$OFDI\_developed$	0.0062088 * (0.0163327)	0.0034571 * (0.0189612)	0.0059181 * (0.0149676)	0.0060076 * (0.01829)	0.0167699 * (0.0153362)	0.0197541 * (0.0185392)
ln$Technology$	0.1784509 *** (0.0215289)	0.2155373 *** (0.0249937)	0.1209504 *** (0.0267515)	0.135476 *** (0.0326895)	0.1480466 *** (0.0253611)	0.1742417 *** (0.0304272)
ln$Open$	0.1104044 *** (0.0220867)	0.1248937 *** (0.0256413)	0.0418303 * (0.0246733)	0.0538126 * (0.03015)	0.0112032 (0.0234412)	0.0142942 (0.0281436)

续表

变量	混合最小二乘		固定效应		随机效应	
	（1） Industry_1	（2） Industry_2	（3） Industry_1	（4） Industry_2	（5） Industry_1	（6） Industry_2
lnGDP	0.4278395 *** （0.0375276）	0.4868061 *** （0.0435671）	0.2899296 *** （0.092256）	0.2795626 *** （0.1127338）	0.090184 * （0.0707657）	0.1536447 ** （0.0833855）
ln$Fiscal$	-0.3691002 *** （0.0454997）	-0.4436462 *** （0.0528222）	-0.1397496 ** （0.0711609）	-0.1272823 * （0.0869563）	-0.1780542 *** （0.0579192）	-0.2463807 *** （0.0687414）
常数项	0.9014128 *** （0.2706958）	0.9391289 *** （0.31426）	-0.6026262 （0.4540519）	-0.5431501 （0.5548367）	0.6256741 * （0.3794041）	0.7973465 ** （0.450235）
Observations	450	450	450	450	450	450

注:（ ）内数值为回归系数的标准误差,***、**和*分别表示在1%、5%、10%的水平上显著。

观察上文罗列的主要回归分析结果的表格,α_1、β_1、γ_1 和 γ_2 均显著,因此有理由相信,我国向"一带一路"沿线发达经济体逆梯度直接投资的母国产业结构升级效应中,有一部分是通过技术进步路径实现的,即技术进步的中介效应确实存在。技术寻求动因在我国向"一带一路"沿线发达经济体的直接投资中占一定比重,有效对接着外部世界研究与开发资源的流动,尤其是技术密集型制造业、租赁和商务服务业、金融业、信息传输、软件和信息技术服务业的直接投资,其逆向技术溢出提升了我国的技术创新效率,缩小了母国和东道国的技术差距,打破了国际分工的既有格局,继而推动了母国产业结构的转型和升级（Fosfuri 等,2001[①];马亚明、张岩贵,2003）。国内学者陈昊（2018）将产业结构升级细分为产业结构优化和产业效率提升两个方面,其实证分析证明,中国对发达和新兴市场经济体直接投资的产业结构优化效应中,技术进步发挥了部分的中介作用,而在产业效率提升效应中,技术进步则发

---

① Fosfuri A., Motta M., Ronde T., "*Foreign Direct Investment and Spillovers through Worker's Mobility*", *Journal of International Economics*, Vol.53, No.1, 2001.

挥了完全的中介效应。本书的结论也从侧面印证了技术进步中介作用的重要性。

(二)分样本回归分析

本节把我国除西藏、港澳台外的 30 个省(自治区、直辖市)按照上文计算的产业结构升级指数和技术进步指数平均值进行高低分类,将上海市、北京市、天津市、浙江省、江苏省、福建省、海南省、广东省、江西省和辽宁省归入产业结构升级程度较高的地区,把山东省、安徽省、四川省、湖南省、黑龙江省、河北省、河南省、重庆市、湖北省和吉林省纳入产业结构升级程度居中的地区,将山西省、青海省、陕西省、宁夏回族自治区、广西壮族自治区、新疆维吾尔自治区、内蒙古自治区、甘肃省、云南省和贵州省归入产业结构升级程度较低的地区。

其中,产业结构优化升级程度较高的省(自治区、直辖市)集中在东部沿海地区,但辽宁省、山东省和河北省较为薄弱,也可以从侧面看出投资条件便利的东部沿海地区从中得到的产业结构调整红利。产业结构优化升级程度较低的省(自治区、直辖市)集中在西部内陆地区,但四川省和重庆市排名相对靠前。受城镇化进程加快、产业调整政策、工业品出口下行等因素影响,江西省、安徽省、四川省、湖南省和黑龙江省等依赖传统资源的中西部内陆地区近年来产业结构升级速度明显加快,这与我国各地区的经济发展阶段相吻合。

根据本书对我国 30 个省(自治区、直辖市)技术进步水平的测算结果,将江苏省、广东省、浙江省、山东省、北京市、上海市、四川省、安徽省、福建省和河南省归入技术进步水平较高的地区,把湖北省、重庆市、湖南省、天津市、辽宁省、陕西省、河北省、黑龙江省、江西省和广西壮族自治区纳入技术进步水平居中的地区,将山西省、云南省、贵州省、吉林省、新疆维吾尔自治区、甘肃省、内蒙古自治区、宁夏回族自治区、海南省和青海省归入技术进步水平较低的地区。

总体来说,这两个变量均值较高的省(自治区、直辖市)均集中在东部地区,其次是中部地区,西部地区最低,这从侧面刻画了我国各地区对"一带一路"沿线发达经济体逆梯度直接投资获得技术进步从而推动产业结构升级的区域差异。

为了进一步验证这种区域性差异,在上文全样本实证分析的基础上,采用样本分类的思路再次探讨技术进步路径下我国对"一带一路"沿线经济体逆梯度直接投资的产业结构效应问题,主要目标有二:一是采用分样本的稳健性检验方法验证全样本分析结论的可靠性;二是追溯此问题是否在我国具有地区差异性以及差异情况如何? 本书将我国除西藏、港澳台外的30个省(自治区、直辖市)分为东部、中部、西部地区三组,进行分样本回归分析。

为了科学反映我国不同区域的对外开放程度、技术进步水平和产业结构状况,本书参照国家统计局对东部、中部、西部地区的划分方法,将30个省(自治区、直辖市)样本分为:东部地区(包括北京市、天津市、河北省、辽宁省、上海市、江苏省、浙江省、福建省、山东省、广东省、海南省),中部地区(包括山西省、吉林省、黑龙江省、安徽省、江西省、河南省、湖北省、湖南省)和西部地区(包括内蒙古自治区、广西壮族自治区、重庆市、四川省、贵州省、云南省、陕西省、甘肃省、青海省、宁夏回族自治区、新疆维吾尔自治区)。

分样本回归分析过程中,模型设定、变量选取和实证检验方法均与全样本分析一致,在此不赘述技术进步中介效应模型中五个回归步骤的结果,仅罗列包括所有解释变量的计量模型(5-6)的回归结果。其中,列(1)、列(2)为东部地区样本,列(3)、列(4)是中部地区样本,列(5)、列(6)是西部地区样本,列(1)、列(3)、列(5)是用加权平均值计算的产业结构指数 industry_1 进行回归分析的结果,列(2)、列(4)、列(6)是用简单平均值核算的产业结构指数 industry_2 实证检验的结果。具体回归结果如表 5-9 所示。

表 5-9　计量模型(5-6)的估计结果

变量	东部		中部		西部	
	(1) *Industry_1*	(2) *Industry_2*	(3) *Industry_1*	(4) *Industry_2*	(5) *Industry_1*	(6) *Industry_2*
ln*OFDI_developed*	0.0077674 * (0.008375)	0.0118049 * (0.0110904)	0.0062832 * (0.028286)	0.0036856 * (0.0321749)	0.0166243 * (0.0138342)	0.0199422 * (0.016861)
ln*Technology*	0.1143293 *** (0.0155674)	0.1435042 *** (0.0206147)	0.0832321 ** (0.0429068)	0.1030333 ** (0.0488057)	0.0111031 (0.0363217)	0.0107144 (0.0442686)
ln*Open*	0.0021788 (0.018443)	0.0021149 * (0.0244227)	0.1232188 *** (0.0501173)	0.1393072 ** (0.0570075)	0.0477523 (0.0426618)	0.0582605 (0.0519958)
ln*GDP*	0.1499208 *** (0.0264806)	0.1913844 *** (0.0350662)	0.8482201 *** (0.0746057)	0.9458798 *** (0.0848627)	0.1452756 ** (0.0695072)	0.1902438 ** (0.0847148)
ln*Fiscal*	-0.1898564 *** (0.0286465)	-0.2435045 *** (0.0379343)	-0.3985486 *** (0.0908073)	-0.4755233 *** (0.1032917)	0.2096876 *** (0.0790275)	0.2580187 *** (0.096318)
常数项	0.9458889 *** (0.1792814)	0.9536739 *** (0.2374082)	1.351572 *** (0.5706644)	1.517851 ** (0.6491207)	-0.7130404 (0.5196504)	-1.083867 * (0.633345)
Observations	165	165	120	120	165	165

注:( )内数值为回归系数的标准误差,*** 、** 和 * 分别表示在 1%、5%、10% 的水平上显著。

通过分样本回归结果可知,东部、中部、西部地区回归系数 α_1、β_1、γ_1 和 γ_2 均为正,且至少在 10% 水平上显著,技术进步中介作用在我国三大地区向"一带一路"沿线经济体直接投资的产业结构升级效应中确实存在,分组后所有解释变量的显著性水平和经济意义皆与全样本下得出的结论一致。各地区的中介效应程度可通过下式计算：

$$东部地区的技术进步中介效应程度 = \frac{中介效应}{总效应} = \frac{\beta_1 \times \gamma_2}{\alpha_1} = \frac{0.083115 \times 0.1143293}{0.0172699} = 0.5502;$$

$$中部地区的技术进步中介效应程度 = \frac{中介效应}{总效应} = \frac{\beta_1 \times \gamma_2}{\alpha_{1.}} = \frac{0.0641765 \times 0.0832321}{0.0116247} = 0.4595;$$

$$西部地区的技术进步中介效应程度 = \frac{中介效应}{总效应} = \frac{\beta_1 \times \gamma_2}{\alpha_1} = \frac{0.0434252 \times 0.0111031}{0.0171064} = 0.0282。$$

通过比较发现，东部地区的技术进步在对"一带一路"沿线发达经济体直接投资推动产业结构升级中的中介作用最大，达到55.02%，中部地区次之（45.95%），而西部地区（2.82%）由于经济增长质量偏低、研发资本薄弱和市场开放程度不足，技术进步的中介效应最小。

第二节　基于母国吸收能力的调节效应

一、模型设定

从上一节内容可知，对外直接投资促进产业结构升级的传导链条"对外直接投资—母国技术进步—母国产业结构升级"中，母国技术进步的中介效应十分关键。本节将探讨影响母国技术进步中介效应的关键因素，即母国对技术的消化吸收能力（Cohen 和

Levinthal,1990[1];茹玉骢,2004[2];陈岩,2011)。基于母国吸收能力的视角,进一步观察我国向"一带一路"沿线发达经济体直接投资逆向技术溢出影响母国技术进步从而推动产业结构升级的实证效应。本书借鉴了陈岩(2011)构建模型的方法,设定计量模型如下:

$$\ln Technolog\ y_{it} = \beta_0 + \beta_1 \ln S_{it}^{OFDI} + \beta_2 \ln S_{it}^{D} + \beta_3 \ln T D_{it} + \beta_4 \ln HR_{it}$$
$$+ \beta_5 \ln Open_{it} + \beta_6 \ln S_{it}^{OFDI} \times \ln TD_{it} + \beta_7 \ln S_{it}^{OFDI} \times \ln HR_{it}$$
$$+ \beta_8 \ln S_{it}^{OFDI} \times \ln Open_{it} + \varepsilon_{it} \qquad (5-7)$$

其中,$Technology_{it}$ 为 t 年 i 省的技术进步水平,S_{it}^{D} 为各省(自治区、直辖市)研发资本存量,S_{it}^{OFDI} 为各省通过向"一带一路"沿线经济体直接投资路径获取的国外研发资本存量,其系数 β_1 估计系数意味着当 S_{it}^{OFDI} 的数量比重增加 1 个百分点,我国技术进步 $Technology_{it}$ 将增长 β_1 个百分点。TD_{it}、HR_{it} 和 $Open_{it}$ 是控制变量,分别代表 t 年各省(自治区、直辖市)与"一带一路"沿线经济体的技术差距、各省(自治区、直辖市)的人力资本和经济开放度。技术差距和经济开放度表示了母国模仿、获取对外直接投资逆向技术外溢的机会,人力资本表征着母国消化和转化技术的能力。β_0 为常数项,ε_{it} 为残差项。

二、变量选取与数据说明

(一)被解释变量

与上一章的技术进步指标衡量方法相同,本章模型中的

---

[1]　Cohen W.M., Levinthal D.A., "Absorptive Capacity: A New Perspective on Learning and Innovation", *Administrative Science Quarterly*, 1990.

[2]　茹玉骢:《技术寻求型对外直接投资及其对母国经济的影响》,《经济评论》2004 年第 2 期。

$Technology_{it}$ 变量仍然采用从 Malmquist 全要素生产率中分解出的技术进步指数来表示。

(二)核心解释变量

本节的核心解释变量是各省(自治区、直辖市)通过向"一带一路"沿线发达经济体直接投资获取的国外研发资本。由于我国各省(自治区、直辖市)对外投资数据缺失严重,本节参照姚战琪(2017)的衡量方法,先计算全国向"一带一路"沿线发达经济体直接投资获取的国外研发资本 S_t^{OFDI},再根据各省(自治区、直辖市)对外直接投资总额占全国的比重,对其进行推算。计算过程如下:

$$S_t^{OFDI} = \sum_{j=1}^{n} \frac{OFDI_{jt}}{Y_{jt}} S_{jt} \qquad (5-8)$$

上式中,S_t^{OFDI} 表示我国 t 年通过向"一带一路"沿线发达经济体直接投资而吸收的国外研发资本存量。在此,本节借鉴了霍忻(2017)[1]等大多数学者的方法,以国内生产总值为基准变量衡量我国获取的国外研发资本存量。Y_{jt} 是"一带一路"沿线 j 国 t 年的国内生产总值,$OFDI_{jt}$ 表示我国 t 年对 j 国的对外直接投资总额,S_{jt} 是"一带一路"沿线 j 国 t 年的研发资本存量。接下来计算省级层面的结果:

$$S_{it}^{OFDI} = \frac{OFDI_{it} / OFDI_t}{S_t^{OFDI}} \qquad (5-9)$$

上式中,S_{it}^{OFDI} 为 t 年 i 省(自治区、直辖市)通过向"一带一路"沿线发达经济体对外直接投资而吸收的国外研发资本存量,

---

① 霍忻:《中国 TSFDI 逆向技术溢出对国内技术水平提升影响程度研究——基于溢出机制和影响因素的视角》,《世界经济研究》2017 年第 7 期。

$OFDI_{it}$ 为 t 年 i 省(自治区、直辖市)对外直接投资总额,$OFDI_t$ 是 t 年我国对外直接投资总额,S_t^{OFDI} 为前文中全国层面计算出的结果。需要说明的是,对外直接投资流量数据反映了对外直接投资的变化特点,时效性较强,本节先用流量数据计算 $S_t^{OFDI}\_1$ 进行实证分析。而对外直接投资存量数据反映了对外直接投资前期累积的特征,我们用其计算 $S_t^{OFDI}\_2$ 进行变量的稳健性检验。

(三)控制变量

第一,国内研发资本是实现技术外溢的基本条件,进而对本国技术进步水平提升产生重要影响。根据研发资本存量自我累积和路径依赖特征(Cohen 和 Levintha,1990),本节采用永续盘存法测算各省(自治区、直辖市)的研发存量。具体算法为:

$$S_{it}^{D} = (1 - \delta) S_{it-1}^{D} + RD_{it} \qquad (5-10)$$

其中,S_{it}^{D} 和 S_{it-1}^{D} 分别为 i 省(自治区、直辖市)t 年和 $t-1$ 年的研发资本存量。δ 为折旧率,由于我国技术实际使用年限为 14 年,通过取倒数可推算折旧率是 7.14%。RD_{it} 是 i 省(自治区、直辖市)t 年的实际研发支出,基期是 2003 年,本书参照陈岩(2011)等的方法测算 2003 年各省(自治区、直辖市)的研发资本存量:

$$S_{i2003}^{D} = \frac{RD_{i2003}}{g + \delta} \qquad (5-11)$$

上式中,S_{i2003}^{D} 为本书样本数据起始年 2003 年 i 省(自治区、直辖市)的国内研发资本存量,RD_{i2003} 为 i 省(自治区、直辖市)2003 年的研发资本支出流量,g 为 i 省(自治区、直辖市)研发支出的平均增长率。

第二,技术差距。技术作为独立于劳动力和资本的第三种生产要素,其国内外差距在很大程度上影响了技术扩散、转移的方向和幅度。本节使用我国与"一带一路"沿线经济体在《全球竞争力报告》中第 9 项指标"Technological readiness"的比率来衡量国内外技术差距,继而按照各省(自治区、直辖市)与全国平均水平的比值来推算各省(自治区、直辖市)与"一带一路"沿线经济体的技术差距。

第三,人力资本。一国人力资本水平代表了国民受教育水平、知识和技能程度,能够直接影响母国吸收对外直接投资逆向技术溢出的能力,因此本书将此变量纳入实证分析框架,用各省(自治区、直辖市)普通高等学校毕业生数指标进行测量。

第四,经济开放度。贸易自由化不仅代表一国更多的进出口机会,更意味着更多向外界学习技术、提高创新能力的机会。这里与上一章相同,用各省(自治区、直辖市)进出口额占国内生产总值的比重来表示开放程度。

具体计算方法、数据来源与描述性统计结果如表 5-10 和表 5-11 所示。

表 5-10　变量的计算方法与数据来源

变量	指标	计算方法	数据来源
$Technology$	技术进步指数	$Technology = \left[\dfrac{d_{oc}^t(y_{t+1}, x_{t+1})}{d_{oc}^t(y_t, x_t)}, \dfrac{d_{oc}^{t+1}(y_{t+1}, x_{t+1})}{d_{oc}^{t+1}(y_t, x_t)}\right] / 2$	中国统计年鉴、中国科技统计年鉴
S^{OFDI}	向"一带一路"沿线发达经济体直接投资获取的国外研发资本存量(使用对外直接投资流量数据计算)	$S_{it}^{OFDI} = \dfrac{OFDI_{it} / OFDI_t}{S_t^{OFDI}}$	中国统计年鉴、中国科技统计年鉴、世界银行数据库、中国对外直接投资统计公报
	向"一带一路"沿线发达经济体直接投资获取的国外研发资本存量(使用对外直接投资存量数据计算)	$S_{it}^{OFDI} = \dfrac{OFDI_{it} / OFDI_t}{S_t^{OFDI}}$	

变量	指标	计算方法	数据来源
S^D	国内研发资本存量	$S_{it}^D = (1-\delta)\,S_{it-1}^D + RD_{it}$	中国统计年鉴、中国科技统计年鉴
TD	与"一带一路"沿线发达经济体的技术差距	无计算过程	全球竞争力报告
HR	普通高等学校毕业生数	无计算过程	中国统计年鉴
$Open$	进出口额占国内生产总值的比重	$Open_{it} = \dfrac{Export_{it} + Import_{it}}{GDP_{it}}$	中国统计年鉴

表 5-11　变量的描述性统计

变量	指标	平均值	标准差	最大值	最小值
$Technology$	技术进步指数	0.78285	0.20695	1.458	0.316
S^{OFDI}_1	向"一带一路"沿线发达经济体直接投资获取的国外研发资本存量（使用对外直接投资流量数据计算）	0.57595	2.15811	21.83751	0.00001
S^{OFDI}_2	向"一带一路"沿线发达经济体直接投资获取的国外研发资本存量（使用对外直接投资存量数据计算）	0.57595	2.64193	34.87889	0.00034
S^D	国内研发资本存量	256.17175	365.23460	2607.3272	0.19774
TD	与"一带一路"沿线发达经济体的技术差距	2.04686	1.47905	10.05610	1.01353
HR	普通高等学校毕业生数	17.68482	12.07137	50.91000	0.58000
$Open$	进出口额占国内生产总值的比重	44.6544	50.19465	225.6493	2.023246

三、实证结果分析

（一）全样本回归分析

上文的实证分析证明了技术进步的中介作用在我国向"一带一路"沿线发达经济体直接投资的产业结构升级效应中的存在

性,而对外直接投资促进母国产业结构升级效应中的技术进步中介作用,与母国技术创新吸收能力息息相关。本节拟基于母国吸收能力的视角,进一步分析我国对"一带一路"沿线经济体对外直接投资反向技术溢出对母国技术进步的影响。

本节设置了两种计量模型,对引入交叉项因素前后的回归效果进行对比。表5-12中,列(1)、列(3)、列(5)没有加入交叉项,列(2)、列(4)、列(6)加入了核心解释变量S_{it}^{OFDI}与技术差距、人力资本、贸易开放度的交叉项。然后,本书使用混合最小二乘法、固定效应和随机效应模型进行实证检验。

表5-12　计量模型(5-7)的估计结果

变量	混合最小二乘		固定效应		随机效应	
	(1)	(2)	(3)	(4)	(5)	(6)
$\ln S_{it}^{OFDI}$	0.0082538 * (0.0081359)	0.0601861 * (0.0894594)	0.012109 *** (0.004807)	0.1240079 *** (0.0485412)	0.0111434 ** (0.004852)	0.0959542 ** (0.0501009)
$\ln S_{it}^{D}$	0.0987078 *** (0.0150554)	0.1039543 *** (0.0158567)	0.0165731 * (0.013473)	0.0075741 * (0.0129579)	0.037205 *** (0.0126487)	0.0298122 *** (0.0124828)
$\ln TD$	0.1089453 *** (0.0226931)	0.1105166 *** (0.036395)	0.0690432 *** (0.0195602)	0.0562647 *** (0.0220616)	0.085042 *** (0.0181772)	0.0674801 *** (0.021444)
$\ln HR$	0.170686 *** (0.0294044)	0.180256 *** (0.0481335)	0.0852526 ** (0.0405152)	0.0940776 ** (0.0413976)	0.0285483 * (0.0362464)	0.0463791 * (0.0388147)
$\ln Open$	0.218521 *** (0.0216912)	0.184278 *** (0.0363073)	0.0583183 ** (0.0260714)	0.135267 *** (0.0302411)	0.0102793 (0.0241962)	0.0619703 ** (0.0292805)
$\ln S_{it}^{OFDI} \times \ln TD_{it}$		0.0050957 (0.0096264)		0.0093569 ** (0.0044219)		0.0099425 ** (0.0046133)
$\ln S_{it}^{OFDI} \times \ln HR_{it}$		0.0065069 (0.0108399)		0.0026186 (0.0053886)		0.0056148 (0.0055886)
$\ln S_{it}^{OFDI} \times \ln Open_{it}$		0.0114031 * (0.0090699)		0.019244 *** (0.00499)		0.01638 *** (0.0051515)
常数项	-0.723659 *** (0.2167819)	-0.4367894 (0.3540852)	1.155054 *** (0.2089029)	1.804871 *** (0.2538413)	0.6759698 *** (0.2030341)	1.255223 *** (0.2540131)
Observations	450	450	450	450	450	450

注:( )内数值为回归系数的标准误差,***、**和*分别表示在1%、5%、10%的水平上显著。

通过观察表中的回归结果可知：

第一，我国对"一带一路"沿线发达经济体直接投资获取的反向技术溢出促进了我国技术进步水平。技术寻求型的直接投资能够使东道国先进的智力要素、信息和技术资源向母国扩散（周春应，2009）[1]，通常先在微观层面上由研发资源共享、技术逆向转移和成果反馈路径传导至母公司，再由母公司通过前瞻、旁侧和回顾效应传导至整个产业，继而通过竞争效应和示范效应推动母国技术进步。本书回归结果显示，我国向"一带一路"沿线发达经济体直接投资所获取的国外研发资本每增加1%，我国技术进步水平提高0.0082538%，说明对其直接投资获取逆向技术溢出是我国提高技术创新能力的手段之一。

第二，国内研发资本存量对我国吸收投资的逆向技术溢出、提升技术进步效率具有正向作用。一个地区拥有的研发资本存量代表其研发投入水平，包括基础和应用研究领域内的技术要素、知识水平和科研成果，其丰裕程度越高，创新动力越强，吸收外部技术溢出所获得的技术进步就越大。回归结果显示，各省（自治区、直辖市）的研发资本存量每提高1%，则技术进步水平提升0.0987078%，这种正相关关系与林青和陈湛匀（2008）[2]、陈岩（2011）的研究结论一致。说明中国的技术吸收能力尚未达到克里斯库奥洛和纳鲁拉（Criscuolo和Narula，2008）[3]所言的饱和点，本国研发投入与技术

---

[1]　周春应：《对外直接投资逆向技术溢出效应吸收能力研究》，《山西财经大学学报》2009年第31卷第8期。

[2]　林青、陈湛匀：《中国技术寻求型跨国投资战略：理论与实证研究——基于主要10个国家FDI反向溢出效应模型的测度》，《财经研究》2008年第6期。

[3]　Criscuolo P., Narula R., "A Novel Approach to National Technological Accumulation and Absorptive Capacity: Aggregating Cohen and Levinthal", *The European Journal of Development Research*, No.20, 2008.

进步水平正向增长,呈边际递增状态。

第三,控制变量的系数符号符合经济学直觉和理论预期,即我国与"一带一路"沿线东道国的技术差距、我国人力资本存量和经济开放度都对产业结构升级具有积极作用。

关于技术差距对技术吸收能力的影响,国内外学者有着不同的观点,有的认为是正向作用(Wang 和 Blomstrom,1992)[①],有的认为过大的技术差距将削弱落后国家吸收技术溢出的能力,所以应该是负向影响(Sjoholm,1999)[②]。本书实证分析结果显示,我国与投资东道国的技术差距每拉大 1%,技术进步水平提高 0.1089453%。说明我国与投资东道国的技术差距对我国吸收其逆向技术溢出具有积极作用,能够发挥有效的调节效应,成为提升技术进步的动力。

上文分析结果显示,人力资本存量每累积提升 1%,技术进步水平提高 0.170686%。技术溢出的受益地区若想有效吸收技术,必须具备高水平的人力资源要素。人力资本是指凝聚在劳动者身上的知识、技能及其所表现出来的劳动能力(Theodore,1961)[③],它是衡量一个地区技术吸收、消化能力的有效窗口,通过学习模仿和竞争加快技术改进和创新,能够为促进投资母国取得技术进步累积后发优势(王欣、姚洪兴,2017)[④]。

上一章实证分析结果显示,经济开放度对我国向"一带一路"

---

① Wang J.Y., Blomstrom M., "Foreign Investment and Technology Transfer: A Simple Model", *European Economic Review*, No.36, 1992.

② Sjoholm F., "Productivity Growth in Indonesia: The Role of Regional Characteristics and Direct Foreign Investment", *Economic Development and Cultural Change*, No.47, 1999.

③ Theodore W.S., "Investment in Human Capital", *American Economic Review*, Vol.51, 1961.

④ 王欣、姚洪兴:《国际 R&D 对区域技术创新的非线性溢出效应——基于长三角数据的 PSTR 模型分析》,《国际经贸探索》2017 年第 33 卷第 1 期。

沿线经济体的直接投资对产业结构的影响系数是 0.2284017，而本章的回归检验中，当我们将投资对象国范畴缩小至"一带一路"沿线的发达经济体，影响系数降低为 0.218521，可解释为：开放经济条件下，发达经济体的优势产品自由流动，在短期内抑制了我国小部分新兴产业的成长和崛起，导致我国对发达经济体的经济开放引致的产业结构升级红利低于平均水平。

第四，三个交叉项的系数说明，我国与东道国技术差距和我国经济开放度越大，我国对"一带一路"沿线经济体直接投资逆向技术溢出引起的技术进步效应越大，而我国人力资本积累与投资获取国外研发资本的交叉项回归结果并不显著。技术差距与经济开放度这两个变量在我国对外直接投资的技术进步效应中的调节作用，前文已有说明，在此不再赘述。而人力资本的交叉项不显著，说明人力资本因素在其中不存在调节效应。格罗斯曼和赫尔普曼（Grossman 和 Helpman，1991）首次发现，只有当人力资本积累到一定水平后，国际贸易促进经济增长的作用才开始显现，国内学者王志鹏、李子奈（2004）[1]将干中学和知识溢出模型（Barro 和 Sala，1997）[2]用于解释中国问题时，发现人力资本对经济发展的拉动作用存在门槛效应。本书结论说明，我国人力资本积累尚未达到促使对外直接投资逆向技术溢出提高技术进步的门槛值，地方政府应重视教育和培训投入，提高劳动者素质，增加人力资本累计存量。

为了进一步验证上文实证分析结果的可靠性，本书分别使用

---

[1]　王志鹏、李子奈：《外商直接投资对国内投资挤入挤出效应的重新检验》，《统计研究》2004 年第 7 期。

[2]　Barro R.，Sala-i-Martin X.，"Technological Diffusion，Convergence and Growth"，*Journal of Economic Growth*，No.2，1997.

两个代理指标进行变量的稳健性检验。其一,用简单平均法计算的产业结构变量 $Industry\_2$,其二,前文计算 S_{it}^{OFDI} 指标时,使用了我国对"一带一路"沿线发达经济体直接投资的流量数据,能够反映出我国对外直接投资急剧变化的特点。但是,前期投资累积使逆向技术溢出的产业结构调整效应出现滞后性。为了克服这个问题,这里采用我国对"一带一路"沿线发达经济体直接投资的存量数据计算 $S_{it}^{OFDI}\_2$ 变量,验证上文结论对于变量选取的稳健性,结果如表 5-13 所示。观察可知,各解释变量及其交叉项的系数符号与前文一致,显著性水平较高,证实了原模型回归结果的稳健性。

表 5-13　计量模型(5-7)的稳健性检验

变量	$Industry\_1$、$s_{it}^{OFDI}\_2$		$Industry\_2$、$s_{it}^{OFDI}\_1$		$Industry\_2$、$s_{it}^{OFDI}\_2$	
	(1)	(2)	(3)	(4)	(5)	(6)
$\ln S_{it}^{D}$	0.0098841* (0.0134175)	0.0089298* (0.0126137)	0.0121029* (0.016324)	0.002145* (0.0159045)	0.0048804 (0.0162956)	0.0041209 (0.0155261)
$\ln S_{it}^{OFDI}$	0.0309855*** (0.0075455)	0.061995* (0.0632402)	0.0119539** (0.0058244)	0.1283723** (0.0595794)	0.0329259*** (0.0091641)	0.0407935* (0.0778419)
$\ln TD$	0.0775466*** (0.019438)	0.052495** (0.052495)	0.0831833*** (0.0236994)	0.0665049*** (0.0270784)	0.0923858*** (0.0236076)	0.0598218** (0.0292952)
$\ln HR$	0.0389889 (0.0424468)	0.092491** (0.0435762)	0.1196091*** (0.0490887)	0.1295485** (0.0508114)	0.068407* (0.0515519)	0.1301422*** (0.0536377)
$\ln Open$	−0.0547313** (0.0257216)	−0.1222356*** (0.0332394)	−0.0742449** (0.0315884)	−0.1557932*** (0.0371179)	−0.0703529** (0.031239)	−0.1346938*** (0.0409141)
$\ln s_{it}^{OFDI} \times \ln TD_{it}$		0.0137842*** (0.0053754)		0.0111866** (0.0054274)		0.0172791*** (0.0066165)
$\ln s_{it}^{OFDI} \times \ln HR_{it}$		0.0147377* (0.0085978)		0.0034606 (0.006614)		0.0190262* (0.010583)
$\ln s_{it}^{OFDI} \times \ln Open_{it}$		−0.0165968*** (0.0059075)		−0.0202545*** (0.0061248)		−0.0157528** (0.0072715)
常数 c	1.231047*** (0.2072362)	1.675881*** (0.2823893)	1.238846*** (0.2531094)	1.927035*** (0.3115652)	1.322173*** (0.2516895)	1.72011*** (0.347591)
$Observations$	450	450	450	450	450	450

注:( )内数值为回归系数的标准误差,***、**和*分别表示在1%、5%、10%的水平上显著。

（二）分样本回归分析

根据本书对我国除西藏、港澳台外的 30 个省（自治区、直辖市）向"一带一路"沿线经济体直接投资逆向技术溢出 S_{it}^{OFDI} 的测算结果，将上海市、广东省、北京市、浙江省、山东省、黑龙江省、江苏省、辽宁省、福建省和河北省归入获取对外直接投资逆向技术溢出较高的地区，把吉林省、天津市、河南省、湖南省、四川省、安徽省、云南省、甘肃省、内蒙古自治区和重庆市纳入获取对外直接投资逆向技术溢出居中的地区，将山西省、广西壮族自治区、新疆维吾尔自治区、陕西省、湖北省、宁夏回族自治区、江西省、海南省、青海省和贵州省归入获取对外直接投资逆向技术溢出较低的地区。可以发现，东部地区最强，中部次之，西部最弱。

上文中基于技术进步中介效应的分样本实证检验结果说明，我国向"一带一路"沿线发达经济体直接投资的产业结构升级效应中，技术进步的中介传导作用在东部和中部地区较强，而在西部地区较为微弱。那么，这个结论在各地区吸收消化逆向技术溢出能力差异的视角下是否成立？下面以此问题为核心展开分样本实证研究，模型设定、变量选择、数据来源和回归分析方法与全样本检验一致，也仍然使用加权平均值计算的产业结构指数 Industry_1 回归，并用简单平均值计算的产业结构指数 Industry_2 进行变量的稳健性检验。具体回归结果如表 5-14 所示。

表 5-14　计量模型(5-7)的估计结果

变量	东部		中部		西部	
	(1) Industry_1	(2) Industry_2	(3) Industry_1	(4) Industry_2	(5) Industry_1	(6) Industry_2
$\ln S_{it}^{D}$	0.0167306 (0.0360969)	0.0323993 * (0.0376761)	0.0171466 * (0.0143832)	0.0198657 * (0.014509)	0.011107 * (0.0120623)	0.0071947 * (0.0128386)
$\ln S_{it}^{OFDI}$	0.038974 *** (0.0076326)	0.3691028 *** (0.1389174)	0.0159312 * (0.0098531)	0.129647 * (0.1515015)	0.0079479 * (0.0043673)	0.0261743 * (0.0580412)
$\ln TD$	0.0502884 * (0.0586412)	0.0708517 * (0.0591345)	0.091824 *** (0.0205059)	0.0269676 * (0.0348117)	0.0885867 *** (0.0167268)	0.0853475 *** (0.0256621)
$\ln HR$	0.2058346 * (0.1135315)	0.2083253 * (0.1129195)	0.0036111 (0.0466762)	0.014463 (0.0536826)	0.073569 ** (0.0342433)	0.0678707 * (0.0400388)
$\ln Open$	0.232658 *** (0.0897008)	0.277228 *** (0.09217)	0.061122 * (0.0365207)	0.0416821 * (0.0722997)	0.0159592 * (0.0187414)	0.0393636 * (0.0434934)
$\ln s_{it}^{OFDI} \times \ln TD_{it}$		0.0042243 (0.0092767)		0.0188147 ** (0.0091405)		0.0000466 (0.0051305)
$\ln s_{it}^{OFDI} \times \ln HR_{it}$		0.0208119 * (0.0120775)		0.0039398 (0.0137347)		0.0025543 (0.005741)
$\ln s_{it}^{OFDI} \times \ln Open_{it}$		0.048565 *** (0.0146182)		0.0117227 * (0.0182336)		-0.0051246 * (0.0077683)
常数 c	2.748135 *** (0.8112499)	3.089145 *** (0.8510172)	1.368843 *** (0.2593841)	1.215294 ** (0.5470751)	0.5228014 *** (0.1431293)	0.3657847 * (0.3169692)
Observations	165	165	120	120	165	165

注:(　)内数值为回归系数的标准误差,*** 、** 和 * 分别表示在 1%、5%、10% 的水平上显著。

从估计结果可以看出,东部、中部、西部地区分组回归后,所有变量的系数符号与显著性水平均与上文结论一致,进一步印证了回归结果的可靠性。值得注意的是,东部地区各省(自治区、直辖市)通过向"一带一路"沿线经济体直接投资获取国外研发资本对技术进步的影响系数最高,不加入交叉项时为 0.038974,加入交叉项后增加为 0.3691028,而中部地区次之,西部地区更次之。这说明,具有对外直接投资地理优势的东部沿海地区获得逆向技术溢出后,在强大的技术吸收消化能力催化下,对产业结构升级的促进作用大大超过了中西部内陆地区。

　　本章在技术进步视角下研究我国向"一带一路"沿线发达经济体递梯度直接投资的产业结构升级效应,重点从技术进步中介效应和母国吸收能力两个角度印证"对外直接投资—逆向技术溢出—母国技术进步—母国产业结构升级"逻辑链条在我国向"一带一路"沿线发达经济体投资中的存在性。本章采用我国30个省(自治区、直辖市)的宏观面板数据进行经验分析,得出的结论如下:第一,我国对"一带一路"沿线发达经济体直接投资的母国产业结构升级作用中,技术进步的中介效应的确存在,并具有区域差异性,东部地区向"一带一路"沿线发达经济体直接投资对产业结构升级的推动作用中,技术进步具有55.02%的影响力,中部地区为45.95%,而西部地区只有2.82%;第二,我国向"一带一路"沿线发达经济体直接投资过程中获取的反向技术溢出促进了母国技术进步水平的提升。这种促进作用受到母国吸收和消化外来技术创新的调节,不仅调节其强度,而且调节其是否会发生。具体来说,母国技术进步水平会随着我国与投资东道国技术差距的加大和经济开放度的提高而递增。并且,这种母国吸收逆向技术溢出能力的调节效应在我国东部地区最为显著,中部地区次之,西部地区再次之。

　　本章研究结论对我国调整对"一带一路"沿线发达经济体直接投资方向和审视自身技术创新条件具有重要启示。目前,技术创新是促进产业发展的基石,更是推动一国产业结构升级的关键力量,通过对"一带一路"沿线直接投资获得逆向技术溢出是我国参与经济竞争和提高技术创新效率的有效方式,对于我国经济增长和产业结构调整具有重要意义。我国应该加速向"一带一路"沿线的发达国家实施技术寻求型对外直接投资,加快跨国公司兼并与收购进程、成立互通有无的战略联盟、在国外设立研究与开发中心,通过向发达国家的高科技产业投资获取技术外溢以反哺本国经济,促进产业结构升级。

第六章 基于产业转移路径的实证检验

——以"一带一路"沿线发展中经济体为样本

我国对外直接投资分为对发达经济体的逆梯度投资和对发展中经济体的顺梯度投资两种。刘海云、聂飞(2015)通过实证分析中国对 113 个国家的贸易和投资数据,发现我国的顺梯度对外直接投资主要以资源寻求为动因,重点在于攫取发展中国家丰裕而廉价的生产要素以降低生产成本,将引致国内初级产业向发展中国家转移;而我国的逆梯度对外直接投资以技术寻求为主要目的,关键目标是获取发达国家的领先技术以提升生产效率和产出水平,最终会有效提升国内制造业产出水平。本书在其研究成果基础上进行拓展,首先总结我国对外直接投资中产业向外转移的主要动因,将其分为内部因素和外部因素两种。

我国产业向外转移的内部动因有三:一是国内产业结构升级的迫切需求。20 世纪 90 年代以来,我国的经济总量取得长足增长,但粗放的增长方式、充分的资本供给和被弱化的投资管理体制导致房地产、钢铁等行业产能严重过剩,投资与消费失衡。要解决这个问题,只有去产能或增加社会对过剩产品的需求。在这种情况下,通过对外直接投资将过剩产能转移到需求旺盛的"一带一路"沿线经济体,不仅是调整优化我国产业结构的不二选择,也是推动东道国经济发展、构建人类命运共同体的有效途径。二是跨国公司的对外扩张战略。受制于狭窄的国内市场容量约束和同行业激烈的价格竞争,跨国公司以利润最大化为目标进行投资决策。随着人口红利的逐渐消失,我国在劳动密集型产业上的比较优势骤降。跨国企业作为产业对外转移的微观载体和最终实施者,迅速研判自身竞争优势和东道国区位条件,快速整合资源进行对外直接投资,开拓海外市场,壮大企业规模,在产业转移过程中获取最大化利润。三是国内环境规制约束。我国经济高速增长的同时,资源枯竭和环境恶化现象也日益严重。2017 年,习近平总书记在党的十九大报告中强调,建设生态文明是中华民族永续发展的千年大计,必须坚持节约资源和保护环境的基本国策,实行最严格的生态环境保护制度,为人民创造良好生产生活环境。环境规制标准的提高使微观企业的成本锐增,除了开发清洁技术外,向外转移劣势产业便成为抵御成本风险的有效方式。

外部因素有二:第一,区域经济一体化的浪潮。随着世界各个经济体竞争与合作的层阶由国家间转变为区域间,一国在国际市场上的竞争力将在很大程度上取决于其参与区域经济一体化合作的广度和深度。为了适应全球经济新格局和新环境,我国政府积极寻求区域经济一体化合作,"一带一路"倡议就是这种战略考量之下的重大提议,在引进技术创新的同时对外转移产能,推动我国的产业结构升级。第二,国际产业转移承接地的区位优势。2008年国际金融危机后,本着复苏本国经济的意愿,很多东道国政府出台招商引资政策以鼓励和承接国际产业转移,其税收减免、土地资源优惠、宽松的制度体系和法律环境为我国跨国公司提供了对外直接投资和产业转移的肥沃土壤和有利条件。

上一章的实证分析结果显示,我国对"一带一路"沿线发达经济体逆梯度直接投资的产业结构升级效应中,技术进步是重要的传导路径和中介力量。那么,我国对沿线发展中经济体的顺梯度投资是通过何种机制促进母国产业结构升级呢?根据本书的第二章理论阐述,一国的顺梯度直接投资能够释放母国沉淀的生产要素,提高资源的配置效率,为新兴产业发展腾出空间,同时冲破能源瓶颈,减少低端产业对生态环境的压力,促进母国产业结构优化和升级。本章将基于边际产业转移的视角探讨我国向"一带一路"沿线发展中经济体顺梯度投资的产业结构升级效应。

国际产业转移是产业在不同国家或地区间的移动,它是开放经济的产物,核心动因是利益,主要表现为资本流动(王全春,2008)①。对外直接投资通过将本国即将或已经处于比较劣势的夕阳产业向海外转移,集聚有效生产要素和资源发展比较优势产业,形成技术密集—资金密集—劳动密集型产业的阶梯化国际产业分工体系,从而加快投资母国产业结构升级(Akamatsu, 1935②; Vernon, 1966; Kojima, 1978; Fung 和 Tuan, 1997③; 黄琨、张坚, 2000④; 王岳平, 2002⑤;

---

① 王全春:《产业转移与中部地区产业结构研究》,人民出版社 2008 年版。

② Akamatsu K., "The Trend of Japan's Foreign Trade in Woolen Manufactures", *Journal of Nagoya Higher Commercial School*, No.13, 1935.

③ Fung L., Tuan C., "Evolving outward Investment, Industrial Concentration, and Technology Change: Implications for Post-1997 Hong Kong", *Journal of Asian Economic*, Vol.8, No.2, 1997.

④ 黄琨、张坚:《新一轮全球银行业并购风潮与我国的对策》,《科技进步与对策》2000 年第 11 期。

⑤ 王岳平:《开放条件下的工业结构升级研究》,中国社会科学院研究生院 2002 年博士学位论文。

汪琦,2004;戴翔,2006[①];崔岩、臧新,2008[②])。

对外直接投资的产业结构效应最早在发达国家展开研究,在我国起步较晚。由于我国的发展中国家属性,国内学者对于国际直接投资、产业转移和产业结构调整问题的研究最先聚焦在如何吸引和利用外商直接投资,以便有效承接产业转移,进而调整母国产业结构方面(郭克莎,2000;江小涓,2002;林峰,2003;姚君,2005;李雪,2005;张琴,2012[③]),关于对外直接投资产业转移效应问题的文献不多。21世纪初,随着我国经济总量的壮大和对外直接投资的激增,国内学者开展了此领域的研究,验证了对外直接投资对我国的产业结构升级效应(汪琦,2004;李逢春,2012),并推测其中存在一个门槛值(募建红、魏庆广,2009[④];刘同山、王曼怡,2010[⑤])。在此基础上,学者们借鉴发达国家的发展经验,论证顺梯度对外直接投资加速产业转移的命题在中国经济实践中的正确性(李东阳,2000[⑥];潘素昆、袁然,2014[⑦];刘海云、聂飞,2015;聂飞、刘海云,2016)。

通过文献梳理可发现,国内关于对外直接投资的产业转移效

① 戴翔:《对外直接投资对国内就业影响的实证分析——以新加坡为例》,《世界经济研究》2006年第4期。

② 崔岩、臧新:《日本服务业与制造业FDI状况及其影响因素的实证比较》,《国际贸易问题》2008年第4期。

③ 张琴:《国际产业转移对我国产业结构的影响研究——基于1983—2007年外商直接投资的实证分析》,《国际贸易问题》2012年第4期。

④ 募建红、魏庆广:《OFDI影响国内资本形成的地区差异及门槛效应》,《世界经济研究》2009年第10期。

⑤ 刘同山、王曼怡:《OFDI对国内资本形成影响的实证分析》,《金融与经济》2010年第11期。

⑥ 李东阳:《对外直接投资与国内产业空心化》,《财经问题研究》2000年第1期。

⑦ 潘素昆、袁然:《不同投资动机OFDI促进产业升级的理论与实证研究》,《经济学家》2014年第9期。

应以及产业结构效应研究成果十分丰富,却鲜有文献将边际产业转移因素纳入对外直接投资的母国产业结构升级效应研究框架。陈岩(2015)利用灰色关联度模型验证了我国各行业对外直接投资在一定程度上转移了部分过剩产能,并对产业结构升级起到了明显的促进作用,陈昊(2018)通过测度生产要素流动率证实了对外直接投资助推了我国高技术产业和新兴产业的崛起,从而产生产业结构升级效应,但并未将地理畛域锁定在"一带一路"沿线。

"一带一路"倡议是我国在全球经济格局深刻演变的背景下提出的重大策略,是面对发达国家的"再工业化"浪潮(佟家栋、刘程,2017)①和发展中国家"高端回流、低端分流"的双重困境(黄先海、余骁,2017),由中国首倡的多领域、多维度的产能合作构想,迎合了"一带一路"沿线广大发展中经济体亟待借助外力突破经济增长瓶颈的需求(白永秀等,2015;吴福象、段巍,2017②),也有助于我国转移过剩产能,发挥资源要素禀赋优势,提升全球价值链地位,助推自身产业结构升级。

鉴于此,本章采用中国除西藏、港澳台外的30个省(自治区、直辖市)的面板数据,着重检验各省(自治区、直辖市)向"一带一路"沿线发展中经济体顺梯度投资产业转移效应对母国产业结构升级的影响,充实已有研究成果。本书将从劳动力和资本两种传统生产要素入手,测算我国高技术产业的生产要素流动状况,进而实证分析"对外直接投资—边际产业和过剩产能转移—生产要素流动—母国产业结构升级"逻辑链条在"一带一路"沿线经济体是

---

① 佟家栋、刘程:《与对外贸易政策相连接的产业政策——试论产业政策与政府干预》,《南开学报(哲学社会科学版)》2017年第6期。

② 吴福象、段巍:《国际产能合作与重塑中国经济地理》,《中国社会科学》2017年第2期。

否成立,如果成立,劳动力和资本要素流动在其中的推动作用孰大孰小? 本章将致力于解决这些问题。

第一节　产业转移的内涵

产业转移分为国内产业转移和国际产业转移两种。国内产业转移未跨越国界,与本书主要研究的中国向"一带一路"沿线经济体直接投资的母国产业结构升级效应关联不大,因此不作赘述。国际产业转移发生在国家或地区之间,是指由于产品市场需求条件和资源禀赋供给的变化,跨国企业依据垄断优势、内部化优势和区位比较优势,通过贸易或国际直接投资方式,将某些产业的研发、设计、生产或销售从一个经济体转移到另一个经济体的经济过程。本书聚焦于国际产业转移而不是国内转移,这种转移是产业在空间分布发生的跨境迁移,主要通过贸易产品、资本和技术的跨国流动实现。

国际产业转移具有空间和时间维度的动态特征,是以资本、产品和技术为载体的产业构成要素跨越国境的现实描述,表征着生产要素和资源的重新配置,将改变产业转移国与承接国原有的国际分工格局,形成新的稳定分工关系,是双方国家调整产业结构的重要路径。

纵观世界经济发展历史,全球经济增长中心曾经历多次转移。从 18 世纪倚仗工业革命开启全球工业化进程的英国,到 19 世纪逐渐强盛壮大的法国和德国,再到 20 世纪的超级发达经济体美国,至 20 世纪 70 年代战后复苏的日本,直至今日包括中国在内的新兴经济体迅速发展。全球经济增长重心的更迭都伴随着规模庞大的国际产业转移,组合成一部绵延不绝、交迭更替的国际产业转移史,推动各经济体工业化进程和产业结构升级。学术界普遍认为自第一次工业革命以来,世界共发生了 4 次大规模国际产业转移,深刻影响着全球经济格局变迁与发展(见表6-1)。

表 6-1 国际产业转移的轨迹

次数	转移时间	转移方向	转移产业
1	19 世纪下半叶至 20 世纪上半叶	由英国到法国、德国和美国	钢铁、纺织等资源和劳动密集型产业
2	20 世纪 50—60 年代	从美国至联邦德国和日本	钢铁、纺织、造船、普通工业机械等劳动和资本密集型产业
3	20 世纪 70 年代	由美国、联邦德国、日本到"亚洲四小龙"	轻工业、机电、造船等劳动和资本密集型产业
4	20 世纪 80 年代	从美国、日本、"亚洲四小龙"到中国内地、东南亚国家	劳动和资本密集型产业、一般技术密集型产业

第一次国际产业转移起步于 19 世纪下半叶至 20 世纪上半叶,从英国转移至法国、德国等欧洲大陆强国与美国。英国在 18 世纪 30 年代凭借工业革命一跃成为全球首位经济强国和第一个工业化国家,至 19 世纪 60 年代进入鼎盛时期,逐步成为国际制造业中心(邓小河,2004)[①]。由于本土市场容量限制和生产成本约束,英国从 19 世纪下半叶起将产业对外转移,主要承接国是法国、德国等欧洲大陆国家,美国也凭借其高速经济增长态势、自然资源禀赋及其与欧洲的紧密关系成为转移的对象国(张为付,2008)[②]。此次国际产业转移推进了欧洲大陆国家的工业化进程,并成就了

[①] 邓小河:《国际产业转移理论与典型范例》,科学技术文献出版社 2004 年版,第 130 页。
[②] 张为付:《国际直接投资(FDI)比较研究》,人民出版社 2008 年版。

美国的赢家地位,为其超越英国成为全球经济的"领头羊"奠定了基础。

20世纪50—60年代,发生了第二次国际产业转移,从美国转移至联邦德国和日本。美国从第一次国际产业转移中受益匪浅,在技术和经济增长方面首屈一指。随着国内产业结构的调整和升级,美国急需将纺织、钢铁、造船、普通工业机械等低技术密集型的传统制造业向外转移,以腾出空间重点振兴通信技术、半导体、计算机等高技术产业。于是,制造业基础雄厚但经济增长尚未恢复的联邦德国等西欧国家和日本便成为优良的承接对象,从产业转移中获得了长足的经济增长红利。

20世纪70年代初,为了抵御全球石油危机的冲击、减少日元升值的汇率损失、推动国内产业结构升级,已成为国际制造业强国的日本开始向"亚洲四小龙"地区迁移产业。从最初的纺织业等劳动密集型产业,到汽车、化工、机械、钢铁等资本密集型产业,再到电子、汽车等资本和技术密集型产业。由日本推动的国际第三次产业转移在很大程度上成就了"亚洲四小龙"等新兴经济体的腾飞奇迹,使之一跃成为发达富裕的地区。

第四次国际产业转移发生在20世纪80年代,承接了上一次产业转移的"亚洲四小龙"和日本由于劳动力成本高、市场容量较小、产业更新周期短,陆续将劳动密集型产业转移到中国内地。改革开放的政策导向、低廉的劳动力价格和宽松的环境规制环境为中国吸引大规模外商直接投资提供了便利条件。借由第四次国际产业转移机遇,中国成为名副其实的"世界工厂",经济总量迅速攀升,成为举世瞩目的新兴经济体。

纵观世界近现代史中的4次国际产业转移浪潮,可从中窥视其一般特征与规律:第一,从转移的区域方向来看,往往遵循着"发达国家—次发达国家—发展中国家"的方向逐层梯度推进,以工业化程度高的国家或地区为核心,辐射和扩散到其他国家或地区;第二,在转移的产业类型上,一般按照"劳动密集型产业—资本密集型产业—低技术密集型产业"和"传统工业—新兴工业—服务业"的轨迹顺次转移。第一产业由于自身自然属性,转移障碍和成本巨大。国际产业转移主要聚焦于第二产业,最初是纺织品、食品等劳动密集型产业,再转移至钢铁、石油化工、冶金、造船等资本密集型行业,最后是电子、通信等低技术密集型产业。在信息技术和贸易投资规则的推动下,第三产业的国际转移壁垒降低,金融、保险、物流、旅游和咨询等服务业也开始进入转移队列。

随着当代国际经济格局和全球价值链分工的演化,国际产业转移呈现出新的趋势:首先是转移的地理方向多元化,不仅有发达国家向次发达国家和发展中国家转移,也有发展中国家的产业向发达国家和次发达国家转移;其次,转移的产业结构高级化,由单一形态向交叉形式转变,产业转移的知识化趋势明显;再次,转移向价值链纵深拓展,由来料加工、零部件组装等制造装配的辅助环节扩展到价值链两端的技术研发和营销等核心环节;最后,转移的手段多样化,从单一的直接投资或股权安排转变为包含独资、合资、兼并、收购和非股权安排在内的多样化投资及产业转移并举的模式。

2008年国际金融危机之后,发达国家经济增长复苏缓慢,中国经济总量逆流而上逐渐媲美美国。中国经济实力增长迅速,劳动力成本上升,资源日益短缺,产能输出需求迫切,而东南亚、中亚等"一带一路"沿线大多数经济体处于初级工业化阶段,对资本、技术和管理等要素有强烈的经济需求和政治意愿,具备优良的承接产业转移区位优势。于是,新一轮的国际产业转移浪潮悄然涌来,契合"一带一路"沿线经济体的共同发展需求,实现生产优势互补,并推动各国产业结构深刻调整与升级(赵宏图,2019)。

第二节　产业转移的测算

一、产业转移的测算方法

国际产业转移发生的核心动因是劳动力、资本、自然资源和土地等生产要素的产业间流动而导致的行业间生产要素价格差异(Krugman,1996)[①],这也是一国产业结构变迁的重要推动因素。本章研究的重点是我国向"一带一路"沿线发展中经济体顺梯度投资是否导致了国内生产要素从传统产业释放到新兴产业,从而引致产业结构升级。因此,衡量产业转移的重点是生产要素流动至新兴产业的比率变化。干春晖、郑若谷(2009)对我国三次产业要素构成的测算方法给予本书测度产业转移变量一些灵感。

首先,界定新兴产业的范畴。随着技术实力的增强和产业结构的转型,我国在全球价值链分工体系中的地位正由传统动能驱动转向新动能驱动,对外直接投资所释放出的沉淀生产要素也逐渐流向高端制造业和服务业等新兴产业。新兴产业是指由新技术和科研成果的发明和应用所催生的新部门与行业。《"十三五"国家战略性新兴产业发展规划》倡导加快发展和壮大新一代信息技

---

① Krugman P.R., "How the Economy Organizes Itself in Space: A Survey of The New Economic Geography", *Santa Fe Institute*, 1996.

术、生物、高端装备、新材料、新能源汽车、新能源、节能环保和数字创意等战略性新兴产业,建设制造业强国,发展现代服务业,推动产业迈向中高端。由此可见,高技术制造业和生产性服务业是未来我国战略性新兴产业发展规划的重点。据此,本书根据《高技术产业(制造业)分类》选取航空、航天器及设备制造业,电子及通信设备制造业,计算机及办公设备制造业,信息化学品制造业,医药制造业,医疗仪器设备及仪器仪表制造业这六大行业作为高技术制造业的典型代表,再根据《生产性服务业分类2015》选择了交通运输、仓储及邮电通信业,信息传输、计算机服务和软件业,批发和零售业,金融业,房地产业,租赁和商务服务业,科学研究、技术服务和地质勘查业,水利、环境和公共设施管理业这八类行业作为代表(陈昊,2018)。

然后,列出新兴产业生产要素流动水平的计算公式。本书借鉴干春晖、郑若谷(2009)的方法,将产业生产要素划分为劳动力和资本要素两类,并用其在新兴产业生产要素中的构成比重来刻画国内沉淀生产要素向新兴产业的流动和转移。具体公式为:

$$Transfer\_L = \frac{L_T + L_S}{L} \qquad (6-1)$$

$$Transfer\_K = \frac{K_T + K_S}{K} \qquad (6-2)$$

其中,$Transfer\_L$ 和 $Transfer\_K$ 分别表示劳动力和资本要素在新兴产业的构成比重。L_T 和 L_S 分别表示高技术产业和生产性服务业的劳动力总量,L 是我国的从业人员总数。K_T 和 K_S 分别表示高技术产业和生产性服务业的资本存量,K 是全社会资本总存量。

二、新兴产业的劳动力要素比重

本书从《中国高技术产业统计年鉴》中选取我国上文所言的 6 类高技术产业的劳动力总量 L_T，再从《中国统计年鉴》中搜索 8 类行业生产性服务业城镇单位就业人员总数 L_S，最后从《中国统计年鉴》中选取三次产业就业人员总数来衡量 L，测算的新兴产业劳动力要素构成结果如表 6-2 所示。

表 6-2　我国新兴产业的劳动力要素比重排名

排名	地区	比重（%）
1	北京市	52.17
2	上海市	43.57
3	天津市	32.36
4	海南省	25.12
5	青海省	24.19
6	重庆市	24.16
7	辽宁省	23.44
8	陕西省	22.99
9	宁夏回族自治区	22.40
10	吉林省	22.33
11	广西壮族自治区	21.98
12	内蒙古自治区	21.96
13	湖北省	21.85
14	河北省	21.69
15	广东省	21.66
16	黑龙江省	21.05
17	山西省	20.95
18	云南省	20.64
19	贵州省	19.90
20	安徽省	19.73
21	四川省	19.64
22	湖南省	19.59

排名	地区	比重（%）
23	河南省	19.48
24	甘肃省	19.31
25	江西省	19.15
26	江苏省	17.87
27	浙江省	17.54
28	山东省	17.53
29	新疆维吾尔自治区	17.50
30	福建省	17.33

资料来源：笔者计算整理。

2003—2007 年，我国劳动力要素流入新兴产业的比例均值为 22.97%，总体趋势上升，在 2008—2013 年，政府为了应对国际金融危机影响，加大基础设施产业建设，而新兴产业发展所需的劳动力要素相对稀缺，并在 2011 年迎来最低谷。2013 年之后，随着国家对战略性新兴产业的政策扶持和重点培育，劳动力要素尤其是熟练劳动力要素流入新兴产业比重提高，越来越多地为厂商的生产经营活动提供劳动力资源和个体隐性知识载体。但在区域层面上，我国东部地区新兴产业的劳动力要素比重为 26.39%，中部为 20.52%，西部为 21.33%，三大地区总体均衡。

根据本书对我国 30 个省（自治区、直辖市）新兴产业的劳动力要素比重的测算结果，将北京市、上海市、天津市、海南省、青海省、重庆市、辽宁省、陕西省、宁夏回族自治区和吉林省归入新兴产业劳动力要素比重较高的地区，把广西壮族自治区、内蒙古自治区、湖北省、河北省、广东省、黑龙江省、山西省、云南省、贵州省和安徽省纳入新兴产业劳动力要素比重居中的地区，将四川省、湖南省、河南省、甘肃省、江西省、江苏省、浙江省、山东省、新疆维吾尔自治区和福建省归入新兴产业劳动力要素比重较低的地区。可观察到,我国新兴产业的高劳动力要素在各省(自治区、直辖市)比较分散,并没有出现集聚特征。

三、新兴产业的资本要素比重

关于全社会资本存量 K 的计算方法,在本书测度国内研发资本存量时已有叙述。这里仍然采用永续盘存法,依据下式进行测算:

$$K_{it} = (1 - \delta) K_{it-1} + I_{it} \qquad (6\text{-}3)$$

其中,K_{it} 和 K_{it-1} 分别为 i 省(自治区、直辖市)t 年和 $t-1$ 年的总资本存量。δ 为折旧率,根据张军(2004)的研究结论,将折旧率拟定为 9.6%。I_{it} 是 i 省(自治区、直辖市)t 年的新增投资额,基期是 2003 年,本书参照陈岩(2011)[①]等的方法测算 2003 年各省(自治区、直辖市)的研发资本存量:

$$K_{i2003} = \frac{I_{i2003}}{g + \delta} \qquad (6\text{-}4)$$

上式中,K_{i2003} 为本书样本数据起始年 2003 年 i 省(自治区、直辖市)的总资本存量,I_{i2003} 为 2003 年 i 省(自治区、直辖市)的投资流量,g 为 i 省(自治区、直辖市)资本要素的平均增长率。

本书计算除西藏和港澳台地区之外的 30 个省(自治区、直辖市)新兴产业资本要素比重,其具体均值、时序趋势和地区比较情况如表 6-3 所示。由此可知,资本要素既是产业内微观企业开展生产经营活动的前提,也是企业经营的目标,具有双重属性。我

---

① 陈岩:《中国对外投资逆向技术溢出效应实证研究:基于吸收能力的分析视角》,《中国软科学》2011 年第 10 期。

国新兴产业资本要素存量占全行业总量的比重均值为47.1%,远高于劳动力要素,可见我国新兴产业的传统要素禀赋状况是:资本要素相对丰裕且逐年持续递增,劳动力要素相对稀缺。尤其是2010年我国首次提出发展新材料、新能源、生物医药和高端制造业等战略性新兴产业之后,有近一半资本要素流入新兴产业集群,满足研究开发、生产和销售端的投入要素需求,增强新兴产业竞争力,推进了我国产业结构的升级。另外,我国新兴产业的资本要素结构呈现出明显的区域异质性,本书计算得出,我国东部地区资本流入新兴产业的比重为51.33%,中部是42.75%,西部地区为46.04%。

表6-3 我国新兴产业的资本要素比重排名

排名	地区	比重(%)
1	北京市	78.31
2	上海市	62.08
3	重庆市	59.22
4	海南省	56.15
5	广东省	53.76
6	云南省	52.87
7	福建省	52.62
8	贵州省	52.23
9	四川省	51.31
10	广西壮族自治区	50.85
11	浙江省	50.48
12	天津市	50.40
13	陕西省	49.62
14	湖南省	47.77
15	安徽省	46.55
16	湖北省	46.33
17	辽宁省	44.64

续表

排名	地区	比重(%)
18	黑龙江省	42.98
19	宁夏回族自治区	42.36
20	江西省	42.23
21	江苏省	41.40
22	河南省	41.19
23	河北省	40.14
24	新疆维吾尔自治区	38.95
25	山西省	38.23
26	甘肃省	36.88
27	吉林省	36.68
28	青海省	36.62
29	内蒙古自治区	35.57
30	山东省	34.61

资料来源:笔者计算整理。

根据本书对我国除西藏、港澳台外的 30 个省(自治区、直辖市)新兴产业资本要素比重的测算结果,将北京市、上海市、重庆市、海南省、广东省、云南省、福建省、贵州省、四川省和广西壮族自治区归入新兴产业资本要素比重较高的地区,把浙江省、天津市、陕西省、湖南省、安徽省、湖北省、辽宁省、黑龙江省、宁夏回族自治区和江西省纳入新兴产业资本要素比重居中的地区,将江苏省、河南省、河北省、新疆维吾尔自治区、山西省、甘肃省、吉林省、青海省、内蒙古自治区和山东省归入新兴产业资本要素比重较低的地区。综上可知,就南北差异而言,我国南方地区尤其是西南省(自治区、直辖市)受西部大开发等投资政策辐射和自身比较优势影响,新兴产业资本流入比例较高,东南沿海地区次之,北方地区再次之。

第三节　模型设定与检验步骤

一、模型设定

上一章采用技术进步的中介效应模型证明了"向发达经济体逆梯度投资—母国技术进步—母国产业结构升级"传导路径的存在。本章拟使用类似的方法,将技术进步中介变量替换为边际产业转移,验证"对外直接投资—母国边际产业转移—母国产业结构升级"逻辑链条在我国对"一带一路"沿线发展中经济体顺梯度直接投资的产业结构调整效应中的存在性。

与上一章不同的是,本章构建的边际产业转移中介效应模型,将产业转移中介效应细分为两类:一是新兴产业劳动力要素转移的中介效应;二是新兴产业资本要素转移的中介效应。因此,本章需要构建五个递归方程如下:

$$\ln Industry_{it} = \alpha_0 + \alpha_1 \ln OFDI_{it}\_developing + \alpha_2 \ln Open_{it}$$
$$+ \alpha_3 \ln GDP_{it} + \alpha_4 \ln Fiscal_{it} + \varepsilon_{it} \tag{6-5}$$

$$\ln Transfer_{it}\_L = \beta_0 + \beta_1 \ln OFDI_{it}\_developing + \beta_2 \ln Open_{it}$$
$$+ \beta_3 \ln GDP_{it} + \beta_4 \ln Fiscal_{it} + \varepsilon_{it} \tag{6-6}$$

$$\ln Transfer_{it}\_K = \gamma_0 + \gamma_1 \ln OFDI_{it}\_developing + \gamma_2 \ln Open_{it}$$
$$+ \gamma_3 \ln GDP_{it} + \gamma_4 \ln Fiscal_{it} + \varepsilon_{it} \tag{6-7}$$

$$\ln Industry_{it} = \delta_0 + \delta_1 \ln OFDI_{it}\_developing + \delta_2 \ln Transfer_{it}\_L$$
$$+ \delta_3 \ln Open_{it} + \delta_4 \ln GDP_{it} + \delta_5 \ln Fiscal_{it} + \varepsilon_{it}$$
$$\tag{6-8}$$

$$\ln Industry_{it} = \varepsilon_0 + \varepsilon_1 \ln OFDI_{it}\_developing + \varepsilon_2 \ln Transfer_{it}\_K$$
$$+ \varepsilon_3 \ln Open_{it} + \varepsilon_4 \ln GDP_{it} + \varepsilon_5 \ln Fiscal_{it} + \varepsilon_{it}$$

$$(6-9)$$

其中,i 表示 i 省(自治区、直辖市),t 表示年份。$Industry_{it}$ 是 i 省(自治区、直辖市)t 年的产业结构指数,$OFDI_{it}\_developing$ 表示 i 省(自治区、直辖市)t 年向"一带一路"沿线发展中经济体直接投资总量,$Transfer_{it}$ 是边际产业和过剩产能转移导致的生产要素向新兴产业流动水平,后文中将其具体细分为资本要素向新兴产业的转移水平 $Transfer_{it}\_K$ 和劳动力要素向新兴产业的转移水平 $Transfer_{it}\_L$。$Open_{it}$ 为经济开放程度,GDP_{it} 是人均国内生产总值,$Fiscal_{it}$ 表示政府财政支持力度。

二、检验步骤

实证回归的方法与上一章的技术进步中介效应相同,分为五个步骤:一是不加入产业转移解释变量,检验式(6-5),查看系数 α_1 是否显著,若显著为正则转入第二步。二是将产业结构被解释变量替换为产业转移,对式(6-6)和式(6-7)进行回归分析。三是分析我国向"一带一路"沿线发展中经济体直接投资和产业转移中介变量对我国产业结构升级的作用,即对式(6-8)和式(6-9)进行回归分析。四是观察系数 β_1、γ_1、δ_2 和 ε_2,若显著则继续,若不显著则进行 Sobel 检验。五是观察系数 δ_1 和 ε_1,如果显著,说明边际产业转移中介效应部分存在;如果不显著,说明边际产业转移中介效应完全存在。

第四节 变量选取与数据说明

由以上式(6-5)、式(6-6)和式(6-7)可知,本章边际产业转移的中介效应模型使用的大部分变量与上一章相同,只有变量 $OFDI_{it}\_developing$ 和 $Transfer_{it}$ 的内涵和核算方法需要重新界定。产业转移变量 $Transfer_{it}$ 的计算方法已在上文中列出,此处不再赘述。下面就我国向"一带一路"沿线发展中经济体的直接投资变量 $OFDI_{it}\_developing$ 的核算方法加以叙述。

我国通过向"一带一路"沿线经济体直接投资所产生的边际产业转移和过剩产能输出现象通常发生在以发展中经济体为东道国的投资中,因此,本书要研究的对外直接投资对象国仅限于"一带一路"沿线发展中经济体。根据《全球竞争力报告》,在前文研究的"一带一路"沿线 76 个沿线经济体中,被界定为转型经济体的有 15 个,包括阿塞拜疆、保加利亚、捷克、格鲁吉亚、匈牙利、哈萨克斯坦、吉尔吉斯斯坦、波兰、罗马尼亚、俄罗斯、塞尔维亚、斯洛伐克、塔吉克斯坦、乌克兰和越南;被定义为发展中经济体的有 34 个,包括阿尔及利亚、巴林、孟加拉国、文莱、柬埔寨、克罗地亚、埃及、埃塞俄比亚、印度、印度尼西亚、伊朗、约旦、肯尼亚、科威特、老挝、马达加斯加、马来西亚、马耳他、蒙古国、莫桑比克、缅甸、尼泊尔、尼日利亚、阿曼、巴基斯坦、菲律宾、卡塔尔、沙特阿拉伯、斯里兰卡、坦桑尼亚、泰国、土耳其、阿联酋和赞比亚。本章将这两类经济体皆归类为发展中经济体,共 49 个。

与前文核算我国向"一带一路"沿线 76 个经济体、"一带一路"沿线 27 个发达经济体直接投资的核算方法类似,本章参照《境外投资企业(机构)名录数据库》计算各省(自治区、直辖市)在"一带一路"沿线 49 个发展中经济体的境外投资企业数量占其境外投资企业总数量的比重 φ_{it} ,最后用各省(自治区、直辖市)每年的对外直接投资总量乘以 φ_{it} ,得出各省(自治区、直辖市)向"一带一路"沿线发展中经济体的对外直接投资量 $OFDI_{it}\_developing$ 。

本章仍然以我国除西藏和港澳台地区以外的 30 个省(自治区、直辖市)为样本,模型中所有变量的指标核算方法、数据来源与描述性统计结果如表 6-4 和表 6-5 所示。

表 6-4　变量的计算方法与数据来源

变量	指标		计算方法	数据来源
Industry	Industry_1	四个维度的加权平均值	$Industry\_1 = \sum_{j=1}^{4} w_j v_{it}^j$	中国统计年鉴、中国环境统计公报
	Industry_2	四个维度的简单平均值	$Industry\_2 = \frac{1}{4} \sum_{j=1}^{4} v_{it}^j$	
OFDI_developing	OFDI_developing_1	向"一带一路"沿线发展中经济体的直接投资流量	$OFDI_{it} = OFDI \times \varphi_{it}$	中国对外直接投资统计公报、境外投资企业(机构)名录数据库
	OFDI_developing_2	向"一带一路"沿线发展中经济体的直接投资存量	$OFDI_{it} = OFDI \times \omega_{it}$	
Transfer	Transfer_K	新兴产业的资本要素构成	$Transfer\_K = \frac{K_T + K_S}{K}$	中国高技术产业统计年鉴、中国统计年鉴
	Transfer_L	新兴产业的劳动力要素构成	$Transfer\_L = \frac{L_T + L_S}{L}$	
Open	进出口额占国内生产总值的比重		$Open_{it} = \frac{Export_{it} + Import_{it}}{GDP_{it}}$	中国统计年鉴
GDP	人均国内生产总值		$GDP_{it} = \frac{\sum GDP_{it}}{Population_{it}}$	中国统计年鉴
Fiscal	地方财政一般预算支出额		无计算过程	中国统计年鉴

表6-5 变量的描述性统计

变量	指标	平均值	标准差	最大值	最小值
Industry_1	四个维度的加权平均值	2.98290	1.91763	13.75149	1.17776
Industry_2	四个维度的简单平均值	3.15250	2.37232	16.54781	0.90297
OFDI_developing_1	向"一带一路"沿线发展中经济体的直接投资流量	42868.4204	98291.72794	854197.56	1.968
OFDI_developing_2	向"一带一路"沿线发展中经济体的直接投资存量	164856.467	383130.4485	4651591.416	56.304
Transfer_K	新兴产业的资本要素构成	0.47101	0.09986	0.81453	0.29730
Transfer_L	新兴产业的劳动力要素构成	0.22676	0.07565	0.58186	0.13949
Open	进出口额占国内生产总值的比重	44.6544	50.19465	225.6493	2.023246
GDP	人均国内生产总值	3.49169	2.26216	11.81276	0.42976
Fiscal	地方财政一般预算支出	2690.3342	2107.89013	13446.09	123.02

第五节 实证结果分析

一、回归分析与稳健性检验

与上一章技术进步中介效应模型一样,本章讨论的是边际产业和过剩产能对外转移在我国对"一带一路"沿线发展中经济体直接投资产业结构升级效应中的中介作用,下面先进行第一个检验步骤,对模型(6-5)进行回归分析,计量分析结果如表6-6所示。其中,列(1)和列(2)的被解释变量是用四个维度加权平均法计算的产业结构指数 Industry_1,列(3)和列(4)则为 Industry_2。同时,表6-6 中列(1)和列(3)的结果是使用我国对"一带一路"沿线发展中经济体直接投资流量数据回归得出,而列(2)和列(4)则使用了存量数据进行稳健性检验。

表6-6　计量模型(6-5)的估计结果与稳健性检验

变量	Industry_1		Industry_2	
	(1) OFDI_developing_1	(2) OFDI_developing_2	(1) OFDI_developing_1	(2) OFDI_developing_2
$\ln OFDI\_developing\_1$	0.0138736 * (0.0129304)	0.0196173 * (0.0162328)	0.0139754 * (0.0151117)	0.0205415 * (0.0189711)
$\ln Open$	0.2264599 *** (0.0167987)	0.2294331 *** (0.0173048)	0.2664968 *** (0.0196326)	0.2697412 *** (0.0202239)
$\ln GDP$	0.3843272 *** (0.0360355)	0.3865087 *** (0.0361911)	0.4365277 *** (0.0421146)	0.4393011 *** (0.042296)
$\ln Fiscal$	−0.0750602 *** (0.03149)	−0.0661312 * (0.0350888)	−0.0872688 *** (0.0368023)	−0.0769883 * (0.0410078)
常数项	−0.5301005 ** (0.2280428)	−0.5432596 ** (0.228461)	−0.795208 *** (0.2665132)	−0.8126276 *** (0.2669992)
Observations	450	450	450	450

注:( )内数值为回归系数的标准误差,*** 、** 和 * 分别表示在1%、5%、10%的水平上显著。

可以看出,对外直接投资对母国产业结构的影响系数 α_1 为 0.0138736(稳健性检验中分别为0.0196173、0.0139754 和0.0205415),并在10%的水平上显著,说明我国向"一带一路"沿线发展中经济体直接投资比向发达经济体投资更大地推动了产业结构的升级(上一章的回归系数 α_1 为0.0012159)。由此可以推测,向发展中经济体投资的产业转移中介效应超过了对发达经济体投资的技术进步中介效应。

因此,我们继续进行第二个步骤,对式(6-6)和式(6-7)进行了回归分析,考察对"一带一路"沿线发展中经济体直接投资的产业转移效应,这里的产业转移具体特征为新兴产业劳动力要素的流入比重 $Transfer_{it}\_L$ 和资本要素的流入比重 $Transfer_{it}\_K$,回归结果如表6-7所示,列(1)、列(3)、列(5)的被解释变量是 $Transfer_{it}\_L$,而列(2)、列(4)、列(6)的被解释变量是 $Transfer_{it}\_K$ 。另外,本书使用列（1）和列（2）混合最小二乘模型回归结果、列（3）和列（4）固定效应模型、列（5）和列（6）随机效应模型进行结果比照。

表6-7　计量模型（6-6）和模型（6-7）的估计结果

变量	混合最小二乘		固定效应		随机效应	
	（1） Transfer_L	（2） Transfer_K	（3） Transfer_L	（4） Transfer_K	（5） Transfer_L	（6） Transfer_K
$\ln OFDI\_developing\_1$	0.0079935 * (0.0102869)	0.0044365 * (0.009016)	0.016818 *** (0.0060853)	0.0177449 *** (0.0045536)	0.0167855 *** (0.0060768)	0.0178698 *** (0.0046023)
$\ln Open$	0.0025031 * (0.0133643)	0.0504247 *** (0.0117132)	-0.0261028 * (0.0187796)	-0.0789033 *** (0.0140528)	-0.0167266 * (0.0172425)	-0.0607807 *** (0.0133838)
$\ln GDP$	0.3101478 *** (0.0286683)	0.0465282 * (0.1126183)	0.0382943 (0.0685984)	-0.0625751 (0.0513324)	0.1453344 *** (0.0525407)	-0.0022001 (0.0425811)
$\ln Fiscal$	-0.1432017 *** (0.0250521)	-0.0040472 * (0.021957)	-0.0415755 (0.0506433)	0.0364416 (0.0378965)	-0.1151428 *** (0.0393756)	-0.0042917 (0.0317729)
常数项	-0.7113196 *** (0.1814212)	-1.230111 *** (0.1590069)	-1.19196 *** (0.3506857)	-0.518587 ** (0.2624188)	-0.8214043 *** (0.2939685)	-0.4181369 * (0.2339114)
Observations	450	450	450	450	450	450

注：（　）内数值为回归系数的标准误差，***、**和*分别表示在1%、5%、10%的水平上显著。

为了验证第二个步骤对模型（6-6）和模型（6-7）实证检验的稳定性，这里采用存量数据作为$OFDI_{it}\_developing\ Policy\_3_{it}$的代理指标重新进行实证分析，作为变量的稳健性检验，回归结果与上文一致（见表6-8）。

表6-8　模型（6-6）和模型（6-7）实证分析的稳健性检验

变量	混合最小二乘		固定效应		随机效应	
	（1） Transfer_L	（2） Transfer_K	（3） Transfer_L	（4） Transfer_K	（5） Transfer_L	（6） Transfer_K
$\ln OFDI\_developing\_2$	0.0050042 * (0.0129269)	0.0168049 * (0.0112943)	0.0396593 *** (0.0112888)	0.0168906 ** (0.008635)	0.0374028 *** (0.0110547)	0.0188174 ** (0.0085835)
$\ln Open$	-0.0009959 * (0.0137806)	0.0461079 *** (0.0120401)	-0.0172458 * (0.0186566)	-0.072633 *** (0.0142708)	-0.0106273 * (0.0171144)	-0.0548392 *** (0.013525)

续表

变量	混合最小二乘		固定效应		随机效应	
	(1) Transfer_L	(2) Transfer_K	(3) Transfer_L	(4) Transfer_K	(5) Transfer_L	(6) Transfer_K
lnGDP	0.2993669 *** (0.0288206)	0.0380562 * (0.0251806)	−0.0091671 (0.0694879)	−0.0827552 * (0.0531528)	0.1091955 ** (0.053797)	−0.017271 (0.044166)
lnFiscal	−0.1649368 *** (0.0279428)	−0.0242622 * (0.0244137)	−0.0584104 (0.0508454)	0.055312 * (0.0388927)	−0.1350289 *** (0.0405586)	0.0067699 (0.0330135)
常数项	−0.6318661 *** (0.1819338)	−1.169693 *** (0.1589561)	−1.347859 *** (0.3415853)	−0.7068036 *** (0.2612861)	−0.9210144 *** (0.2874472)	−0.5690166 *** (0.2323284)
Observations	450	450	450	450	450	450

注:( )内数值为回归系数的标准误差,***、** 和 * 分别表示在1%、5%、10%的水平上显著。

我们观察系数 β_1 和 γ_1,固定效应模型检验中,投资对新兴产业劳动力要素转移的影响系数 β_1 为 0.016818(在变量的稳健性检验回归中是 0.0396593),而投资对新兴产业资本要素转移的影响系数 γ_1 为 0.0177449(在变量的稳健性检验回归中是 0.0168906),两个结果都在 1% 的水平上显著,说明我国向"一带一路"沿线发展中经济体直接投资有显著的产业转移效应。其中,资本要素在新兴产业的转移超过了劳动力要素。以上结果符合继续进行中介效应检验的条件,下面对本章的式(6-8)和式(6-9)进行回归分析,结果如表6-9和表6-10所示。

表6-9 计量模型(6-8)的估计结果

变量	混合最小二乘		固定效应		随机效应	
	Industry_1	Industry_2	Industry_1	Industry_2	Industry_1	Industry_2
lnOFDI_developing_1	0.0093559 * (0.0115738)	0.0091763 * (0.0138209)	0.0041588 * (0.0082954)	0.004626 * (0.0100953)	0.0032291 * (0.0089488)	0.0035241 * (0.0107803)
Transfer_L	0.5651596 *** (0.0572957)	0.6003708 *** (0.0684198)	0.0829424 * (0.0714861)	0.0914897 * (0.0869972)	0.2304025 *** (0.0724503)	0.2551461 *** (0.0871008)
lnOpen	0.2250452 *** (0.0150252)	0.264994 *** (0.0179424)	−0.0432702 * (0.0253985)	−0.0553725 * (0.0309095)	0.0519601 ** (0.0237248)	0.0598359 ** (0.0284474)

变量	混合最小二乘		固定效应		随机效应	
	Industry_1	*Industry_2*	*Industry_1*	*Industry_2*	*Industry_1*	*Industry_2*
ln*GDP*	0.2090442 *** (0.0368038)	0.250324 *** (0.0439494)	-0.2433014 *** (0.0925658)	-0.2280246 ** (0.1126509)	0.134818 ** (0.067798)	0.1845367 ** (0.0809135)
ln*Fiscal*	0.0058716 (0.029335)	-0.0012947 (0.0350304)	0.2506821 *** (0.0683721)	0.2507043 *** (0.0832076)	-0.0047597 (0.0513589)	-0.026336 (0.0613379)
常数项	-0.1280914 (0.2079899)	-0.3681525 * (0.2483715)	-0.2394096 (0.4806173)	-0.1381201 (0.5849022)	0.7765176 ** (0.3905515)	0.873308 * (0.4670091)
Observations	450	450	450	450	450	450

注:( )内数值为回归系数的标准误差, *** 、** 和 * 分别表示在 1%、5%、10%的水平上显著。

表 6-10　计量模型(6-9)的估计结果

变量	混合最小二乘		固定效应		随机效应	
	Industry_1	*Industry_2*	*Industry_1*	*Industry_2*	*Industry_1*	*Industry_2*
ln*OFDI_developing_1*	0.0168038 * (0.0114961)	0.01721 * (0.0136291)	0.0026487 * (0.0081163)	0.0033687 * (0.0099044)	0.0043083 * (0.0085391)	0.0053911 * (0.0103331)
Transfer_K	0.6604831 *** (0.064964)	0.7290884 *** (0.0770176)	0.4622427 *** (0.0925144)	0.5372455 *** (0.1128952)	0.6428255 *** (0.0874904)	0.7443228 *** (0.1052768)
ln*Open*	0.1931552 *** (0.0152858)	0.2297327 *** (0.018122)	-0.0089628 (0.0255931)	-0.0153702 (0.0312313)	0.0736104 *** (0.0227926)	0.0858197 *** (0.0273373)
ln*GDP*	0.3535962 *** (0.0321706)	0.4026045 *** (0.0381396)	-0.2112003 *** (0.0897904)	-0.1909028 * (0.1095711)	0.1524121 ** (0.0634413)	0.2067903 *** (0.0754573)
ln*Fiscal*	-0.0723871 *** (0.0279895)	-0.084318 *** (0.0331827)	0.2303889 *** (0.0662363)	0.2273225 *** (0.0808281)	-0.0179893 (0.0480256)	-0.042687 (0.0572011)
常数项	0.2823674 (0.2178688)	0.101652 (0.2582928)	-0.0985606 (0.4605728)	0.0314364 (0.5620366)	0.9010088 *** (0.3704275)	1.03545 *** (0.4427698)
Observations	450	450	450	450	450	450

注:( )内数值为回归系数的标准误差, *** 、** 和 * 分别表示在 1%、5%、10%的水平上显著。

观察模型(6-8)和模型(6-9)中的系数 δ_2 和 ε_2,劳动力要素向新兴产业转移对产业结构的影响程度 δ_2 为 0.0829424,资本要素向新兴产业转移对产业结构的影响程度 ε_2 为 0.4622427,且至少在 10%的水平上显著。

采用 $OFDI_{it}\_developing$ 存量数据对式(6-8)和式(6-9)所做

的变量稳健性检验结果如表6-11和表6-12所示,各解释变量的系数符号与上文一致,显著性水平较高,证实了原模型回归结果的稳健性。

表6-11 计量模型(6-8)的稳健性检验

变量	混合最小二乘		固定效应		随机效应	
	Industry_1	Industry_2	Industry_1	Industry_2	Industry_1	Industry_2
ln$OFDI\_developing\_2$	−0.0224634* (0.0144941)	−0.023564* (0.0173157)	0.0075434 (0.0155882)	0.0078662 (0.0189711)	0.0074596 (0.0161533)	0.008965 (0.01943)
Transfer_L	0.568739*** (0.0571323)	0.6040006*** (0.0682543)	0.0817632* (0.0719487)	0.0906213* (0.0875628)	0.2287094*** (0.0727455)	0.2525054*** (0.0874474)
ln$Open$	0.2299995*** (0.0154484)	0.2703427*** (0.0184557)	−0.041385* (0.0253572)	−0.0533304* (0.0308601)	0.0529698** (0.0236189)	0.060771** (0.0283226)
lnGDP	0.2162471*** (0.0365562)	0.2584833*** (0.0436727)	−0.2522806*** (0.0943339)	−0.2374009** (0.1148059)	0.1290709** (0.0694939)	0.177218** (0.0829798)
ln$Fiscal$	0.0276747* (0.032711)	0.0226336* (0.039079)	0.2498419*** (0.0691517)	0.25054*** (0.0841588)	−0.0099951 (0.0541907)	−0.0332214 (0.064821)
常数项	−0.1838927 (0.2071209)	−0.4309802* (0.2474416)	−0.2817467 (0.4737426)	−0.1850978 (0.5765528)	0.7627193** (0.3845561)	0.8597235* (0.4599741)
Observations	450	450	450	450	450	450

注:( )内数值为回归系数的标准误差,*** 、** 和 * 分别表示在1%、5%、10%的水平上显著。

表6-12 计量模型(6-9)的稳健性检验

变量	混合最小二乘		固定效应		随机效应	
	Industry_1	Industry_2	Industry_1	Industry_2	Industry_1	Industry_2
ln$OFDI\_developing\_2$	0.0308531** (0.0144295)	0.0329411** (0.0171138)	0.0031148* (0.0149214)	0.002544* (0.0182094)	0.0023938* (0.0152228)	0.0025756* (0.0183837)
Transfer_K	0.6685995*** (0.0649256)	0.7378577*** (0.077004)	0.454175*** (0.0910958)	0.5278772*** (0.1111693)	0.6330913*** (0.0866952)	0.7324754*** (0.1043638)
ln$Open$	0.1986054*** (0.0156277)	0.2357202*** (0.018535)	−0.009807 (0.0254053)	−0.0165519 (0.0310036)	0.0721947*** (0.0226575)	0.0839953*** (0.0271826)
lnGDP	0.3610644*** (0.0321734)	0.411221*** (0.0381588)	−0.2154448*** (0.0916692)	−0.1945471* (0.111869)	0.1473704** (0.0654812)	0.2007763*** (0.0779416)
ln$Fiscal$	−0.0499095* (0.0311413)	−0.0590862* (0.0369346)	0.2199448*** (0.0670382)	0.2160488*** (0.0818104)	−0.0301944 (0.0504632)	−0.0572144 (0.0602528)

变量	混合最小二乘		固定效应		随机效应	
	Industry_1	*Industry_2*	*Industry_1*	*Industry_2*	*Industry_1*	*Industry_2*
常数项	0.2387968 (0.2162713)	0.0504395 (0.2565052)	−0.0709394 (0.4536886)	0.0658629 (0.5536617)	0.938649 *** (0.3655045)	1.081661 *** (0.4370489)
Observations	450	450	450	450	450	450

注:( )内数值为回归系数的标准误差,***、**和*分别表示在1%、5%、10%的水平上显著。

在以上四个检验步骤完成后,我们观察投资流量对产业结构的影响系数 δ_1 和 ε_1,分别为 0.0041588、0.0026487,且至少在 10%的水平上显著。

二、结果分析

以上回归分析结果说明,我国向"一带一路"沿线的发展中经济体直接投资将会推进产业结构的升级,而且,其中一部分升级效应通过直接投资的产业转移作用传导。

$$Transfer_{it}\_L\ 的中介效应程度 = \frac{中介效应}{总效应} = \frac{\beta_1 \times \delta_2}{\alpha_1} = \frac{0.016818 \times 0.0829424}{0.0138736} = 0.1005;$$

$$Transfer_{it}\_K\ 的中介效应程度 = \frac{中介效应}{总效应} = \frac{\gamma_1 \times \varepsilon_2}{\alpha_1} = \frac{0.0177449 \times 0.4622427}{0.0138736} = 0.5912。$$

通过计算劳动力要素和资本要素向新兴产业转移的中介效应程度可知,我国向"一带一路"沿线发展中经济体直接投资的产业结构升级作用中,产业转移起到部分的中介效果,而其中资本要素转移的贡献大大超过劳动力要素。可以解释为:"一带一路"沿线大多数发展中经济体经济总体水平较低,劳动力和自然资源要素禀赋丰裕,资本和知识技术要素稀缺,因此我国通过向其直接投资释放出的沉淀劳动力要素较少而资本要素较多。

随着中国大量积累国内资本和过剩的制造业产能,对于产业转移的重心也从以承接产业转移为主转变为"引进来"和"走出去"并重。"一带一路"倡议为中国提供了理想的投资目标和消化过剩产能的有效宏观治理路径。在推进"一带一路"建设过程中,中国进一步参与国际经济分工,由全球经济的追随者转为引领者,实施互联互通,加强基础设施建设,加速生产要素流动,带动产业跨境有序转移,开展国际产能合作。林毅夫(2015)[①]认为,融入"一带一路"应该以产业转型和升级为落脚点,尽快将不具有比较优势的产业转型或转移出去。本章的实证分析从侧面印证了对这些经济体的顺梯度投资过程中,劳动力和资本要素从传统产业中释放出来,转移到新兴产业,对推动我国产业结构升级起到了重要的中介作用。

"一带一路"沿线大部分发展中经济体处于外商直接投资的承接阶段,自身具有丰裕而廉价的劳动力和巨大的市场需求,又急需外部资本和技术发展本国经济,有通过承接国际产业转移实现经济高速增长的主观需求。因此,我国对其直接投资和产业转移加快了这些国家的工业化和现代化进程,为其带来加速经济增长的机遇期。作为世界第二大经济体,我国肩负大国责任,彰显大国担当,向"一带一路"沿线经济体传播自身改革开放和经济发展经验,通过产业转移互利互赢,构建人类命运共同体。

---

① 林毅夫:《"一带一路"助推发展中国家现代化》,《人民日报》2015 年 9 月 18 日。

纵观全球近现代历史上 4 次大规模产业国际转移浪潮，可以得出其一般特征与运动规律，即在转移的地理方向上表现为"发达国家—次发达国家—发展中国家"，在转移的产业次序上，遵循"传统工业—新兴工业—服务业"的轨迹。当今的全球经济新格局和价值链分工演化更是赋予其新的特点和模式，我国对外转移产业既是外部环境推动的结果，也是自身内部经济发展阶段和产业结构升级的急切要求，"一带一路"倡议契合沿线经济体经济发展和产业调整升级的共同需求，是新一轮的国际产业转移浪潮的支流和体现。

本章将我国对外直接投资的东道国锁定在"一带一路"沿线的发展中经济体，重点研究我国向其直接投资的产业结构升级效应中产业转移的中介作用，分析验证"对外直接投资—产业转移—生产要素流动—母国产业结构升级"传导路径的存在性。在实证层面，本章以我国除西藏、港澳台外的 30 个省（自治区、直辖市）和"一带一路"沿线 49 个发展中经济体为研究样本，得到以下结论：第一，我国向"一带一路"沿线 49 个发展中经济体直接投资存在产业结构升级效应（0.0138736），总效应水平甚至超过了向发达经济体直接投资的产业结构升级效应（0.0012159）。第二，"一带一路"框架下，我国向发展中经济体直接投资将对产业转移产生正向作用，影响系数为 0.016818。其中，投资引致的资本要素向新兴产业转移效应大于劳动力要素转移效应。第三，我国劳动力要素和资本要素向新兴产业的转移能够带动产业结构转型和升级，而且，劳动力要素转移的拉动作用（0.0829424）远低于资本要素（0.4622427）。第四，产业转移在我国向"一带一路"沿线发展中经济体直接投资的产业结构升级效应中起到了传导作用,即产业转移的部分中介效应仍存在。其中,劳动力要素向新兴产业转移的中介效应(10.05%)低于资本要素(59.12%)。

本章研究结论对我国加强对"一带一路"沿线发展中经济体的效率寻求型、市场寻求型和资源寻求型直接投资提供了理论支撑。首先,打造有利的"一带一路"沿线地缘合作环境。通过新亚欧大陆桥、中巴、中国—中亚—西亚、中蒙俄、中国—中南半岛和孟中缅印六大经济走廊建设,营造生产要素和最终产品自由流动的外部环境。持续推动沿线投资便利化工作,加强基础设施互联互通,大力开展经济外交,加强市场准入规则、税收制度、劳工标准、投融资政策等方面的沟通。其次,统筹推进"一带一路"建设与我国区域发展战略,降低生产要素流动的壁垒,开展国际产能合作,大力扶持和发展新兴产业,推进产业结构升级。

第七章　中国对"一带一路"沿线经济体直接投资促进母国产业结构升级的政策建议

本书通过理论机理、模型推导和实验检验范式分析得出结论：我国向"一带一路"沿线经济体直接投资将通过技术进步和产业转移两种路径形成产业结构升级效应。因此，本章从技术进步和产业转移两种路径提出政策建议，以期理论落地现实，为我国对外直接投资政策和产业战略导向提供参考。

第一节　基于技术进步路径的政策建议

一、宏观层面

（一）推进"一带一路"建设和"走出去"战略，扩大技术寻求型对外直接投资

改革开放以来，"引进来"战略对我国提升技术水平、产业结构跃迁和经济长足发展的贡献巨大，但单纯依靠外商直接投资

"以市场换技术"已经无法满足时代要求。因此,国家提出"走出去"与"引进来"并重是新形势下经济发展的必然要求,"一带一路"倡议使中国企业"走出去"的步伐更加坚定。政府是现阶段我国对"一带一路"沿线国家和地区投资的重要推动力,应加大政策扶持力度,拓展国际市场,完善促进海外投资体系,鼓励企业境外投资。政府可以利用信息搜集的便利条件,为跨国企业提供"一带一路"沿线经济体宏观经济运行状况、要素资源禀赋、政治社会环境、相关法律法规、税收政策、行业竞争情况等投资信息,并进行宏观政策指导,实现"走出去"战略的政策意图。然后,拓宽信息搜集渠道,提供信息传播平台,统计和建档有意愿"走出去"、正在"走出去"和已经"走出去"的企业,并提供细心咨询与指导培训,对跨国企业投资尤其是与国家经济利益关系重大的投资进行金融支持和保险服务。需要注意的是,政府应放宽对投资企业所有制的限制,对民营企业一视同仁,在市场准入和行业限制、融资、外汇、审批等方面给予优待,使其与国有企业享有相同的政策红利。

优化对外直接投资结构尤其是扩大技术寻求型投资包括产业选择和地区布局两个方面内容。在产业选择方面,为契合我国产业结构调整升级的要求,将技术寻求型直接投资放在重点扶持的显著位置,与技术先进国家建立和维持良好的政治外交关系,加强投资保护措施,为跨国公司提供财政税收减免和优惠,放宽外汇管理政策,增加信贷额度,建立和完善风险准备金制度和保险制度,为我国微观企业向"一带一路"技术领先国家直接投资创造便利条件。在地区选择方面,以获取逆向技术溢出为先导,通过绿地投资、跨国并购和战略联盟等模式加大对欧洲、大洋洲和亚洲地区发达国家和技术领先国家直接投资,靠近高精尖技术研发环节,深度嵌入其高新技术集群网络,获取技术创新的核心要素与资源,提高母公司的技术创新效率和竞争水平,推动国内技术进步和产业结构升级。总之,在"一带一路"框架与我国产业结构升级的现实背景下,在欧美发达国家的高新技术企业研发中心与研究机构聚集区域进行投资,利用中欧和东欧的高素质劳动力要素和欧盟市场优势,在航空、高铁、核电、新能源等产业展开技术性战略合作,通过研发要素吸收、成果反馈和人员交流,实现国外先进技术对国内的反哺作用,进而产生产业示范和竞争效应,推动我国产业结构升级进程。最后,因地制宜,根据我国不同地区的经济发展阶段开展技术寻求型投资活动。根据本书的研究结论,东部地区的技术进步在投资的产业结构升级作用中的中介传导效应最强,消化吸收技术能力的调节效应也最强,因此最适宜选择"一带一路"沿线的发达经济体和新兴经济体进行直接投资,推动我国的产业结构升级。

(二)增强技术消化吸收能力,提高产业结构升级效率

如前文所述,通过向"一带一路"沿线发达经济体开展技术寻求型直接投资促进产业结构升级,不但依赖于能够获取的逆向技术溢出累积量,而且与我国对先进技术的消化吸收能力休戚相关。技术要素与传统的劳动力、资本要素性质特征迥异,从技术创新研发到获取,再从技术消化吸收到利用,这种无形的关键要素资源对经济发展和产业结构升级的影响是逐步释放的。从实证检验的结果可知,影响母国技术消化吸收能力的因素,具体包括国内研发资本投入、投资母国与东道国的技术差距、国内人力资本存量以及经济开放度,在很大程度上调节着我国向"一带一路"沿线经济体直

接投资所获反向技术溢出对自身技术进步的促进作用。

因此,提高我国的技术消化吸收能力,释放技术要素的潜在效能,提升产业结构升级效率,便成为政府工作的重中之重。首先,增加国内研发经费投入,加大技术研发的财政支持,合理规划分配中央企业和地方企业的研发比例,促进各领域自主创新产品及其衍生品在国际价值链中推陈出新,对接我国吸纳技术扩散和产业结构转型升级;其次,注意我国与投资东道国之间的技术差距阈值,灵活采用知识产权保护策略,通过对国外先进技术的二次开发和创新改造传统技术,保持适度的技术差距,推进技术进步;再次,人力资本积累不足导致了我国吸收技术外溢的根基不牢固,政府必须继续加大教育投入,提高教育质量,培养源源不断的高层次研发人才。吸引技术先进国家的专家、学者、研究人员等创新要素和资源跨国流动,拉动我国的技术认知和吸收能力。同时,应当注重教育资源分配的区域协调性,助推东部、中部、西部地区教育公平,重点扶持落后地区的教育发展;最后,进一步扩大开放水平,在"一带一路"贸易与投资便利化的政策红利下学习和吸纳先进技术,提高比较优势,推动产业结构升级。

(三)提升自主创新能力,夯实产业结构升级基础

与"一带一路"沿线技术领先的发达经济体相比,我国科技创新基础薄弱,技术发展成熟度较低,教育质量较低导致创新人才储备不足,研发资源相对匮乏,大多投资主体行为仍然停留在学习、模仿和复制阶段,对前沿技术的自主研发和创新能力滞后,从而影响国内产业结构升级进程。如今,经济增长方式由粗放型向集约型递进,由生产要素驱动向技术创新驱动转型,通过提升自主创新

能力推进产业结构转型升级成为现实要求。为此需要从内部和外部两个方面着手落实：

一方面，从内部培养技术创新能力，增加国内研发投入，完善产、学、研协作创新体系。稳步提高教育水平和质量，培育高层次技术创新人才，吸引海外高端人才回流，引进高素质教研人员，实现优质教育资源的溢出和共享。通过提供信息咨询、硬件设施、软件支持和发展资金等协助手段推进科研院所机构的创建与发展，营造有序的技术创新环境。同时，引导高校、科研院所和企业共建创新人才培育体系，发挥产业集群在技术吸收与转化过程中的桥梁作用，通过技术前后向溢出和扩散，获取正的外部性效应，加快科技成果的应用化和产业化。

另一方面，鼓励国内外人才交流与合作，推进教育产业的直接投资活动。派遣国内研发人员去技术领先国家访问、学习、调研和工作，接近技术创新的核心前沿阵地，回国后为国家自主创新贡献力量。鼓励国内教育产业与技术要素丰裕、教育质量优良的国家联合办学，改进教学模式，为提高技术水平和产业结构升级夯实基础。

二、微观层面

（一）开展多种技术寻求型直接投资方式，防范境外投资风险

我国通过对外直接投资方式，向"一带一路"沿线经济体汲取、转移和吸收当地先进技术，逆向推动我国要素配置效率和技术水平提高。母国企业一般通过绿地投资、跨国并购和战略联盟3种路径进入东道国市场，其逆向技术溢出的微观机制包括技术获

取、转移和吸纳三个阶段,实现学习模仿、人员流动和平台联系效应。在绿地投资情况下,母国在东道国新建的企业模仿和学习当地企业运营模式,剥离外围技术,挖掘核心技术,革新科研理念,提升创新能力。通过雇佣东道国高素质科研人员和派遣本土员工,加快技术收益的逆向反馈和技术要素的高速传导。在跨国并购路径下,被并购企业对东道国经济、政治、文化的熟悉和适应度高,因此比绿地投资方式更易获取和吸纳技术。通过研发人员的流动加快先进技术多维外溢,经过技术分解、提炼、复制及模仿,从探索外围技术到吸收核心技术,获得技术协同效应,提升母国研究创新能力。与绿地投资和跨国并购方式不同,建立战略联盟后,通过亚洲基础设施投资银行、丝路基金等模式向其提供开发援助资金,联合研发路径下的技术资源获取更具针对性和直接性,研发合作也更深入和广泛,两国研发人员相互传递和反馈研发理念,突破、改进和分解技术环节,共享技术资源,分摊研发费用。但是,由于母国研发企业没有独立扩散技术的权利,联合研发路径下的技术转移只能分阶段逐步进行,较前两种方式相对滞后。综上,母国通过绿地投资、跨国并购和联合研发 3 种直接投资方式获得逆向技术溢出效应,推动技术进步,提高投入产出效率,改造传统产业,发展新兴产业,进而推动产业链升级。

我国跨国企业可以采取以下策略实现技术寻求型投资目标,并最大限度防范投资风险:首先,拓展并谨慎斟酌采用不同直接投资方式,形成以绿地投资、跨国并购和战略联盟方式为主,以贸易窗口和制造基地为辅的多种投资模式;其次,企业进行海外投资前,审慎评估技术的时效性和先进性,考虑产品、产业链上下游企业和销售渠道因素,确保技术与企业自身条件的有效对接,避免技术与母国企业、市场条件错位造成的研发费用损失和投资风险；最后，在区位选择上，优先考虑到技术和产业集聚地区投资，将高精尖科研成果、世界一流科研团队和高素质研发人员所在国家作为技术寻求型投资的最佳选择。通过串联国外技术先进的科研团队、聘请高层次科研人员，消化和吸收技术溢出和管理经验，推动国内技术进步水平。

（二）掌握核心技术，培养自主创新能力

目前，国际经济贸易与投资的发展对各国重大技术突破和产业变革提出了新要求，随着生物、信息技术、新材料和新能源等新兴产业跃升为世界经济增长的新引擎，企业的综合竞争力将主要取决于其技术实力。投入足够的研发资本，企业才能在关键领域开展核心技术研发，创造出国际一流的高技术产品，成为拥有自主知识产权和自主品牌的技术创新型企业。

第二节　基于产业转移路径的政策建议

一、宏观层面

（一）利用"一带一路"政策红利，加快效率寻求型企业对外直接投资

改革开放以来，我国经济取得长足发展，但人口红利逐渐消失，原材料价格上涨和劳动力成本上升导致过去以低端价值链生产环节为主的生产方式与产业结构难以为继，边际产业对外转移

迫在眉睫。我国与"一带一路"沿线经济体的产业价值链梯度关系是对外产业转移的基础,加快顺梯度的边际产业转移不仅是我国产业迈向全球价值链中高端环节的主观要求,也是"一带一路"沿线经济体经济发展阶段的客观需要。本书的理论推演和实证分析结论也证明,我国对"一带一路"沿线经济体的直接投资能够通过产业国际转移路径促进产业结构升级。因此,在传统以出口市场份额、出口规模为主的转移模式基础上,应该加快我国向"一带一路"沿线经济体的效率寻求型投资。既可以化解我国东部地区的过剩产能,释放沉淀生产要素和资源助推高技术密集型产业发展,又能够助推中部、西部地区经济增长和产业发展升级。政府应加大投资合作力度,为投资企业"走出去"创造条件。

首先,在区位和产业选择方面,充分考虑产业对外转移的现实迫切性,有步骤、分阶段地释放要素资源。按照国际直接投资理论中经典的"雁行模式","一带一路"倡议是以中国和沿线经济体组成的大雁行及国内东部、中部、西部地区多个小雁行组合成的多层次叠加的雁行合作模式。在国内小雁行合作中,东部沿海地区作为领头雁通过东线的"21世纪海上丝绸之路"将电子信息业、纺织业、轻工业等劳动密集型产业向越南、印度尼西亚、菲律宾等东南亚国家或非洲国家转移;中部地区在国际产业转移的同时成为国内东部、西部产业转移的纽带和桥梁,有着承东启西的重要作用;而西部地区则在承接东部产业转移的同时,通过"丝绸之路经济带"将富余产能的高铁、石油天然气开采加工等装备制造业疏散到中亚等国。东部、中部、西部在我国对外产业转移的大雁行和国内产业转移的小雁行中分工明确、各司其职、起承转合流畅,既能促进东道国发挥原材料和劳动力等生产要素禀赋优势,又可以集中优势发展我国高技术和生产性服务产业。

其次,利用和改善国际投资合作机制,倡导建立符合新常态经济要求的国际产能合作约束制度和协调体系,搭建政策沟通和信息共享的合作平台,加大金融支持和保障服务,为投资企业开拓世界市场和对外产业转移保驾护航。

最后,结合当前国际产业转移形势,构建整合资源的产业园区,发挥优质要素与核心资源的凝聚效应,引导产能集群式转移,实现横纵向产业链企业抱团出海,推进国际产业合作纵深发展。

(二)推进互联互通建设,塑造便利的产业国际转移条件

前文实证分析结果表明,"一带一路"沿线经济体的投资便利化水平对我国直接投资有明显的促进作用,而两国之间的地理距离、东道国的税率水平则对其有负面影响。因此,要塑造以提高投资便利化为核心的互联互通环境,降低运输等交易成本,拉近我国与"一带一路"沿线经济体的地理、物理和制度距离,推动产业有序转移和共生合作。

首先,基础设施互联互通是重要支撑条件。应加强建设规划,对接技术标准,夯筑关键通道节点和重点工程,联通沿线"一带一路"沿线经济体间基础设施网络。

其次,政策制度的互联互通是基本保障。我国应从国际直接投资规则的被动执行者转型为主动制定者和引导者,加强政治互信与政策沟通,促进沿线经济体经济发展与产业调整战略对接,推动各国签署合作备忘录和规划,加强政策沟通,积极建设有效的制度协调体系。利用互联网、云计算等技术,为跨国企业提供全方位多层次的公共服务平台,加强投资双方的产业政策对接、监管互认

和信息交换合作。

再次，资金的互联互通是有力的推动手段。在有效利用亚洲基础设施投资银行、金砖国家新开发银行等投融资机构的基础上，鼓励我国基础设施建设、装备制造、能源开发等优质产能行业的跨国企业首先开拓非洲等投资便利化条件较低的地区，为推动共建"一带一路"和推进投资便利化夯实基础。

最后，民心文化的互联互通是产业国际转移的纽带和桥梁。在古代丝绸之路的基础上，为了增进与沿线经济体间的文化沟通和了解，应鼓励人员往来和交流，增进友谊，为产业国际转移创造信任基础，塑造劳动力、资本、商品和服务自由流动的平台。

（三）增加对外援助，激发沿线发展中经济体承接产业转移的内在潜力

我国向"一带一路"沿线转移边际产业的对象大多是发展中经济体和欠发达经济体，其经济发展水平和产业结构状况不容乐观，制约了承接外商直接投资的能力和潜力。中国从外部援助中受惠颇丰，新中国成立以来，我国经济飞跃式增长和现代化建设成果与外部援助不无关系。作为世界第二大经济体，我们必须饮水思源，彰显大国担当，向"一带一路"沿线落后经济体提供发展援助，发挥长远战略先导作用，实现外交政策目标和维护国家利益。

首先，通过亚洲基础设施投资银行、丝路基金等模式向其提供开发援助资金，建设基础设施项目的同时创造就业，开发需求。

其次，通过与沿线经济体的人力资源开发合作、技术指导与交流等方式，提高其接纳和吸收投资的能力。通过援助落后国家，既

提高其经济增长水平和造血功能,又为我国产能输出和边际产业转移创造了机会。

二、微观层面

(一)合理选择投资模式,提高对外转移效率

随着对外直接投资规模和结构的扩大成熟,我国跨国企业对外投资方式逐渐从单一主体过渡到多方合作,由绿地投资向跨国并购和战略联盟方式演进,从单一股权安排到并购、非股权安排等多种方式并存。不同产业的转移必然要求跨国企业选择不同的投资方式,以达到最优的投资效率。在"一带一路"框架下,我国企业不但应该依据自身在区域价值链中的分工地位和环节决定对外转移的产业类别,而且需要根据转移产业的不同性质和特征选取适当的投资方式。对于传统生产方式的边际产业,选择绿地投资模式,紧邻原材料和要素所在地,就地生产开发条件便利。对于有富余产能的铁路、核电等装备制造业,能够实现全球布局设计、研发、生产和销售的绿地投资方式最为适宜。而对于高技术产业的对外转移,则应选取跨国并购或战略联盟方式,降低研发风险和成本,深度嵌入东道国企业的创新研究与生产网络,学习或联合研发新技术,最大化技术外溢与扩散的产业结构升级效应。

(二)科学防范投资风险,避免产业转移的盲目性

"一带一路"沿线覆盖经济体众多,各个国家经济、政治、社会、历史、文化条件的异质性明显,其政局稳定性和政府执政能力、财政负债水平、风险承受能力也存在差异。一般来说,经济风险一

般包括东道国经济增长速度、人均收入水平、经济开放度、债务偿付能力、失业情况等。政治风险通常指社会稳定性、政府效率、政府腐败水平、居民言论自由等反映一国政府是否想偿还债务的意愿。社会风险包括法律体系完善情况及宗教、种族、文化容忍度等表现跨国企业独立运营对外投资的能力。所以,合理规避产业转移的随意性,风险评价和控制就尤为重要,我国对外直接投资企业应该针对不同的投资东道国建立不同的风险识别、预警和防范机制。一方面,通过政策沟通稳固和扩宽多边协定规避投资风险。例如东南亚和中亚地区的国家与我国地理毗邻,政治基础稳定,与我国产业互补,投资合作需求强烈,未来可加速签订和落实合作协议,有效降低我国海外投资的经济和政治风险;另一方面,完善境外投资的保险制度,健全风险控制系统。签订覆盖范围广泛的防范违约风险、战争风险、汇率风险等类型保险。

(三)生态环境保护

"一带一路"沿线大多经济体属于生态环境脆弱区域,为了避免对东道国环境保护工作造成阻碍,不给阻止中国跨国企业境外投资的国家和组织落下口实,我国跨境企业对外产业转移在追求经济效益的同时还应注重生态环境保护,在直接投资过程中遵循环境保护的国际标准,配套相应的人力、资金、设备和技术,履行社会责任,共建绿色"一带一路"。

结　束　语

在全球经济格局加速演变与我国产业结构深刻调整的背景下，"一带一路"倡议应运而生，这是促进沿线经济体经济提质增效的重要战略。由此，我国向"一带一路"沿线经济体直接投资的产业结构升级效应便成为学术界探讨的热点话题。本书基于技术进步和产业转移两个视角，勾勒出对外直接投资影响产业结构升级的理论框架，刻画我国对"一带一路"沿线经济体直接投资的现状与潜力以及产业结构演进情况，初步判断二者之间的相关性。在此基础上，将"一带一路"沿线经济体样本分为发达经济体和发展中经济体两组，采用中介效应和调和效应分析方法，分别对"向发达经济体的逆梯度直接投资—逆向技术溢出—母国技术进步—母国产业结构升级"和"向发展中经济体的顺梯度直接投资—产业对外转移—生产要素流动—母国产业结构升级"这两个传导链条进行实证检验，最后提出促进我国产业结构升级的"一带一路"沿线经济体直接投资路径选择与政策建议。本书的核心研究结论如下：

第一，我国对外直接投资增长趋势稳定，投资区域和行业具有层阶化特征,其中对"一带一路"沿线经济体的直接投资增长潜力巨大且洲际差异明显。其一,我国对外直接投资总体规模名列世界前茅,在区域层面上对亚洲的投资比重最高,其次为欧洲、拉丁美洲、北美洲、大洋洲和非洲。在产业分布上以第三产业尤其是租赁和商务服务业、批发和零售业、金融业为主,然后是第二产业和第一产业。其二,"一带一路"沿线经济体投资便利化总体水平不高,洲际差异显著,欧洲最为便利,其次为亚洲,最后是非洲,已接近不便利水平。亚洲除了在商业投资环境方面略胜欧洲外,其基础设施质量、信息技术应用、制度供给质量和金融服务效率皆败北欧洲,但遥遥领先于非洲。其三,在影响中国对"一带一路"沿线经济体直接投资的诸多因素中,沿线经济体的投资便利化水平、双方的国内生产总值、东道国的劳动力规模、自然资源禀赋和汇率水平均对其有正向的创造效应,而两国之间的地理距离和东道国的税率水平则对我国向其直接投资具有明显的消极影响。其四,我国对"一带一路"沿线经济体直接投资的潜力目前并没有充分释放,未来投资潜力最大的地区是亚洲尤其是东南亚地区,其次为非洲,这两大区域投资便利化水平普遍较低,历史经济合作关系紧密,在"一带一路"建设的政策红利下对外直接投资提升空间较大。

第二,我国产业结构升级跃进趋势明显,且具有空间异质性。新中国成立以来我国产业结构变迁经历了重工业优先发展、协调发展和转型升级三个阶段,近年来产业结构高级化、合理化、均衡化和生态化趋向显著,其中东部沿海地区的升级程度在全国拔得头筹,中部地区次之,西部内陆地区最为落后,也从侧面印证了以贸易和投资为主的对外开放经济政策促进我国产业结构调整升级的重要作用。2013年后,在影响我国产业结构升级的因素中,我国对"一带一路"沿线经济体直接投资、本国技术进步、经济开放度、人均国内生产总值均有积极的促进作用,而对政府财政支持偏向具有负面影响。

第三,我国对"一带一路"沿线经济体直接投资的母国产业结构升级效应的确存在,并通过技术进步和产业转移两种路径传导。在理论层面上,我国对"一带一路"沿线发达经济体的逆梯度直接投资通过技术进步路径促进自身产业结构升级,其机制遵循"对外直接投资—逆向技术溢出—母国技术进步—母国产业结构升级"的逻辑规律,通过绿地投资、跨国并购和合作经营获得逆向技术溢出效应,推动母国技术进步,提高投入产出效率,淘汰和改造传统产业,催生和发展新兴产业,推进产业结构升级;而对"一带一路"沿线发展中经济体的顺梯度直接投资则通过产业转移路径促进母国产业结构升级,其具体作用沿着"对外直接投资—过剩产业和边际产业对外转移—生产要素流动—母国产业结构升级"的传导链条,释放沉淀的生产要素,提高资源利用和配置效率,发展战略性新兴产业,实现母国产业结构升级。在实证层面上,技术进步和产业转移两种路径在我国对"一带一路"沿线经济体直接投资促进母国产业结构升级的作用中均存在中介效应,且后者的作用大于前者。其中,技术进步的中介效应受母国对技术的消化吸收能力调节,而且具有空间异质性,即东部地区最为显著,中部地区次之,西部地区再次之。而产业转移的中介效应构成因素中,资本要素向新兴产业转移的作用超过了劳动力要素。

参 考 文 献

［1］白永秀、王泽润、王颂吉:《丝绸之路经济带工业产能合作研究》,《经济纵横》2015 年第 11 期。

［2］卜伟、易倩:《OFDI 对我国产业升级的影响研究》,《宏观经济研究》2015 年第 10 期。

［3］曹伟、言方荣、鲍曙明:《人民币汇率变动、邻国效应与双边贸易——基于中国与"一带一路"沿线国家空间面板模型的实证研究》,《金融研究》2016 年第 9 期。

［4］曾倩、曾先峰、岳婧霞:《东盟贸易便利化对中国出口贸易的影响》,《经济体制改革》2019 年第 2 期。

［5］曾倩、吴航、刘飞:《全球经济格局新特点与"一带一路"倡议的意义》,《技术经济与管理研究》2018 年第 8 期。

［6］曾铮、周茜:《贸易便利化测评体系及对我国出口的影响》,《国际经贸探索》2008 年第 10 期。

［7］柴庆春、张楠楠:《中国对外直接投资逆向技术溢出效应——基于行业差异的检验分析》,《中央财经大学学报》2016 年第 8 期。

[8]陈菲琼、丁宁:《全球网络下区域技术锁定突破模式研究——OFDI 逆向溢出视角》,《科学学研究》2009 年第 11 期。

[9]陈菲琼、徐金发:《中国企业与跨国公司知识联盟是提高企业竞争力的有效途径》,《数量经济技术经济研究》2000 年第 12 期。

[10]陈菲琼、虞旭丹:《企业对外直接投资对自主创新的反馈机制研究:以万向集团 OFDI 为例》,《财贸经济》2009 年第 3 期。

[11]陈昊、吴雯:《中国 OFDI 国别差异与母国技术进步》,《科学学研究》2016 年第 1 期。

[12]陈昊:《中国 OFDI 与母国产业升级》,浙江大学 2018 年博士学位论文。

[13]陈慧:《"一带一路"背景下中国—东盟产能合作重点及推进策略》,《经济纵横》2017 年第 4 期。

[14]陈继勇、盛杨怿:《外国直接投资与我国产业结构调整的实证研究——基于资本供给和知识溢出的视角》,《国际贸易问题》2009 年第 1 期。

[15]陈强、刘海峰、汪冬华、徐驰:《中国对外直接投资能否产生逆向技术溢出效应?》,《中国软科学》2016 年第 7 期。

[16]陈升、张俊龙:《东道国制度水平对我国对外直接投资的影响——综合运用全球治理指标和"一带一路"沿线国家数据的实证》,《产经评论》2019 年第 3 期。

[17]陈岩:《中国对外投资逆向技术溢出效应实证研究:基于吸收能力的分析视角》,《中国软科学》2011 年第 10 期。

[18]程惠芳、阮翔:《用引力模型分析中国对外直接投资的区位选择》,《世界经济》2004 年第 11 期。

[19]储德银、建克成：《财政政策与产业结构调整——基于总量与结构效应双重视角的实证分析》，《经济学家》2014年第2期。

[20]崔岩、臧新：《日本服务业与制造业FDI状况及其影响因素的实证比较》，《国际贸易问题》2008年第4期。

[21]戴宏伟：《中国制造业参与国际产业转移面临的新问题及对策分析》，《中央财经大学学报》2007年第7期。

[22]戴翔：《对外直接投资对国内就业影响的实证分析——以新加坡为例》，《世界经济研究》2006年第4期。

[23]邓小河：《国际产业转移理论与典型范例》，科学技术文献出版社2004年版。

[24][瑞典]俄林：《地区间贸易和国际贸易》，王继祖等译，首都经济贸易大学出版社2001年版。

[25]房裕：《中国对外直接投资对国内产业升级的影响及对策建议》，《甘肃社会科学》2015年第3期。

[26]冯春晓：《我国对外直接投资与产业结构优化的实证研究——以制造业为例》，《国际贸易问题》2009年第8期。

[27]冯梅：《比较优势动态演化视角下的产业升级研究：内涵、动力和路径》，《经济问题探索》2014年第5期。

[28]符磊、强永昌：《OFDI逆向技术溢出产生的内生机制：理论与启示》，《投资研究》2014年第5期。

[29]付海燕：《对外直接投资逆向技术溢出效应研究——基于发展中国家和地区的实证检验》，《世界经济研究》2014年第9期。

[30]付凌晖：《我国产业结构高级化与经济增长关系的实证研究》，《统计研究》2010年第8期。

［31］傅强、魏琪:《全球价值链视角下新一轮国际产业转移的动因、特征与启示》,《经济问题探索》2013 年第 10 期。

［32］傅元海、叶祥松、王展祥:《制造业结构优化的技术进步路径选择——基于动态面板的经验分析》,《中国工业经济》2014年第 9 期。

［33］甘星、刘成昆:《区域金融发展、技术创新与产业结构优化——基于深圳市 2001—2016 年数据的实证研究》,《宏观经济研究》2018 年第 11 期。

［34］干春晖、郑若谷、余典范:《中国产业结构变迁对经济增长和波动的影响》,《经济研究》2011 年第 5 期。

［35］干春晖、郑若谷:《改革开放以来产业结构演进与生产率增长研究——对中国 1978—2007 年"结构红利假说"的检验》,《中国工业经济》2009 年第 2 期。

［36］顾雪松、韩立岩、周伊敏:《产业结构差异与对外直接投资的出口效应——"中国—东道国"视角的理论与实证》,《经济研究》2016 年第 4 期。

［37］关满博:《超越空洞化——技术和地域的再构筑》,日本经济新闻出版社 1997 年版。

［38］［日］关下稔:《跨国公司经济学——现代资本主义的世界模型序论》,李公绰译,《世界经济译丛》1990 年第 5 期。

［39］郭飞、黄雅金:《全球价值链视角下 OFDI 逆向技术溢出效应的传导机制研究——以华为技术有限公司为例》,《管理学刊》2012 年第 3 期。

［40］郭飞、黄保东:《储蓄、公司治理、金融结构与对外直接投资:基于跨国比较的实证研究》,《金融研究》2010 年第 2 期。

[41]郭锦辉:《"一带一路"引领中国产业走出去》,《中国经济时报》2015 年 4 月 1 日。

[42]郭克莎:《外商直接投资对我国产业结构的影响研究》,《管理世界》2000 年第 2 期。

[43]郭凌威、卢进勇、郭思文:《改革开放四十年中国对外直接投资回顾与展望》,《亚太经济》2018 年第 4 期。

[44]郭旭红、武力:《新中国产业结构演变述论(1949—2016)》,《中国经济史研究》2018 年第 1 期。

[45]何慧爽:《环境质量、环境规制与产业结构优化——基于中国东、中、西部面板数据的实证分析》,《地域研究与开发》2015 年第 1 期。

[46]何志毅:《中国企业国际化途径选择——海尔与 TCL 海外投资战略的比较》,《世界经济研究》2002 年第 6 期。

[47]黄健柏、刘京星:《"一带一路"战略背景下金属产业国际产能合作研究》,《中国人口·资源与环境》2017 年第 7 期。

[48]黄琨、张坚:《新一轮全球银行业并购风潮与我国的对策》,《科技进步与对策》2000 年第 11 期。

[49]黄林秀、欧阳琳:《经济增长过程中的产业结构变迁——美国经验与中国借鉴》,《经济地理》2015 年第 3 期。

[50]黄先海、余骁:《以"一带一路"建设重塑全球价值链》,《经济学家》2017 年第 3 期。

[51]霍忻:《中国 TSFDI 逆向技术溢出对国内技术水平提升影响程度研究——基于溢出机制和影响因素的视角》,《世界经济研究》2017 年第 7 期。

[52]霍忻:《中国对外直接投资逆向技术溢出的产业结构升

级效应研究》,首都经济贸易大学 2016 年博士学位论文。

　　[53]贾妮莎、韩永辉、邹建华:《中国双向 FDI 的产业结构升级效应:理论机制与实证检验》,《国际贸易问题》2014 年第 11 期。

　　[54]江小涓:《中国的外资经济对增长、结构升级和竞争力的贡献》,《中国社会科学》2002 年第 6 期。

　　[55]姜泽华、白艳:《产业结构升级的内涵与影响因素分析》,《当代经济研究》2006 年第 10 期。

　　[56]蒋殿春、张庆昌:《美国在华直接投资的引力模型分析》,《世界经济》2011 年第 5 期。

　　[57]蒋冠宏、蒋殿春:《中国对外投资的区位选择:基于投资引力模型的面板数据检验》,《世界经济》2012 年第 9 期。

　　[58]蒋冠宏、蒋殿春:《中国工业企业对外直接投资与企业生产率进步》,《世界经济》2014 年第 9 期。

　　[59]蒋冠宏:《我国企业跨国并购与行业内逆向技术溢出》,《世界经济研究》2017 年第 1 期。

　　[60]揭水晶、吉生保、温晓慧:《OFDI 逆向技术溢出与我国技术进步——研究动态及展望》,《国际贸易问题》2013 年第 8 期。

　　[61]金瑞庭:《推进国际产能合作的政策思考》,《宏观经济管理》2016 年第 9 期。

　　[62]孔庆峰、董虹蔚:《"一带一路"国家的贸易便利化水平测算与贸易潜力研究》,《国际贸易问题》2015 年第 12 期。

　　[63]李东坤、邓敏:《中国省际 OFDI、空间溢出与产业结构升级——基于空间面板杜宾模型的实证分析》,《国际贸易问题》2016 年第 1 期。

　　[64]李东阳:《对外直接投资与国内产业空心化》,《财经问题

研究》2000 年第 1 期。

[65]李敦瑞:《国内外产业转移对我国产业迈向全球价值链中高端的影响及对策》,《经济纵横》2018 年第 1 期。

[66]李逢春:《对外直接投资的母国产业升级效应——来自中国省际面板的实证研究》,《国际贸易问题》2012 年第 6 期。

[67]李辉:《经济增长与对外投资大国地位的形成》,《经济研究》2007 年第 2 期。

[68]李梅、柳士昌:《对外直接投资逆向技术溢出的地区差异和门槛效应——基于中国省际面板数据的门槛回归分析》,《管理世界》2012 年第 1 期。

[69]李蕊:《跨国并购的技术寻求动因解析》,《世界经济》2003 年第 2 期。

[70]李显君、庞丽、徐可:《价值转移、路径创新与竞争优势——基于中国汽车企业的实证分析》,《中国软科学》2010 年第 1 期。

[71]李雪:《外商直接投资的产业结构效应》,《经济与管理研究》2005 年第 1 期。

[72]李豫新、郭颖慧:《边境贸易便利化水平对中国新疆维吾尔自治区边境贸易流量的影响——基于贸易引力模型的实证分析》,《国际贸易问题》2013 年第 10 期。

[73]梁文:《地方政府竞争对区际产业转移空间失配性的影响研究》,湖南科技大学 2016 年博士学位论文。

[74]梁颖、卢潇潇:《加快"21 世纪海上丝绸之路"重要节点建设的建议》,《亚太经济》2017 年第 4 期。

[75]廖萌:《"一带一路"建设背景下我国企业"走出去"的机

遇与挑战》,《经济纵横》2015 年第 9 期。

[76]林峰:《论入世后引进外资促进我国经济结构调整及对策》,《数量经济技术经济研究》2003 年第 2 期。

[77]林青、陈湛匀:《中国技术寻求型跨国投资战略:理论与实证研究——基于主要 10 个国家 FDI 反向溢出效应模型的测度》,《财经研究》2008 年第 6 期。

[78]林毅夫:《"一带一路"助推发展中国家现代化》,《人民日报》2015 年 9 月 18 日。

[79]刘海云、聂飞:《中国 OFDI 动机及其对外产业转移效应——基于贸易结构视角的实证研究》,《国际贸易问题》2015 年第 10 期。

[80]刘敏、赵璟、薛伟贤:《"一带一路"产能合作与发展中国家全球价值链地位提升》,《国际经贸探索》2018 年第 8 期。

[81]刘瑞、高峰:《"一带一路"战略的区位路径选择与化解传统产业产能过剩》,《社会科学研究》2016 年第 1 期。

[82]刘婷:《地方政府行为对产业转移的影响分析》,湖南大学 2012 年博士学位论文。

[83]刘同山、王曼怡:《OFDI 对国内资本形成影响的实证分析》,《金融与经济》2010 年第 11 期。

[84]刘雪娇:《GVC 格局、ODI 逆向技术溢出与制造业升级路径研究》,对外经济贸易大学 2017 年博士学位论文。

[85]卢根鑫:《国际产业转移论》,上海人民出版社 1994 年版。

[86]卢汉林、冯倩倩:《我国 OFDI 逆向技术溢出效应的研究——基于省际面板数据的门槛回归分析》,《科技管理研究》

2016 年第 4 期。

[87]陆芸:《近 30 年来中国海上丝绸之路研究述评》,《丝绸之路》2013 年第 12 期。

[88]罗军:《民营企业融资约束、对外直接投资与技术创新》,《中央财经大学学报》2017 年第 1 期。

[89]吕宁:《中国技术寻求型对外直接投资的技术进步效应研究》,首都经济贸易大学 2015 年博士学位论文。

[90]《马克思恩格斯全集》第 23 卷,人民出版社 1972 年版。

[91]马相东:《顺向对外投资与产业结构升级——基于"一带一路"建设背景的分析》,《中国特色社会主义研究》2017 年第 3 期。

[92]马亚明、张岩贵:《技术优势与对外直接投资:一个关于技术扩散的分析框架》,《南开经济研究》2003 年第 4 期。

[93]毛其淋、许家云:《中国企业对外直接投资是否促进了企业创新》,《世界经济》2014 年第 8 期。

[94]孟祺:《基于"一带一路"的制造业全球价值链构建》,《财经科学》2016 年第 2 期。

[95]募建红、魏庆广:《OFDI 影响国内资本形成的地区差异及门槛效应》,《世界经济研究》2009 年第 10 期。

[96]聂爱云、陆长平:《制度约束、外商投资与产业结构升级调整——基于省际面板数据的实证研究》,《国际贸易问题》2012 年第 2 期。

[97]聂飞、刘海云:《中国对外直接投资的国内区域制造业转移效应实证研究》,《产经评论》2016 年第 5 期。

[98]聂名华:《中国对外直接投资的主要特征与发展策略思

考》,《国际贸易》2017 年第 4 期。

[99]欧阳艳艳、喻美辞:《中国对外直接投资逆向技术溢出的行业差异分析》,《经济问题探索》2011 年第 4 期。

[100]欧阳峣:《基于"大国综合优势"的中国对外直接投资战略》,《财贸经济》2006 年第 5 期。

[101]潘素昆、袁然:《不同投资动机 OFDI 促进产业升级的理论与实证研究》,《经济学家》2014 年第 9 期。

[102]钱颖一等:《创新驱动中国》,中国文史出版社 2016 年版。

[103]邱立成、王凤丽:《我国对外直接投资主要宏观影响因素的实证研究》,《国际贸易问题》2008 年第 6 期。

[104]邱奇:《"一带一路"战略助推我国产业资本输出》,《理论视野》2015 年第 8 期。

[105]曲凤杰:《从群马模式中突围,构筑新雁群模式——通过国际产能合作建立中国主导的区域产业分工体系》,《国际贸易》2017 年第 2 期。

[106]茹玉骢:《技术寻求型对外直接投资及其对母国经济的影响》,《经济评论》2004 年第 2 期。

[107]萨伊:《政治经济学概论》,商务印书馆 1963 年版。

[108]申俊喜、鞠颖:《中国电子信息产业 OFDI 逆向技术溢出效应研究——基于分位数回归方法》,《国际商务(对外经济贸易大学学报)》2016 年第 1 期。

[109]沈铭辉:《APEC 投资便利化进程——基于投资便利化行动计划》,《国际经济合作》2009 年第 4 期。

[110]史星际、崔佳佳:《外商直接投资对中部六省产业结构

调整的影响》,《山西大学学报(哲学社会科学版)》2011 年第
1 期。

[111]宋凌云、王贤彬、徐现祥:《地方官员引领产业结构变动》,《经济学(季刊)》2012 年第 1 期。

[112]苏杭:《"一带一路"战略下我国制造业海外转移问题研究》,《国际贸易》2015 年第 3 期。

[113]隋月红:《"二元"对外直接投资与贸易结构:机理与来自我国的证据》,《国际商务(对外经济贸易大学学报)》2010 年第 6 期。

[114]孙海泳:《中外产能合作:指导理念与支持路径》,《国际问题研究》2016 年第 3 期。

[115]孙建中、马淑琴、周新生:《中国对外直接投资的产业选择》,中国财政经济出版社 2002 年版。

[116]孙林、倪卡卡:《东盟贸易便利化对中国农产品出口影响及国际比较——基于面板数据模型的实证分析》,《国际贸易问题》2013 年第 4 期。

[117]孙晓华、王昀:《对外贸易结构带动了产业结构升级吗?——基于半对数模型和结构效应的实证检验》,《世界经济研究》2013 年第 1 期。

[118]谭志雄、张阳阳:《财政分权与环境污染关系实证研究》,《中国人口、资源与环境》2015 年第 4 期。

[119]唐清泉、李海威:《我国产业结构转型升级的内在机制研究——基于广东 R&D 投入与产业结构的实证分析》,《中山大学学报(社会科学版)》2011 年第 5 期。

[120]田素华:《外资对东道国的产业结构调整效应分析——

对上海市案例的实证研究》,《上海经济研究》2004 年第 2 期。

[121]田巍、余淼杰:《企业生产率和企业"走出去"对外直接投资:基于企业层面数据的实证研究》,《经济学(季刊)》2012 年第 2 期。

[122]佟家栋、李连庆:《贸易政策透明度与贸易便利化影响——基于可计算一般均衡模型的分析》,《南开经济研究》2014 年第 4 期。

[123]佟家栋、刘程:《与对外贸易政策相连接的产业政策——试论产业政策与政府干预》,《南开学报(哲学社会科学版)》2017 年第 6 期。

[124]汪琦:《对外直接投资对投资国的产业结构调整效应及其传导机制》,《国际贸易问题》2004 年第 5 期。

[125]汪伟、刘玉飞、彭冬冬:《人口老龄化的产业结构升级效应研究》,《中国工业经济》2015 年第 11 期。

[126]王凤彬、杨阳:《我国企业 FDI 路径选择与"差异化的同时并进"模式》,《中国工业经济》2010 年第 2 期。

[127]王桂月、徐瑶玉、王圆圆、李新运:《我国科技创新对产业转型升级的影响分析》,《华东经济管理》2016 年第 3 期。

[128]王海燕:《贸易投资便利化》,华东师范大学出版社 2012 年版。

[129]王丽、韩玉军:《OFDI 逆向技术溢出与母国产业结构优化之间的关系研究》,《国际商务(对外经济贸易大学学报)》2017 年第 5 期。

[130]王全春:《产业转移与中部地区产业结构研究》,人民出版社 2008 年版。

[131]王恕立、向姣姣:《对外直接投资逆向技术溢出与全要素生产率:基于不同投资动机的经验分析》,《国际贸易问题》2014年第9期。

[132]王颂吉、李昂、刘俊:《丝绸之路经济带支点城市:空间分布、地区差异与建设路径》,《中国软科学》2018年第11期。

[133]王欣、姚洪兴:《国际R&D对区域技术创新的非线性溢出效应——基于长三角数据的PSTR模型分析》,《国际经贸探索》2017年第1期。

[134]王欣、姚洪兴:《长三角OFDI对区域技术创新的非线性动态影响效应——基于吸收能力的PSTR模型检验》,《世界经济研究》2016年第11期。

[135]王永钦、杜巨澜、王凯:《中国对外直接投资区位选择的决定因素:制度、税负和资源禀赋》,《经济研究》2014年第12期。

[136]王岳平:《开放条件下的工业结构升级研究》,中国社会科学院研究生院2002年博士学位论文。

[137]王志鹏、李子奈:《外商直接投资对国内投资挤入挤出效应的重新检验》,《统计研究》2004年第7期。

[138]王志远:《"丝绸之路经济带"的国际背景、空间延伸与战略内涵》,《东北亚论坛》2015年第5期。

[139][美]威尔斯:《第三世界跨国企业》,叶刚、杨宇光译,上海翻译出版公司1986年版。

[140][英]威廉·配第:《赋税》,邱霞、原磊译,华夏出版社2006年版。

[141]威廉·配第:《政治算术》,中国社会科学出版社2010年版。

［142］魏浩:《中国对外直接投资战略及相关问题》,《国际经济合作》2008 年第 6 期。

［143］魏巍、吴明、吴鹏:《不同发展水平国家在全球价值链中位置差异分析——基于国际产业转移视角》,《产业经济研究》2016 年第 1 期。

［144］温忠麟、张雷、侯杰泰、刘红云:《中介效应检验程序及其应用》,《心理学报》2004 年第 5 期。

［145］吴福象、段巍:《国际产能合作与重塑中国经济地理》,《中国社会科学》2017 年第 2 期。

［146］吴先明、黄春桃:《中国企业对外直接投资的动因:逆向投资与顺向投资的比较研究》,《中国工业经济》2016 年第 1 期。

［147］夏先良:《构筑"一带一路"国际产能合作体制机制与政策体系》,《国际贸易》2015 年第 11 期。

［148］冼国明、杨锐:《技术累积、竞争策略与发展中国家对外直接投资》,《经济研究》1998 年第 11 期。

［149］谢军:《中国国际电机制造中心比较优势分析》,《求索》2008 年第 2 期。

［150］邢广程:《"丝路经济带"与欧亚大陆地缘格局》,《光明日报》2014 年 6 月 29 日。

［151］邢建国:《对外直接投资战略选择》,经济科学出版社2003 年版。

［152］熊艾伦、蒲勇健、张勇:《"一带一路"与过剩产能转移》,《求索》2015 年第 12 期。

［153］熊勇清、李鑫:《"国际产能合作":制造业海外市场战略转换方向？——"战略价值"与"微观绩效"的评估分析》,《科学

学与科学技术管理》2016 年第 11 期。

[154]徐春华、吴易风:《国际产业转移理论:马克思经济学与西方经济学的比较》,《经济学动态》2015 年第 6 期。

[155]徐德云:《产业结构均衡的决定及其测度:理论解释及验证》,《产业经济研究》2011 年第 3 期。

[156]徐德云:《产业结构升级形态决定、测度的一个理论解释及验证》,《财政研究》2008 年第 1 期。

[157]徐旸懋:《中国对外直接投资逆向技术溢出效应研究》,浙江大学 2015 年博士学位论文。

[158]许敏、谢玲玲:《基于 DEA 的我国大中型工业企业技术创新效率评价研究》,《科学管理研究》2012 年第 3 期。

[159]杨英、刘彩霞:《"一带一路"背景下对外直接投资与中国产业升级的关系》,《华南师范大学学报(社会科学版)》2015 年第 5 期。

[160]姚君:《外商直接投资对产业结构升级的作用机制研究》,《经济与管理》2005 年第 11 期。

[161]姚战琪:《"一带一路"沿线国家 OFDI 的逆向技术溢出对我国产业结构优化的影响》,《经济纵横》2017 年第 5 期。

[162]叶建平、申俊喜、胡潇:《中国 OFDI 逆向技术溢出的区域异质性与动态门限效应》,《世界经济研究》2014 年第 10 期。

[163]叶娇、赵云鹏:《对外直接投资与逆向技术溢出——基于企业微观特征的分析》,《国际贸易问题》2016 年第 1 期。

[164]叶明、张磊:《贸易便利化对金砖国家区域经济合作影响分析》,《复旦学报(社会科学版)》2013 年第 6 期。

[165]衣长军、李赛、张吉鹏:《制度环境、吸收能力与新兴经

济体 OFDI 逆向技术溢出效应——基于中国省际面板数据的门槛检验》,《财经研究》2015 年第 11 期。

[166]殷朝华、郑强、谷继建:《对外直接投资促进了中国自主创新吗——基于金融发展视角的实证研究》,《宏观经济研究》2017 年第 8 期。

[167]袁航、茶洪旺、郑婷婷:《创新数量、创新质量与中国产业结构转型互动关系研究——基于 PVAR 模型的实证分析》,《经济与管理》2019 年第 2 期。

[168]袁航、朱承亮:《国家高新区推动了中国产业结构转型升级吗》,《中国工业经济》2018 年第 8 期。

[169]袁晓玲、李政大、刘伯龙:《中国区域环境质量动态综合评价——基于污染排放视角》,《长江流域资源与环境》2013 年第 1 期。

[170]张广威、刘曙光:《21 世纪海上丝绸之路:战略内涵、共建机制与推进路径》,《太平洋学报》2017 年第 8 期。

[171]张江雪、朱磊:《基于绿色增长的我国各地区工业企业技术创新效率研究》,《数量经济技术经济研究》2012 年第 2 期。

[172]张捷、张媛媛、莫扬:《对外贸易对中国产业结构向服务化演进的影响——基于制造—服务国际分工形态的视角》,《财经研究》2013 年第 6 期。

[173]张军、章元:《对中国资本存量 K 的再估计》,《经济研究》2003 年第 7 期。

[174]张理娟、张晓、姜涵、刘畅:《中国与"一带一路"沿线国家的产业转移研究》,《世界经济研究》2016 年第 6 期。

[175]张梅:《对外产能合作:进展与挑战》,《国际问题研究》

2016 年第 1 期。

[176]张平、张鹏鹏:《环境规制对产业区际转移的影响——基于污染密集型产业的研究》,《财经论丛》2016 年第 5 期。

[177]张其春、郗永勤:《区域人力资本与产业结构调整的互动关系》,《现代经济探讨》2006 年第 8 期。

[178]张琴:《国际产业转移对我国产业结构的影响研究——基于 1983—2007 年外商直接投资的实证分析》,《国际贸易问题》2012 年第 4 期。

[179]张少军、刘志彪:《全球价值链模式的产业转移——动力、影响与对中国产业升级和区域协调发展的启示》,《中国工业经济》2009 年第 11 期。

[180]张为付:《国际直接投资(FDI)比较研究》,人民出版社 2008 年版。

[181]张晓涛、刘亿、杨翠:《我国劳动密集型产业向"一带一路"沿线国家转移的区位选择——基于产业承接能力与要素约束视角》,《吉林大学社会科学学报》2019 年第 1 期。

[182]张亚斌:《"一带一路"投资便利化与中国对外直接投资选择——基于跨国面板数据及投资引力模型的实证研究》,《国际贸易问题》2016 年第 9 期。

[183]张燕生:《我国应在参与全球化中培育新竞争优势》,《宏观经济管理》2008 年第 1 期。

[184]张庸萍、刘建江、刘兵权、莫崇立:《国际产业转移与危机冲击的关系研究》,《经济地理》2011 年第 2 期。

[185]张云:《基于全球价值链的国际产业转移研究》,武汉理工大学 2011 年博士学位论文。

［186］赵春晨:《关于"海上丝绸之路"概念及其历史下限的思考》,《学术研究》2002 年第 7 期。

［187］赵宏图:《从国际产业转移视角看"一带一路"倡议的经济性与国际性》,《现代国际关系》2019 年第 3 期。

［188］赵伟、古广东、何元庆:《外向 FDI 与中国技术进步:机理分析与尝试性实证》,《管理世界》2006 年第 7 期。

［189］赵伟、江东:《ODI 与中国产业升级:机理分析与尝试性实证》,《浙江大学学报(人文社会科学版)》2010 年第 3 期。

［190］赵伟:《中国企业"走出去"——政府政策取向与典型案例分析》,经济科学出版社 2004 年版。

［191］赵张耀、汪斌:《网络型国际产业转移模式研究》,《中国工业经济》2005 年第 10 期。

［192］郑蕾、唐志鹏、刘毅:《中国投资引致碳排放与经济增长的空间特征及脱钩测度》,《资源科学》2015 年第 12 期。

［193］周浩、郑越:《环境规制对产业转移的影响——来自新建制造业企业选址的证据》,《南方经济》2015 年第 4 期。

［194］周凯轩、袁潮清:《金融支持对光伏产业上市公司绩效的影响——基于技术创新的中介效应研究》,《金融与经济》2019 年第 7 期。

［195］周忠民:《湖南省科技创新对产业转型升级的影响》,《经济地理》2016 年第 5 期。

［196］朱翠萍:《"21 世纪海上丝绸之路"的内涵与风险》,《印度洋经济体研究》2015 年第 4 期。

［197］邹明:《我国对外直接投资对国内全要素生产率的影响》,《北京工业大学学报(社会科学版)》2008 年第 6 期。

［198］邹一南:《马克思产业结构思想对供给侧结构性改革的启示》,《科学社会主义》2017 年第 5 期。

［199］Akamatsu K.,"A Historical Pattern of Economic Growth in Developing Countries", *Journal of Developing Economies*, Vol. 1, No.1, 1962.

［200］Almeida P.,"Knowledge Sourcing by Foreign Multinationals: Patent Citation Analysis in the US Semiconductor Industry", *Strategic Management Journal*, Vol.17, No.S2, 1996.

［201］Altenburg T., Schmitz H., Andreas S., "Breakthrough? China's and India's Transition from Production to Innovation", *World Development*, Vol.36, No.2, 2008.

［202］Andersson M., Karlsson C., "The Role of Accessibility for Regional Innovation Systems", *Federal Reserve Bank of St Louis*, No.3, 2004.

［203］Barakat A., "The Impact of Financial Structure, Financial Leverage and Profitability on Industrial Companies Shares Value (Applied Study on a Sample of Saudi Industrial Companies)", *Research Journal of Finance and Accounting*, Vol.5, No.1, 2014.

［204］Baron R. M., Kenny D. A., "The Moderator – Mediator Variable Distinction in Social Psychological Research: Conceptual, Strategic, and Statistical Considerations", *Journal of Personality and Social Psychology*, Vol.51, No.6, 1986.

［205］Barro R., Sala – i – Martin X., "Technological Diffusion, Convergence and Growth", *Journal of Economic Growth*, No.2, 1997.

［206］Bernard A. B., Eaton J., Jensen J. B., et al., "Plants and

Productivity in International Trade", *American Economic Review*, No.1,2003.

[207] Bitzer J., Kerekes M., "Does Foreign Direct Investment Transfer Technology across Dorders? New Evidence", *Economics Letters*, Vol.99, No.3, 2008.

[208] Bloch H., "Innovation and the Evolution of Industry Structure", *International Journal of the Economics of Business*, Vol.25, No.1, 2018.

[209] Branstetter L., "Is Foreign Direct Investment a Channel of Knowledge Spillovers? Evidence from Japan's FDI in the United States", *Journal of International Economics*, Vol.68, No.2, 2006.

[210] Braunerhjelmp, Oxelheim L., Thulin P., "The Relationship between Domestic and Outward Foreign Direct Investment: The Role of Industry – specific Effects", *International Business Review*, Vol. 14, No.6, 2005.

[211] Breschi S., Malerba F., "Sectoral Innovation Systems: Technological Regimes, Schumpeterian Dynamics, and Spatial Boundaries", *Systems of Innovation: Technologies, Institutions and Organization*, No.2, 1997.

[212] Buckley P.J., Casson M.C., *The Future of the Multinational Enterprise*, London: Macmillan, 1976.

[213] Cantwell J., Tolentino P.E.E., "Technological Accumulation and Third World Multinationals", *International Investment and Business Studies*, 1990.

[214] Chen V.Z., Li J., Shapiro D.M., "International Reverse

Spillover Effects on Parent Firms: Evidences from Emerging – Market MNEs in Developed Markets", *European Management Journal*, Vol.30, No.3, 2012.

[215] Cheung K., Lin P., "Spillover Effects of FDI on Innovation in China: Evidence from the Provincial Data", *China Economic Review*, Vol.15, No.1, 2004.

[216] Cohen W. M., Levinthal D. A., "Absorptive Capacity: A New Perspective on Learning and Innovation", *Administrative Science Quarterly*, 1990.

[217] Colin Clark, *The Conditions of Economic Progress*, London: Macmillan, 1957.

[218] Costa, "Evaluation Public Transport Efficiency with Neural Network Models", *Transportation Research Part C*, Vol.5, No.5, 1997.

[219] Criscuolo P., Narula R., "A Novel Approach to National Technological Accumulation and Absorptive Capacity: Aggregating Cohen and Levinthal", *The European Journal of Development Research*, No.20, 2008.

[220] Driffield N., Chiang P. C., "The Effects of Offshoring to China: Reallocation, Employment and Productivity in Taiwan", *International Journal of the Economics of Business*, Vol.16, No.1, 2009.

[221] Driffield N., Love J. H., "Foreign Direct Investment, Technology Sourcing and Reverse Spillovers", *The Manchester School*, Vol.71, No.6, 2003.

[222] Dumais G., Ellison G., Glaeser E.L., "Geography Concentration as a Dynamic Process", *Review of Economics and Statistics*, Vol. 84,

No.2,2002.

[223] Dunning J. H., *International Production and Multinational Enterprise*, London: George Allen and Unwin, 1981.

[224] Dunning J. H., " Multinational Enterprises and the Globalization of Innovatory Capacity", *Research Policy*, Vol.23, No.1, 1994.

[225] Dunning J.H., "United Kingdom Transnational Manufacturing and Resource based Industries and Trade Flows in Developing Countries", *Geneva*, *UNCTAD*, 1977.

[226] Fare R., Grosskopf M., Zhang Norris Z., " Productivity Growth, Technical Progress and Efficiency Changes in Industrialized Countries", *American Economic Review*, No.84, 1994.

[227] Fosfuri A., Motta M., "Multinationals without Advantages", *The Scandinavian Journal of Economics*, Vol.101, No.4, 1999.

[228] Fosfuri A., Motta M., Ronde T., "Foreign Direct Investment and Spillovers through Worker's Mobility", *Journal of International Economics*, Vol.53, No.1, 2001.

[229] Fung L., Tuan C., "Evolving outward Investment, Industrial Concentration, and Technology Change: Implications for Post – 1997 Hong Kong", *Journal of Asian Economic*, Vol.8, No.2, 1997.

[230] Gereffi G., Tam T., "Industrial Upgrading through Organizational Chains: Dynamics of Rent, Learning, and Mobility in the Global Economy", *93rd Annual Meeting of the American Sociological Association*, San Francisco, CA, August 1998.

[231] Gorg H., Strobl E., "Spillovers from Foreign Firms through Worker Mobility: An Empirical Investigation ", *The Scandinavian*

Journal of Economics, Vol.107, No.4, 2005.

[232] Grant R. M., "Toward a Knowledge-based Theory of the Firm", *Strategic Management Journal*, No.17, 1996.

[233] Griffith T. L., Sawyer J. E., Neale M. A., "Virtualness and Knowledge in Teams: Managing the Love Triangle of Organizations, Individuals, and Information Technology", *MIS Quarterly*, 2003.

[234] Grossman G., Helpman E., *Innovation and Growth in the Global Economy*, Cambridge: MIT Press, 1991.

[235] Heckschert Eli F., "The Effect of Foreign Trade on the Distribution of Income", *Eknomisk Tids-krift*, Vol.21, No.2, 1919.

[236] Helpman E., "A Simple Theory of International Trade with Multinational Corporations", *Journal of Political Economy*, Vol.92, 1984.

[237] Herzer D., "Outward FDI and Economic Growth", *Journal of Economic Studies*, Vol.37, No.5, 2010.

[238] Herzer D., "The Long-run Relationship between Outward FDI and Total Factor Productivity: Evidence for Developing Countries", *German Development Economics Conference*, 2011.

[239] Hiley M., "The Dynamics of Changing Comparative Advantage in the Asia-Pacific Region", *Journal of the Asia Pacific Economy*, Vol.4, No.3, 1999.

[240] Honma S., Hu J. L., "Total-factor Energy Efficiency for Sectors in Japan", *Energy Sources*, Vol.8, No.2, 2013.

[241] Hymer S., *The International Operations of National Firms: A Study of Direct Investment*, Cambridge: MIT Press, 1976.

［242］Javorcik B. S.，"Does Foreign Direct Investment Increase the Productivity of Domestic Firms? In Search of Spillovers through Backward Linkages"，*The American Economic Review*，Vol. 94，No.3，2004.

［243］John Ure.，"ICT Sector Development in Five Central Asian Economies：A Policy Framework for Effective Investment Promotion and Facilitation"，*A Paper for UN ESSCAP*，September 2005.

［244］Jiandong Ju，Justin Yifu Lin，Yong Wang，"Endowment Structures，Industrial Dynamics，and Economic Growth"，*Meeting Papers*，2009.

［245］Judd C. M.，Kenny D. A.，"Process Analysis Estimating Mediation in Treatment Evaluations"，*Evaluation Review*，Vol. 5，No.5，1981.

［246］Kaplinsky R.，Readman J.，"Globalization and Upgrading：What Can（and Cannot）be Learnt from International Trade Statistics in the Wood Furniture Sector?"，*Industrial and Corporate Change*，Vol.14，No.4，2005.

［247］Kogut B.，Chang S. J.，"Technological Capabilities and Japanese Direct Investment in the United States"，*Review of Economics and Statistics*，No.73，1991.

［248］Kogut B.，Zander U.，"Knowledge of the Firm and the Evolutionary Theory of the Multinational Corporation"，*Journal of International Business Studies*，No.24，1993.

［249］Kojima K.，*Direct Foreign Investment：A Japanese Model Business Operations*，New York：Praeger，1978.

［250］Krugman P. R.，"How the Economy Organizes Itself in Space：A Survey of The New Economic Geography"，*Santa Fe Institute*，1996.

［251］Kuznets S.，"Economic Growth and Income Inequality"，*The American Economic Review*，No.45，1955.

［252］Kuznets S.，*Economic Growth of Nations：Total Output and Production Structure*，Belknap Press of Harvard University，1971.

［253］Lall，*The New Multinationals：The Spread of Third World Enterprises*，London：Joho Wiley & Sons，1983.

［254］Leontief W. W.，"Quantitative Input and Output Relations in the Economic Systems of the United States"，*The Review of Economic Statistics*，1936.

［255］Lewis K.，*Direct Foreign Investment：A Japanese Model Business Operations*，New York：Praeger，1978.

［256］Lewis W. A.，*Reflections on the Structure of Nigerian Manufacturing Industry*，Ibadan University Press，1977.

［257］Lichtenberg F.，Van Pottelsberghe，"Does Foreign Direct Investment Transfer Technology Across Borders?"，*The Reviews of Economics and Statistics*，Vol.83，No.3，2001.

［258］Lichtenberg F.R.，"The Effect of Government Funding on Private Industrial Research and Development：A Re-assessment"，*The Journal of Industrial Economics*，1987.

［259］Lin J.Y.，Sun X.，Jiang Y.，"Endowment，Industrial Structure，and Appropriate Financial Structure：A New Structural Economics Perspective"，*Journal of Economic Policy Reform*，Vol.16，No.2，2013.

［260］Lipsey Robert E., *Home and Host Country Effects of FDI*, NBER Working Paper Series, 2002.

［261］Liu X., Buck T., "Innovation Performance and Channels for International Technology Spillovers: Evidence from Chinese High-tech Industries", *Research Policy*, Vol.36, No.3, 2007.

［262］Liu X., Lu J., Filatotchev I., et al., "Returnee Entrepreneurs, Knowledge Spillovers and Innovation in High-tech Firms in Emerging Economies", *Journal of International Business Studies*, Vol.41, No.7, 2010.

［263］Malcolm Bowling, Chia Tien Cheang, "Shilling Comparative Advantage in Asia: New Tests of The 'Flying Geese' Model", *Journal of Asian Economics*, No.11, 2000.

［264］Maman S., Grigorios Emvalomatis, Alfons Oude Lansink, "The Relationship between Technical Efficiency and Industrial Concentration: Evidence from the Indonesian Food and Beverages Industry", *Journal of Asian Economics*, Vol.23, No.4, 2012.

［265］Markusen J.R., "Multinationals Multi-plant Economies, and the Gains from Trade", *Journal of International Economics*, Vol.16, No.3, 1984.

［266］Markusen J. R., Markus K. E., "General Equilibrium Approaches to the Multinational Firm: A Review of Theory and Evidence", *NBER Working Papers*, 2001.

［267］Markusen J.R., "Trade versus Investment Liberalization", *NBER Working Papers*, 1997.

［268］Martin Bijsterbosch, Marcin Kolasa, "FDI and Productivity Convergence in Central and Eastern Europe: An Industry-level

Investigation", *Review of World Economics*, Vol.145, No.2, 2010.

[269] Maurer D.B., *R & D, Innovation and Industrial Structure*, Physica-Verlag HD, 1996.

[270] Mundell R.A., "International Trade and Factor Mobility", *American Economic Review*, Vol.47, No.3, 1957.

[271] Neven D., Siotis G., "Technology Sourcing and FDI in the EC: An Empirical Evaluation", *International Journal of Industrial Organization*, Vol.14, No.5, 1996.

[272] Ozawa T., "International Investment and Industrial Structure: New Theoretical Implications from the Japanese Experience", *Oxford Economics Paper*, Vol.31, No.1, 1979.

[273] Pietrobelli C., Ernest H., *Upgrading in Clusters and Value Chains in Latin America: The Role of Policies*, Inter - American Development Bank Publications, 2004.

[274] Porter M.E., "Competitive Advantage: Creating and Sustaining Superior Performance", *New York: Free Press*, 1985.

[275] Poter M.E., *The Competitive Advantage of Nations*, New York: The Free Press, 1990.

[276] Pradhan J.P., Singh N., "Outward FDI and Knowledge Flows: A Study of the Indian Automotive Sector", *Institutions and Economies*, Vol.1, No.1, 2009.

[277] Robert E., Lipsey, "Home and Host Country Effects of FDI", *NBER Working Papers*, 2002.

[278] Robert E, Lucas Jr, "On the Mechanics of Economic Development", *Journal of Monetary Economics*, Vol.22, No.1, 1988.

[279] Romer P.M., "Increasing Returns and Long-run Growth", *Journal of Political Economy*, Vol.94, No.5, 1986.

[280] Siotis G., "Foreign Direct Investment Strategies and Sirm's Capabilities", *Journal of Economics and Management Strategy*, No.8, 1999.

[281] Sjoholm F., "Productivity Growth in Indonesia: The Role of Regional Characteristics and Direct Foreign Investment", *Economic Development and Cultural Change*, No.47, 1999.

[282] Spence M., *Cost Reduction, Competition and Industry Performance*, London: Palgrave Macmillan, 1986.

[283] Teece D. J., "Foreign Investment and Technological Development in Silicon Valley", *California Management Review*, No.34, 1992.

[284] Vahter P., Masso J., *Home versus Host Country Effects of FDI*, William Davidson Institute, Working Papers Series, 2005.

[285] Vernon R., "International Investment and International Trade in the Product Cycle", *The Quarterly Journal of Economics*, Vol.80, No.2, 1966.

[286] Vernon R., "The Product Cycle Hypothesis in a New International Environment", *Oxford Bulletin of Economics and Statistics*, Vol.41, No.4, 1979.

[287] Wang E. C., Huang W., "Relative Efficiency of R&D Activities: A Cross-country Study Accounting for Environment Factors in the DEA Approach", *Research Policy*, No.36, 2007.

[288] Wang J. Y., Blomstrom M., "Foreign Investment and Technology Transfer: A Simple Model", *European Economic Review*,

No.36,1992.

[289] Wells Louis T., *The Internationalization of Firms from Developing Countries in Multinationals from Small Countries*,Cambridge：MIT Press,1977.

[290] Wesson Tom,"A Model of Asset－seeking Foreign Direct Investment Driven by Demend Conditions", *Canadian Journal of Administrative Sciences*,Vol.16,No.1,1999.

[291] Wheeler D.,Mody A.,"International Investment Location Decision：The Case of U. S. Firms", *Journal of International Economics*,No.33,1992.

[292] Wilson J.S.,Mann C.L.,Otsuki T.,"Trade Facilitation and Economic Development：A New Approach to Quantifying the Impact", *The World Bank Economic Review*,Vol.17,No.3,2003.

后　记

　　"一带一路"倡议既体现了"以开放促改革、以改革谋发展、以发展求转型"顶层设计的中国智慧,彰显了我国构建人类命运共同体的大国担当和造福沿线各国人民的迫切愿望,又对相关理论研究提出了新的要求。推动中国企业"走出去"是"一带一路"建设的核心内容,对沿线经济体开展直接投资是我国深度参与全球经济分工和实现价值链低端突围、打破经济增长瓶颈和产业结构升级阻滞的重要策略。因此,关于我国对"一带一路"沿线经济体直接投资的母国产业结构升级效应问题的理论探索刻不容缓。但是,立足于西方发达国家视角的国际直接投资经典理论在解释发展中国家的对外投资效应时捉襟见肘,而由于发展中国家早期参与国际分工的投资模式集中于"引进来"而不是"走出去",其前期的研究成果大多聚焦于外商直接投资的东道国效应而不是对外直接投资的母国效应。适逢其时,本书构建理论框架诠释我国对"一带一路"沿线经济体直接投资的母国产业结构升级效应,厘清其具体传导路径,并进行实证检验。

　　这几年,我奔走在工作单位和家庭之间,充实忙碌、收获满满。一方面,学习经典、查阅文献、勤于思考、研习写作,读书笔记、学术论文、研究报告等苦心凝结的成果将是永久的财富,我乐在其中,受益匪浅;另一方面,家中上有老人要赡养,下有儿女要抚育,深刻体会着人到中年的压力和幸福,本书的写作亦训练了我设定目标、合理规划、付诸实践的思维行动方式,此刻欣喜万分,更心怀感念。

在此,衷心感谢我的恩师白永秀教授。白老师德高望重、治学严谨、造诣高深,让初入师门的我满心敬畏、惴惴不安。日滋月益,他艰苦奋斗和吃苦耐劳的精神让我感叹,他持之以恒、使命必达的工作态度让我钦佩,他扎实的理论功底和敏锐的学术嗅觉让我潜心学习,他乐观豁达和开放包容的心态让我如沐春风。在老师的指点下,我将研究方向锁定在"一带一路"对外直接投资与产业结构升级领域,蹉跎三载,几经修改,行文至此。感谢我的恩师严汉平教授。严老师学养深厚、敏而好学,令我望尘莫及。他观察入微、平易近人,为我树立了师者典范。感谢西北大学经济管理学院的岳丽萍老师、吴航老师、何爱平老师、岳宏志老师、高煜老师、徐璋勇老师和钞小静老师,他们对学术的精益求精使同样为人师表的我越发谨言慎行、发奋图强、善始善终,在未来的教学和科研工作中,我将以他们为标杆和向导,兢兢业业、鞠躬尽瘁。感谢吴丰华和王颂吉两位老师为书稿提出修改意见,两位青年才俊头角峥嵘,一语中的,让我茅塞顿开,几易书稿。感谢张亚斌和刘俊博士分享其辛苦搜集整理的"一带一路"贸易与投资便利化数据,感谢王泽润、王舒傲、于重阳、李刘艳、闵杰、何昊、宁启、陈煦、席国辉等同人对我的科研启发和帮助。

感谢西安外国语大学经济金融学院各位领导对我的帮助,

李村璞老师的鼓励、魏民安和党军老师的理解使我更具奋发动力。感谢李兵老师，您是我生命中为数不多的贵人，开启我的智慧，点拨我的成长，您的优雅和坚强是我最想要活出的样子。感谢敬爱的马莉老师和尹洪举老师，您二位爱岗敬业、以身作则，为我诠释了"立师德、铸师魂"的真正要义，你们的殷切问候和不吝赞赏常常使我感动和惶恐，也激励我砥砺前行成勇者。感谢博学精深、谦逊有加的曾先峰老师，您每次的修改意见避轻就重，不差毫厘，您身正淳朴，提携后辈，让我拨云见日，获益良多。我何德何能，受诸位前辈抬爱，暗自羞愧，无以为报。感谢刘津汝老师，你的正直、善良、认真让我感慨和欣赏，感谢吕寒、陈欣、田径、杜颖、杨蕾和黄仁全等老师对我的启发和帮助，与你们共事是人生之大幸。

感谢朋友们的鼓励和劝导，感谢熊爱宗关于本书研究框架的建议，感谢田少宁、谭丹丹、邱晓丹和郑秀莲，我们是永远的"中国好闺蜜"，彼此慰藉，互相鼓励。感谢岳婧霞同学为本书所作的大量文献整理和稿件校对工作。

最后感谢我的家人。感谢父母和公婆对我的宽容、理解和支持，让我从繁重的家庭事务中解脱出来，为专心科研创造了良好条件。感谢先生的鼓励和帮助，他熬夜帮此书制图和录入公式，也见证了此书从雏形到成稿的撰写过程。感谢我的女儿，撰写此书期间缺失了很多陪伴，起稿时她还年幼懵懂，完稿时她已玲珑晓事，成为她的骄傲是我此生最大的奋斗动力。感谢和追思我的外婆，您的音容笑貌依然历历在目，您的善良和慈爱是我终生的寄托和归宿。这几年，适逢人生多事之秋，更促使我深刻反思、迎头迈进，回望已是柳暗花明、草长莺飞的和煦春天。

　　言辞有尽，敬谢无穷。常怀感恩之心，常念相助之人，再次向诸位师友亲朋道一声感谢！未来之路道阻且长，在下不才，愿用余生的努力回馈各位厚爱。用强悍浪漫，自证狂野预言。

　　情随事迁，朝花夕拾，无不令人感慨，仅以此为记。

2023 年 6 月 22 日于长安